本书受到国家社会科学基金资助

中国社会工作学刊

第五辑

中国社会工作学会 编
王思斌 主编

中国社会出版社
国家一级出版社 · 全国百佳图书出版单位

图书在版编目（CIP）数据

中国社会工作学刊．第五辑 / 王思斌主编；中国社会工作学会编．-- 北京 ：中国社会出版社，2024.1
ISBN 978-7-5087-7017-8

Ⅰ．①中… Ⅱ．①王…②中… Ⅲ．①社会工作—中国—丛刊 Ⅳ．① D632-55

中国版本图书馆 CIP 数据核字（2024）第 027329 号

中国社会工作学刊．第五辑
ZHONGGUO SHEHUIGONGZUO XUEKAN DIWUJI
责任编辑：张 杰 李林凤
装帧设计：时 捷
出版发行：中国社会出版社
（北京市西城区二龙路甲 33 号 邮编 100032）
印刷装订：北京九州迅驰传媒文化有限公司
版 次：2024 年 1 月第 1 版
印 次：2024 年 1 月第 1 次印刷
开 本：170mm × 240mm 1/16
字 数：234 千字
印 张：14.25
定 价：48.00 元

目录

CONTENTS

中国社会工作学刊　第五辑
第 001~019 页

中国式现代化视域下多重边缘人群社区参与的过程研究

——以厦门市 T 机构“暖心家园”失独癌症患者的帮扶个案为例

童　敏　王　娜*

【摘要】 党的二十大报告提出“以中国式现代化全面推进中华民族伟大复兴”，中国社会工作也不例外，它需要推进能够促进居民社区参与的基层社会治理。这样，边缘人群，尤其是多重边缘人群的社区参与就成为本土社会工作在中国式现代化视域下迫切需要解决的难题。由于边缘人群一直被视为需要帮扶的对象，他们的社区参与需求常常被人们忽视，因此，有必要就多重边缘人群的社区参与过程进行研究，以便帮助中国社会工作找到在中国式现代化视域下实践转型的方式。通过对厦门市 T 机构“暖心家园”4 名失独癌症患者的帮扶个案研究发现，失独癌症患者是多重边缘人群，他们同时面临身体疾病和失独的双重困境，导致他们在社区参与中同时面临身心交错的多重压力，极易遭受挫败成为帮扶对象。为此，中国社会工作就需要放弃传统的人群帮扶的实践逻辑，依据“人-场景”的观察视角，找回人的身体属性，将失独癌症患者这类多重边缘人群视为有能力的人，通过同伴支持和骨干培育在身心平衡中逐步提升他们社区参与的主体性，保证中国社会工作

* 作者简介：童敏，厦门大学社会与人类学院社会工作系教授、博士生导师，主要研究方向为精神健康社会工作、健康照顾社会工作、社会工作理论以及社会工作的专业化和本土化；王娜，厦门大学社会与人类学院 2021 级社会工作专业硕士生，主要研究方向为基层治理与社会工作、健康照顾社会工作。

能够真正成为中国式现代化建设的一支重要专业力量。

关键词：中国式现代化　社会工作　多重边缘人群　社区参与

一、问题提出

党的十九届六中全会明确指出“党领导人民成功走出中国式现代化道路”，要求“以中国式现代化推进中华民族伟大复兴”。党的二十大报告再一次重申“我国现代化是人口规模巨大的现代化，是全体人民共同富裕的现代化，是物质文明和精神文明相协调的现代化，是人与自然和谐共生的现代化，是走和平发展道路的现代化”①。尽管不同学者对于中国式现代化有不同的解释，但是他们都强调这是一种注重在地政治制度②③、在地社会历史④和在地传统优秀文化发展⑤的现代化，其中，人的现代化是其本质⑥。这既是中国式现代化的价值旨归⑦，也是内生动力所在⑧。

显然，针对能够促进在地发展的人的现代化考察也就成为中国式现代化的考察重点，它与强调个人理性的西方知识不同。因此，如何在现实生活场景中激活个人自我内生动力促进人与环境协同发展，既是中国式现代化的重点要求，也是中国社会工作关注“人在情境中”的实践学科的核心逻辑所在。实际上，自西方专业社会工作引入中国到在全国层面探索职业化的近15年的发展历程中，社会工作一直被视为帮助困难人群的专业助人服务。尽管近年来社会工作参与我国基层社会治理的呼声不断增强，但它

① 习近平．高举中国特色社会主义伟大旗帜　为全面建设社会主义现代化国家而团结奋斗——在中国共产党第二十次全国代表大会上的报告［EB/OL］．（2022-10-15）［2023-10-12］．https://www.gov.cn/xinwen/2022-10/25/content_5721685.htm.

② 郭晔．论中国式社会治理现代化［J］．治理研究，2022（1）．

③ 宋艳华．论中国式现代化的科学内涵、实践优势与价值超越［J］．思想教育研究，2021（12）．

④ 李培林．中国式现代化和新发展社会学［J］．中国社会科学，2021（12）．

⑤ 应星．社会学的历史视角与中国式现代化［J］．中国社会科学，2022（3）．

⑥ 习近平．高举中国特色社会主义伟大旗帜　为全面建设社会主义现代化国家而团结奋斗——在中国共产党第二十次全国代表大会上的报告［EB/OL］．（2022-10-15）［2023-10-12］．https://www.gov.cn/xinwen/2022-10/25/content_5721685.htm.

⑦ 邹广文．中国式现代化道路的文化解析［J］．求索，2022（1）．

⑧ 王婷，李少军．中国式现代化道路与人的全面发展［J］．理论视野，2022（6）．

仍被人们视为我国社会福利服务的一部分，其核心作用表现为民生的基本保障①。尤其是对于那些遭受社会污名影响的边缘人群，他们在现实生活中极易面临社会歧视的挑战②，并由此引发自我的耻辱感，内心感受到强烈的被排斥、被贬低的体验③，甚至有时还会出现强烈的无用感和无价值感④。相应地，社会工作者也就很容易将这些边缘人群视为需要帮扶的对象，根本无视他们社区参与的需求和可能空间。显而易见，针对这类人群的帮扶实践逻辑与中国式现代化的现实要求是根本相左的。为此，中国社会工作者就需要针对这些边缘人群，尤其是多重边缘人群的社区参与过程进行研究，以便找到在中国式现代化视域下中国社会工作的专业实践逻辑，推进中国特色社会工作的进程。

二、文献回顾

边缘人群在社区参与过程中常常遭遇被社会歧视的负面影响，其中，失独家庭就是典型的例子。通过社区参与，这些失独家庭能够转移他们的丧子悲痛，帮助他们寻求精神依托以及增强生活信心等⑤。但是，失独标签的负面影响又会使这些失独家庭成员在重新寻求生命意义、追求生活质量等方面变得异常困难，社会工作者也难以将失独家庭成员视为普通的“正常人”推动他们参与社区活动⑥，从而导致这些失独家庭成员很容易变成“求助无门、维权无据、病无所医、老无所养、生活无望”的“五无”人群⑦，成为中国困难人群中较为困难的一类。通常情况下，这种失独标签

---

① 童敏，吴宝红．专业化的“陷阱”：三社联动下计生特殊家庭帮扶服务的反思［J］．中国行政管理，2019（4）．

② 徐晓军．社会弱势群体的边缘化及其应对［J］．西北师大学报（社会科学版），2015（6）．

③ 刘晓航，MARLOW L A V，钟就娣，等．公众对肺癌患者的病耻感现状及其影响因素［J］．护理学杂志，2018（7）．

④ 许丽英，童敏，翁智超．社会工作对临终患者主体性转换的伦理策略［J］．医学与哲学，2019（11）．

⑤ 王宁，刘珍．失去独生子女家庭的社会互动与组织参与：基于情感能量视角的分析［J］．华中师范大学研究生学报，2012（4）．

⑥ 赵仲杰，郭春江．社会支持理论视阈下农村失独家庭困境应对策略：基于川渝两地的调研［J］．理论月刊，2020（1）．

⑦ 方曙光．社会政策视阈下失独老人社会生活的重新建构［J］．社会科学辑刊，2013（5）．

的负面影响会迫使失独家庭成员选择自我封闭的生活方式，拒绝与外界联系①，出现抑郁、焦虑、自卑、绝望等消极的心理反应②，甚至有时还会进一步产生自我标签的现象，认为自己是“绝户”③。正是在这种失独的文化歧视影响之下，失独家庭成员社会交往的主观意愿就会降低，他们的生活很容易与社区脱节。这不仅导致失独家庭成员获取社会资源的机会变得很少，而且失独家庭成员对社会系统的适应变得异常困难④。

与普通居民相比，失独家庭成员的社区参与明显不同，他们社区参与的风险比较高，尤其是心理层面的风险更为突出⑤。失独事件常常会给失独家庭成员带来巨大的情绪困扰，如果失独家庭成员自身没有感受到周围他人给予的帮助与支持，他们的心理弹性水平是无法仅仅依靠外部的客观支持获得有效提升的⑥。在实际的社区参与过程中，失独家庭成员很容易出现被边缘化的现象，他们因为害怕触及子女的话题而使自己再次受到外界的伤害，因而常常选择自我防御的策略来保护自己，宁愿使自己处于“边缘化”，也不愿意直接面对失独的话题⑦。“克子”“不幸之人”等带有明显的社会歧视的标签会对失独家庭成员的个人心理产生消极的暗示，从而迫使失独家庭成员的正常社会交往出现断裂⑧。值得注意的是，风险高和边缘化是失独家庭成员在社区参与过程中常常面临的现实困难，这些困

① 刘波，袁喆．失独家庭经济扶助政策困境及其矫正：基于广东省 21 个市计生特殊困难家庭扶助政策的分析［J］．湘潭大学学报（哲学社会科学版），2019（6）．

② 陈文华．福利多元主义视角下城市失独家庭困境消解路径研究［J］．社会工作与管理，2017（1）．

③ 姚政宏，方曙光．全人健康视角下失独老人需求分析：以淮南市田家庵区为例［J］．社会工作与管理，2016（3）．

④ 王文静，王蕾蕾，闫小红．从生存型救助到发展型救助：社会工作视角下失独家庭的救助策略［J］．新疆社会科学，2014（5）．

⑤ 孙颖，王亚群．心理援助视野下“失独家庭”的帮扶模式探究：以天津市和平区“暖心家园”项目为例［J］．天津行政学院学报，2018（5）．

⑥ 高偲博，高林，王大华．失独父母的心理弹性与社会支持［J］．中国心理卫生杂志，2022（3）．

⑦ 郭庆，孙建娥．从拔根到扎根：家庭抗逆力视角下失独家庭的养老困境及其干预［J］．社会保障研究，2015（4）．

⑧ 向德平，周晶．失独家庭的多重困境及消减路径研究：基于“风险—脆弱性”的分析框架［J］．吉林大学社会科学学报，2015（6）．

难反过来又会进一步降低失独家庭成员社区参与的意愿，从而使他们的现实生活形成恶性循环。

正是基于这种恶性循环，失独家庭成员在实际的社区参与中常常表现出主动性不高①、自利性动机较强②以及容易自怨自艾等情形③。针对失独家庭成员上述社区参与的困境，社会工作的干预焦点主要集中在失独群体的自组织培育④、失独家庭成员之间互动交流机会的增加⑤、心理创伤的处理⑥、自我身份认同重建⑦、社区归属感的提升⑧、社区支持的建设⑨以及社区参与政策的完善等⑩。值得注意的是，尽管失独家庭成员这样的边缘人群的社区参与越来越受到社会的关注，但实际上已有的相关研究只关注失独家庭成员在文化层面遭遇的社会歧视⑪，而忽视了失独癌症患者面临的多重社会歧视的困扰⑫，导致原本已经处于社会边缘的群体因社区参与的强调而进一步被边缘化，妨碍中国式现代化的发展。

总体而言，社会工作促进失独家庭成员这样的边缘人群的社区参与的相关研究越来越丰富，从单纯的物质帮扶到心理创伤的修复，再到社区参与，但是已有研究只针对失独家庭成员遭受的文化层面的社会歧视进行了

① 童敏，周晓彤．社会治愈：一种希望植入式的社区治理［J］．社会工作与管理，2021（5）．

② 张必春，柳红霞．失独父母组织参与的困境、内在逻辑及其破解之道：基于社会治理背景的思考［J］．华中师范大学学报（人文社会科学版），2014（6）．

③ 彭扬帆．失独人群的适应困境及社会工作干预研究：以湖北省Y县的失独人群为例［J］．社会工作与管理，2021（5）．

④ 黄耀明．社会工作介入失独家庭生活重建的行动研究［J］．东南学术，2015（5）．

⑤ 汪佳材，邹星．断裂与调适：生态系统理论下失独家庭养老困境研究［J］．社会与公益，2020（5）．

⑥ 孙颖，王亚群．心理援助视野下“失独家庭”的帮扶模式探究：以天津市和平区“暖心家园”项目为例［J］．天津行政学院学报，2018（5）．

⑦ 陈莹．抗逆力培育下失独老人的身份认同危机及重建［J］．社会工作与管理，2022（1）．

⑧ 方曙光．社会政策视域下失独老人社会生活的重新建构［J］．社会科学辑刊，2013（5）．

⑨ 臧佳钰．社会工作介入城市失独老人社会支持体系构建的研究［D］．大庆：东北石油大学，2019.

⑩ 周学馨，刘美华．我国失独家庭养老体系中机构养老兜底保障作用研究：基于对全国709个失独者调研数据的分析［J］．重庆社会科学，2020（1）．

⑪ 赵仲杰，郭春江．社会支持理论视阈下农村失独家庭困境应对策略：基于川渝两地的调研［J］．理论月刊，2020（1）．

⑫ 秦和．从危机到转机：家庭抗逆力视角下高风险家庭实务介入研究［J］．宜宾学院学报，2019（9）．

深入研究，而忽视了失独癌症患者这种多重边缘人群在社区参与中面临的多重社会歧视的困境。

三、研究的理论框架与研究设计

（一）研究的理论框架

由于本研究聚焦失独癌症患者社区参与的过程，探讨失独癌症患者在社区参与中如何应对多重社会歧视，因此，它与同时关注个人自我成长改变和社会环境改善的增能理论的视角非常契合①。特别是在20世纪90年代之后，人们的日常生活日趋多样化和多元化，人的自我成长改变与现实环境之间的联系变得更为紧密，时刻都无法脱离周围环境的影响。为此，本研究选取增能理论作为研究的理论框架。

增能这一概念是由美国哥伦比亚大学社会工作学者巴巴拉·所罗门在1976年正式提出，她发现，美国的非裔黑人在现实生活中存在由社会环境因素和个人心理因素共同导致的“无力感”②。之后，增能理论在社会工作领域得到迅猛发展，它要求人们站在个人与社会环境整合的视角审视现实生活中遭遇的问题③。20世纪90年代，美国社会工作学者朱迪斯·李选取了历史、生态和社会三个基本观察维度考察人们的增能实践，其目的是增强人们在现实生活中应对社会环境不公平挑战的能力④。进入20世纪90年代中后期，在后现代主义思潮的影响下，增能社会工作将现实生活的场景性、多元性、复杂性和变动性等特征纳入增能的内涵界定中⑤。显而易见，增能不能采用“需要-满足”这种传统的问题解决框架来考察，它不

---

① LEE，J A B. The empowerment approach to social work practice：building the beloved community（2nd ed.）［M］. New York：Columbia University Press，2001.

② SOLOMON B B. Black empowerment：social work in oppressed communities［M］. New York：Columbia University Press，1976.

③ NORTHEN A. Clinical social work（2nd ed.）［M］. New York：Columbia University Press，1944.

④ LEE J A B. The empowerment approach to social work practice. In Francis J Turner（4th ed.）. Social work treatment：interlocking theoretical approaches［M］. New York：The Free Press，1996.

⑤ MUCHTAR A T，OVERTON J，PALOMINO-S M. Contextualizing empowerment：highlighting key elements from women's stories of empowerment［J］. Development in practice，2019.

是给予和接受这种单向的影响关系①。相反，增能不仅具有相互影响、共同学习的沟通方式②，而且具有主动探寻自己认定的现实生活目标并且感受到自己的主动影响能力的自主性③。

在增能理论的指导下，本研究在研究问题上注重从人和场景两个方面来考察多重边缘人群在社区参与中面临的问题，既关注人对环境的影响，也关注环境对人的作用，是一种双向的考察视角。在研究过程中，本研究以多重边缘人群社区参与的过程为主线分析研究对象与利益相关方之间的相互影响过程，呈现多重边缘人群社区参与的变动性、多元性和复杂性，保证研究分析的丰富性和客观性。

（二）研究设计

本研究选择厦门市 T 机构“暖心家园”计生特殊家庭帮扶项目作为研究个案，原因有三点：（1）厦门市是全国计生特殊家庭帮扶试点地区之一，是全国较早尝试计生特殊家庭帮扶服务的地区，具有全国的示范性；（2）T 机构从 2016 年就开始通过政府购买服务的方式承接计生特殊家庭帮扶服务，经历了从最开始的“暖心工程”人群服务到 2020 年关注社区融入的“暖心家园”平台服务，成为厦门市的重点示范项目之一；（3）截至 2023 年初，T 机构已经累计帮扶 94 户共 156 人，形成了计生特殊家庭的帮扶品牌和多方联动的合作机制。以此为基础，本研究选择参与厦门 T 机构“暖心家园”帮扶项目的 4 名失独癌症患者为研究对象进行深入探究。这 4 名失独癌症患者的具体情况见表 1。

---

① JOSEPH R. The theory of empowerment：a critical analysis with the theory evaluation scale［J］. Journal of human behavior in the social environment，2020.

② HÖLSCHER K，W J M，A F，et al. Opening up the transition arena：an analysis of（Dis）empowerment of civil society actors in transition management in cities［J］. Technological forecasting and social change，2019.

③ FAITH L A，COLLINS J O，D J，et al. Experiences of empowerment in a community cognitive enhancement therapy program：an exploratory qualitative study［J］. Psychosis，2019.

表 1　研究对象基本情况一览

研究对象	性别	年龄	居住状况	基本生活情况	社区参与情况	研究资料记录时间
A	女	48 岁	独居	初中文化，外来人口，经济状况较好。孩子于 2020 年自杀。A 在孩子去世后由于过度伤心而暴饮暴食，半年后查出患有恶性胃癌。因发现及时，A 在胃癌早期便做了手术，并进行了一年左右的调理。手术后，A 仍需要定期到医院就诊，但因为与丈夫异国分居，亲戚朋友又都在外地，所以常常无法得到及时的支持和帮助	患病前，A 明确表示想到社区做志愿者，并且在社区的邀请下开始走出来参加社区活动。几乎每次社区活动 A 都参与	2020 年 8 月至 2022 年 5 月
					患病中，A 在就医时出现突然晕倒的情况。A 的社区参与情况也出现变化，主要视自己的身体状况而定	2022 年 5—10 月
					治愈后，A 的社区参与情况主要根据自己日常生活安排而定，并非每次活动都参加	2022 年 11 月 16 日至 2023 年 6 月 1 日
B	女	56 岁	独居	大学文化，本地户籍人口，经济状况较好。孩子在 2005 年因患病去世。B 在孩子去世后便被确诊为抑郁症，同时伴有血管堵塞，2009 年，B 又患上子宫癌并接受手术治疗。2012 年癌症复发，B 接受了化疗，不久后又查出患有糖尿病，睡眠时会出现呼吸间歇性停止。目前，B 患有多种慢性疾病。失独不久，B 与丈夫离婚，平时需要照顾患有阿尔茨海默病的父亲，B 身边的朋友较多，社会支持较强	平时与社区的人没有交流，不希望自己的情况被本社区的人知道。B 表示，愿意参加一些公益活动，但是要远离自己居住的社区	2017 年 4 月 8 日至 2017 年 12 月 2 日
					自从孩子去世后，B 便很少在家，经常与朋友出门旅游	2019 年 6 月 17 日至 2020 年 7 月 22 日
					期待社会工作者邀请自己参加社区活动，害怕被忽视。一旦感受到自己受到忽视，就会表现出强烈的不满情绪，并且会给社会工作者施加压力	2021 年 2 月 26 日至 12 月 22 日
					主动参与“暖心家园”活动，并给社会工作者提出活动建议，帮助其他失独同伴走出困境，以及开始成为当地社区的志愿者	2021 年 12 月 24 日至 2023 年 6 月 1 日

续表

研究对象	性别	年龄	居住状况	基本生活情况	社区参与情况	研究资料记录时间
C	女	63岁	夫妻同住	初中文化，本地户籍人口，经济状况一般。孩子在2019年因患病去世。C在孩子去世后的8个月内都不愿意出门，后来在同伴的鼓励和支持下才走出家门，情绪得以舒缓。平时，C与患有高血压的老伴相互照顾，身体健康，无慢性疾病，但是在2021年11月C突发重病住院，被确诊为胰腺癌晚期，两个月后离世，留下丈夫一人	患病之前C是社区志愿者骨干，孩子去世后便不再出门，拒绝参加任何社区活动。在社会工作者的一再邀请下，C最终走出家门再次参加社区活动	2020年5月26日至2021年1月17日
					C在社区活动中获得了“最美志愿者”奖。尽管C愿意参加“暖心家园”的社区活动，但是与其他同伴不是很熟悉	2021年3月24日至10月27日
					住院治疗后，C无法参加社区活动	2021年11月24日至12月
D	女	74岁	与丈夫及儿媳、第三代同住	高中文化，本地户籍人口，经济状况一般。孩子在2013年因患病去世。孩子去世后D的生活还算平稳，但是只要有人一提及孩子，D就会伤心流泪。由于儿媳工作时间较长，D和丈夫负责照顾孙女，每天的生活都是围绕孙女转。D与身边的朋友和邻居关系较好，平时也会得到社区居委会的关心。2021年3月，D突发疾病住院，被诊断患有淋巴癌晚期，儿媳与公公商量决定对婆婆隐瞒病情，不让D在精神上承受过大的压力	患病前，D比较积极参与社区活动。社区只要有活动，她就会参加	2017年至2020年5月
					患病后，D每三个月要去医院复查一次，并且开始注意饮食健康。在手术康复期，D暂时没有参加社区活动	2021年3月至11月
					D对于“暖心家园”的健康讲座和出游活动有较高的参与热情	2022年7月至2023年5月25日

本研究选择了文献法、观察法和访谈法三种研究资料收集方法，以了解研究对象在整个项目服务过程中是如何参与社区活动的，以及失独和患癌这两种带有社会歧视的事件是如何影响他们的社区参与的。文献法收集的资料包括：（1）服务对象的建档信息，共 4 份（编码分别为 W1-1、W1-2、W1-3、W1-4）。(2) 服务记录表及服务总结，共 4 份（编码分别为 W2-1、W2-2、W2-3、W2-4）。观察法收集的资料包括研究者通过入户随访和社区活动观察 4 名失独癌症患者的社区参与情况（观察的资料编码分别为 GA、GB、GC、GD）。访谈法收集的资料包括研究者对社会工作者进行了 5 次访谈，其中机构负责人（J）1 次，项目主管（K）2 次，项目社工（L）2 次（编码分别为 FJ1，FK1-1、FK1-2，FL1-1、FL1-2）。

四、研究发现：多重边缘人群的多重压力

失独癌症患者在社区参与过程中尽管受到众多因素的影响，但是有两个方面的影响是比较突出的。第一个是失独身份的影响。这种影响直接将他们与其他人群区分开来，有了自身独特的社会标签，即失独家庭，并因此出现社会交往中的断裂与隔阂。第二个是疾病的影响。这种影响不仅表现在身体的变化上，需要他人的照顾，妨碍他们的社区参与，而且表现在人们的社会交往过程中，失独癌症患者更希望获得周围人的赞扬和肯定。显然，失独癌症患者在社区参与过程中既需要应对因失独身份带来的社会生活的挑战，也需要处理因身患癌症导致的生活不便。

（一）失独身份导致的身份困惑

失独不仅是一个生活事件，而且是一种身份的标签，它让失独者从普通的居民变成受到政府和社会重点关注的对象。正因如此，失独者在失去唯一孩子时，通常会出现社会交往断裂和隔阂的现象，就像研究对象 A 和 C 在孩子去世后出现了一段时间不愿意与周围人交往的情况一样，即使像 B 那样愿意参与社区活动，也仍希望不要让本社区的人知道她的有关情况。在 4 名研究对象中，D 的失独表现最为平稳，但是人们仍可以清晰地看到失独给她带来的社会身份方面的影响。只要人们一提及孩子，D 就会伤心流泪。

A 对社会工作者说：“我们这些人就是怕生病，身边连个帮忙的人也

没有，我老公又在外面工作，亲戚朋友也没有。”A 表示需要社会工作者陪她就诊。（W2-1）

显而易见，这些失独者在失独之后，一方面不愿意与人交往，不想参与社区活动；另一方面生病时又需要周围人的支持和帮助，这让他们常常陷入社会交往的两难处境。实际上，这些失独者往往在社区或者同伴或者社会工作者的鼓励下愿意参加同伴的社区活动，但是不愿意参加其他群体的社区活动，他们的社区参与需要在同伴支持下才能逐步实现。不过，他们不愿意参加其他群体的活动除缺乏相互理解之外，还有社会歧视的影响。

A 曾向社会工作者抱怨：“我同学不清楚情况就乱传我的坏话，他们说我女儿死了，我得了重病，老公也不要我了，很可怜，一个人孤零零的。”（GA）

这种社会歧视的影响并非都出于恶意，它是人们对失独身份作出的理解和回应，是由失独身份带来的影响。就连失独者自身也常常会因为失独而对自己的社会身份持负面的评价，他们会把自己归为具有某种缺失的人群。

自从孩子去世后，B 就很少在家，经常与朋友出门旅游。（W2-2）

B 跟社区闹得很僵，被社区称为“刺儿头”。有一次社区上门送慰问物资，里面误夹了一件小孩的衣服。B 看见后就很生气，责骂社区的工作人员：“你们知道我们没孩子，你们还这样气我们。”（FK 1-1）

由此可见，失独事件给失独者造成的影响是多方面的，它不仅会给失独者带来生活的诸多不便，造成现实生活的两难处境，而且会给失独者制造社会身份的困难，让失独者与其他人群之间的联系相互割裂，造成社区参与的困难。这种困难既表现在外在的社会歧视，也表现为内在的自我污名。特别是对于失独癌症患者来说，他们在社区参与中面临的挑战更为严峻，他们需要同时应对因身体疾病和失独身份带来的双重困扰。

（二）癌症给失独者身份带来的困扰

随着失独者年龄的逐渐增大，他们当中同时面临失独困境和身体疾病困扰的人数不断增加。对于这些同时面临多重生活边缘化挑战的居民而言，社区参与有了更为重要的现实作用。一方面，社区参与能够破除因失独带来的社会交往的断裂与隔阂，促使失独者能够过上正常的社区生活；另一方面，社区参与能为失独癌症患者提供必要的社会支持，帮助他们建立必要的社区照顾网络。

A 告诉社会工作者："我来接受甲状腺结节的治疗就是想要把这个结节从脖子上处理掉，不然总觉得脖子上长了东西，太难受了。"但是，A 曾出现自己在医院就诊时晕倒而无人发现的情况，因此需要他人的陪诊。(W1-1)

实际上，不仅癌症患者的身份随时影响失独身份，失独身份也会随时影响癌症患者身份。两者在实际生活中经常交错在一起，很难截然分开。A 在知道同学乱传她的生活信息之后，就一个人来到商场。

A 一个人去商场吃了自己喜欢吃的甜食，虽然知道自己患有胃病不能吃，但还是吃了，所以当天晚上回到家 A 的肠胃就受不了了。(GA)

她（A）心情不好时就控制不住吃甜食，本来她刚做完胃癌手术，现在还在喝中药进行调理，这种饮食方式对她身体康复不好。(FL1-1)

显然，癌症会给失独者带来诸多生活方面的挑战，不仅仅局限于疾病的医治，还包括日常生活管理和健康管理等方面的要求。例如，A 和 D 在患病之后就对社区参与有了自己的选择，不再像以前那样有什么社区活动都会参与。像 D 对于"暖心家园"的健康讲座和出游活动有较高的参与热情，而 A 则会根据自己的身体健康状况对参与的社区活动有所选择。实际上，癌症对于失独者的影响不仅表现为具体的现实生活安排上，还表现为社会身份的认识上。

因为癌症晚期出现脑萎缩，C 都快认不清人了，平时主要靠药物缓解疾病疼痛，也吃不下东西，经常上吐下泻，睡眠严重不足，情绪也不好，不跟周围人说话。她说："一辈子没做过什么坏事，事情怎么就发生在了我身上。"(W2-3)

癌症就像失独一样，它的出现并不是人们自己能够完全控制的，因此，人们常常把这样的遭遇归结为自己的运气不佳。但实际上，人们质疑的是自己的社会身份，因为无论是失独还是患癌都会给人们的社会身份造成欠缺的印象，导致人们总是希望摆脱这种欠缺的社会身份。一旦这种希望落空，人们就会怀疑生命的价值。

（三）失独癌症患者的社区参与路径

尽管不同的失独癌症患者社区参与的路径各不相同，但是他们都有一个共同的特点，就是需要借助同伴的支持才能走出失独的伤痛，参与不同的社区活动。因此，同伴支持的搭建就成为干预失独癌症患者的重要方法。这一方面能够带动失独癌症患者走出家门，参与社区活动；另一方面失独癌症患者能够在同伴支持下逐渐发现自己的生活乐趣，转变生活态度，成为现实生活的积极参与者。

社会工作者带着已经走出悲伤的失独癌症患者B来到失独癌症患者A的家中，促使其形成同伴互助。在此基础上，社会工作者进一步鼓励B和A一起进行入户阳台的改造，培养A的插花兴趣，并且通过在家里摆放一些花草来帮助A营造温馨的家庭氛围。之后，社会工作者了解到，A已经能够主动进行生活安排了，给自己办了健身卡，每天健身两个小时，体验到了改变的愉快。（W2-2）

通过这种同伴支持，失独癌症患者能够在遭遇疾病折磨时迅速建立起必要的社会支持网络，协助自己处理因疾病和失独带来的多重生活困境。例如，当研究对象C被诊断为胰腺癌晚期进入临终关怀治疗时，社会工作者就借助C的同伴支持迅速为C提供临终关怀的一些服务。

社会工作者得知C的病情已经无法治疗，目前靠住院挂点滴来减轻疼痛，于是，社会工作者联系了C的好友为C准备了她爱听的50多首音乐，同时指导C的丈夫用小音箱为妻子播放音乐。此外，社会工作者还带动C的丈夫与C的好友一起制作C参与“暖心家园”活动的画册。（W2-3）

不过，失独癌症患者的这种同伴支持如果不加以正向的引导，也会出现负面的影响，不仅不会促进失独癌症患者的社区参与，甚至还有可能导致相反的结果，阻碍他们的社区参与。

D曾在社区活动中说：“这项补助金政策是从2008年开始执行的，我的小孩是2013年出事的，自2014年起我才领取这项补助金。2013年这段时间的补助金应该补给我们。其他区的政府就有这笔补助金的补发，只有

我们区没有。”（W1-4）

显而易见，D 的这种想法很容易引发失独癌症患者与政府的对立，会阻碍失独癌症患者的社区参与。正因如此，社会工作者在了解了 D 的这些想法之后，联系社区居委会相关工作人员对 D 进行引导。

社会工作者在得知 D 这件事情之后，就联系居委会相关工作人员把有关补助金的政策讲给 D 听，让 D 掌握正确的信息，学会通过正常的渠道寻求问题的解决。（FK1-2）

B 主动来到“暖心家园”谈及她跟政府打交道的情况，她说：“我们只针对事，不针对人，这个事情是政策造成的，但是你们作为社会工作者应尽量想着帮我们推动一下，我们也不能把事情怪在你们头上。人要有感恩的心，你们真的为我们做了事情，我们就会感恩。上次看到他们（其他失独者）在讲这件事，我就对他们说，有事可以向社区反映。”（W2-2）

在建立失独癌症患者的同伴支持过程中，骨干培育就显得异常重要，他们因为有与其他失独癌症患者同样的经历，因而对其他癌症患者的影响更为突出，直接影响其他癌症患者的社区参与。由此可见，失独癌症患者因为同时受到疾病和失独的影响，他们在现实生活中会遭遇多重的生活不便和文化歧视，特别是当需要周围他人支持和帮助时，失独癌症患者面临的现实困境和情感困境就更为突出。因此，建立失独癌症患者的同伴支持是帮助他们渡过难关，促进社区参与的关键。

五、研究讨论

失独癌症患者是社区生活的多重边缘人群，他们不仅面临因失独带来的社会交往的断裂与隔阂，而且同时遭受因身体疾病导致的诸多生活困扰。尽管从表面上看，因身体疾病导致的社会歧视并不突出，但实际上，这些身体疾病的困扰随时影响失独者失独身份带来的社会歧视，如就医时的陪诊、住院时的照顾以及身体康复过程中的陪伴等，随时提醒他们自己是失独人群，是现实生活有欠缺的一群人。这种欠缺不仅表现在外部的社会交往中，而且表现在内部的身份认同上。失独癌症患者常常将自己视为与普通人群相区别并且遭遇重大生活不幸的人，因此，社区参与对于他们而言，就不仅仅是社区活动的参与，而是具有了生活重建和身份重建的双重作用。

（一）社会生活中的主体性

通过对失独癌症患者这类多重边缘人群的社区参与的过程进行研究就可以发现，人们的主体性是在社会生活中产生的，离不开人际交往。失独癌症患者无论在身体方面还是在社会关系方面，都面临社会交往的困扰。正是这种社会交往的困扰直接损害了失独癌症患者的主体性，让他们成为社会的边缘人群，无法融入中国式现代化所倡导的“共建共治共享”的基层社会治理实践中。显而易见，针对失独癌症患者有两种不同的观察视角。一种是依据传统社会救助的人群帮扶逻辑，将失独癌症患者视为社区生活中的困难人群，注重为这些困难人群提供不同层面的帮扶。这样，多重边缘人群被人们理解成在社区生活中遭遇多重生活困难的人群。另一种是根据中国式现代化的居民社区参与逻辑，将失独癌症患者视为社区生活中的边缘人群，关注这些边缘人群如何通过社区参与改变自身的边缘生活状况，推动社区朝“共建共治共享”的方向发展。此时的多重边缘人群被人们视为社区生活中处于边缘状态的人群，他们遭遇的现实生活困难恰恰是社区生活边缘状态的体现，也是推动社区生活发生积极改变的关键。因此，对失独癌症患者这类多重边缘人群的帮扶就不仅仅是现实生活困难的帮扶，更为重要的是，通过现实困难的帮扶重建他们的社区生活和社会身份，让他们拥有融入自己的社区生活并且推动社区生活改变的主体性。

实际上，站在中国式现代化的居民社区参与逻辑的角度来理解失独癌症患者这类多重边缘人群，它依据的是“人-环境”的观察视角，即始终把人放在具体的现实生活场景中来考察他的成长改变要求。这意味着，人们在现实生活中遭遇各种现实困难时，不能把这些现实困难简单地理解成生活的不足，而需要把这些现实困难还原成人们在现实生活面前无法有效应对现实环境的挑战。这样，人们的主体性就不仅与人们的问题解决能力相关联，而且与人们对环境的理解以及社会支持关系的建设相联系。就像失独癌症患者，他们的主体性恰恰表现为在他们遭遇的诸多现实问题的解决过程中与周围他人建立积极的支持关系。实际上，要让失独癌症患者这类多重边缘人群在社区生活中与周围他人建立积极的支持关系是很难一步到位的，通常需要借助同伴支持这一重要的过渡方式。

因此，同伴支持在失独癌症患者这类多重边缘人群的社区参与中有着特别重要的作用。它一方面帮助失独癌症患者从社区生活的孤立状态中摆脱出来，建立了社区生活中最为基本的社会支持，让个人的主体性有了修复和发挥的空间；另一方面为失独癌症患者进一步融入社区生活提供了基础，让失独癌症患者能够在社区层面重建自己的社区生活，重构自己的社会身份。因此，失独癌症患者这类多重边缘人群的社区参与也就具有了双重内涵：一是人际层面的，是同伴之间的社会支持建设，表现为人际之间的主体性；二是社区层面的，是失独癌症患者人群的社会支持建设，表现为社区层面的主体性。因此，同伴支持中的骨干培育就显得异常重要，它既影响失独癌症患者人际层面的主体性，又影响失独癌症患者社区层面的主体性。

（二）身体和文化的双向观察视角

失独癌症患者这类多重边缘人群最为显著的特点是同时遭遇身体疾病和失独文化的影响，而且这样的影响在实际生活中常常相互作用，彼此纠缠在一起。这一特点使失独癌症患者在摆脱现实生活困难、参与社区过程中面临诸多的挑战。其中，身心的平衡是帮助这类人群处理现实生活挑战和发挥个人主体性的关键，因为身体疾病常常迫使失独癌症患者关注身体健康的需求，而失独带来的文化歧视又需要失独癌症患者面临社会关系断裂的挑战。身心压力造成的双重困扰就成了失独癌症患者必须学会应对的困难。一旦失独癌症患者偏向身心的任何一方，就会导致相反的结果，非但不能增强失独癌症患者应对现实困难的能力，反而迫使他们遭遇更大的现实困难，面临主体性的受损。

值得注意的是，西方专业社会工作一直依据“人在情境中”的原理倡导心理社会视角，而忽视了人的身体因素。无论是社会工作者还是服务对象均被视为没有身体需求，而只有心理和社会需求的人。实际上，人们的心理和社会需求都需要依据身体的感受，尤其是对于患有身体疾病的失独癌症患者，他们的身体需求更为突出，一旦人们忽视其身体的需求，他们的心理和社会需求的满足就会受到阻碍。通过对 4 名失独癌症患者的研究可以发现，身体的健康需求其实是每个人的基本需求，只是在平时人们没有遭遇疾病的困扰，因而常常忽视身体健康需求的存在。这恰恰是导致人的主体性受损的根本原因所在。由此可见，要想挖掘人的主体性，就需要重新来理解“人在情境中”的含义，找回人的身体属性，让人成为现实生活中真实的人。

将人视为有身体属性的人，不是给人增加了生理层面的需求，而是需要对人与环境的交流作出新的解释，因为此时人的心理是依据人的身体行动而产生的。这种行动既受人们身体状况的影响，也受人们心理状况的作用。只有保持身心的平衡，人们才能在现实生活中培养起个人的主体性。

六、研究结论

党的二十大报告提出了建设“中国式现代化”的发展诉求，这对中国社会工作的专业实践提出了新的挑战。在这样的发展诉求下促使居民的社区参与成了我国基层社会治理实践的关键，尤其是对于那些像失独癌症患者这样的多重边缘人群，他们一方面需要应对因身体患病带来的诸多生活不便；另一方面需要处理因失独导致的社会交往的断裂与隔阂。这类多重边缘人群的社区参与不像丰富他们的业余生活那么简单，而是具有推动他们重建社区生活和社会身份的功能。通过对厦门市 T 机构“暖心家园”4 名失独癌症患者的帮扶个案研究发现，失独癌症患者是多重边缘人群，他们同时面临身体疾病和失独的双重困境，导致他们在社区参与中同时面临身心交错的多重压力，极易遭受挫败成为帮扶的对象。为此，中国社会工作就需要放弃传统的人群帮扶的实践逻辑，依据“人-场景”的观察视角，找回人的身体属性，将失独癌症患者这类多重边缘人群视为有能力的人，通过同伴支持的建设和骨干培育，在身心平衡中逐步推进他们社区参与的主体性，保证中国社会工作能够真正成为中国式现代化建设的一支重要专业力量。

A Study on the Process of Multi-marginalized Groups'Community Participation from the Perspective of Chinese Modernization —Taking the Case of "Warm Heart Home" of T Institution in Xiamen City as an Example

TONG Min, WANG Na

Abstract: The 20th National Congress of the Communist Party of China proposed to "comprehensively promote the great rejuvenation of the Chinese nation with Chinese-style modernization", and Chinese social work is no exception, which needs to promote grassroots social governance that can promote the participation of residents and communities. In this way, community participation of marginalized groups, especially multiple marginalized groups, has become an urgent problem that local social work needs to solve from the perspective of Chinese modernization. Because marginalized people have always been seen as objects in need of support, their community participation requirements are often ignored. Therefore, it is necessary to study the community participation process of multi-marginalized groups in order to help Chinese social work find ways to practice transformation from the perspective of Chinese modernization. Through the case study of helping 4 bereaved cancer patients in "Warm Heart Home" of Xiamen T Institution, it is found that bereaved cancer patients are multiple marginalized groups. They face the dual discrimination of physical disease and bereaved culture at the same time, resulting in the multiple pressures of physical and mental interleaving in community participation, and they are extremely vulnerable to frustration and become the target of assistance. To this end, Chinese social work needs to abandon the traditional practical logic of crowd assistance, treat multiple marginalized groups such as bereaved cancer patients as capable people, and gradually promote their community participation through the improvement of their ability to change in small scenes, so as to ensure that Chinese social work can truly become an important professional force in Chinese modernization.

Keywords: Chinese modernization, social work, multiple marginalized groups, community participation

中国社会工作学刊　第五辑
第 020~043 页

中国式现代化视域下的新就业形态群体社会工作服务探索

——基于“骑手关爱行动”的实践反思

李　涛　李　真　潘　愉　刘　倩　王　肖*

【摘要】骑手作为新就业形态劳动者，在为人们创造美好生活的同时，也面临着各种挑战，尤其是因职业特性造成的安全风险。对骑手的研究和服务不仅关系到该群体的利益，也关系到中国式“共享经济”的可持续发展。为此，“协作者”启动为期3年的“骑手关爱行动”社会工作专业服务，通过需求调查，分析发现骑手安全问题的背后，是其生理需求、安全需求、归属与爱的需求、尊重需求及自我实现需求得不到满足的表现。在增强权能和生态系统理论指导之下，“协作者”探索形成了以“团结协作　助人自助”为服务理念，还原增强骑手的主体角色，采取“服务创新—教育倡导—专业支持”“三位一体”的服务策略，整合多方资源与优势，构建社会支持系统，多元回应骑手全人需求的服务模式，丰富了数字经济时代下的本土社会工作实践创新。

关键词：社会工作　骑手　进城务工人员　新就业形态

---

* 李涛，“协作者”创始人，中心主任，高级社会工作师，主要研究方向为社会组织、社会工作、社区治理、儿童保护、城市化与流动人口；李真，“协作者”社会工作督导，研究倡导总监；潘愉，“协作者”高级项目主管；刘倩，“协作者”项目总监；王肖，“协作者”社会工作者。本文由“骑手关爱行动”项目工作组完成，也是“协作者”全体社会工作者的实践成果，项目工作组组长：李涛；工作组主要成员：潘愉、刘倩、王肖、张晏玮；工作组督导：李真；工作组调研员：池艺、刘畅、韩思稳、王瑞海、吕强、闫世琼、岑有羽、杨童珍、吴志葵、李娇咏、钟萍、张善媛、宋娟、车晓琳、刘萍、孙莉，以及“协作者”学堂学员张艳艳和蔡冬英等参与“骑手关爱行动”项目的同事。

在中国式现代化发展诉求之下，借助互联网技术而快速兴起的“共享经济”模式正在持续影响和重塑社会生活，也在改变着劳动者的就业形态。外卖骑手①（以下简称骑手）即是其中最具代表性的新型职业之一。如今，每天跑在路上的骑手数量已经达到百万级②。随着骑手群体规模的不断扩大，相关问题也逐渐显现。骑手因职业特性，面临较大的道路交通伤害风险，而道路交通伤害已成为骑手伤害死亡的最大原因。在看似是安全问题的背后，是什么在影响着骑手的选择，社会工作该如何介入新就业形态群体服务，这些问题需要得到专业的回应。

虽然社会学、法学等学科对骑手进行了一些调查研究，但结合发现的问题，提出“怎么办”的具有实务指导性的研究并不多。社会工作的产生和发展是伴随工业化、城镇化和现代化而向前推进的，也就是说，社会工作就是以解决社会变迁而形成的新问题以及服务由此产生的困难群体为己任的。调查显示，近八成的骑手来自农村，以 80、90 后为主，属于“新生代进城务工人员”，他们在城市化进程和数字经济中处于相对困难的地位。社会工作专业有责任回应包括骑手在内的新就业形态群体的需求与问题，社会工作专业介入有助于推动“共享经济”切实遵循公平正义的原则，让骑手实现体面劳动，共享发展成果，构建共建共治共享的中国式现代化发展格局。

① 骑手，指的是通过移动互联网平台等，从事接收、验收客户订单，根据订单需求，按照平台智能规划路线，在一定时间内将订单物品递送至指定地点的服务人员。网约配送员配送商品类别多样化，除了餐饮外卖，还包括商超便利、生鲜和药品等。

② 人力资源社会保障部．新职业——网约配送员就业景气现状分析报告［EB/OL］．(2020-08-26)［2023-09-10］．http：//www.gov.cn/xinwen/2020-08/26/content_5537493.htm.

“协作者”[①] 自2003年成立以来一直关注和服务以进城务工人员为主的流动人口，在20余年的社会工作服务实践和研究中发现，进城务工人员不只是“劳动力”，他们有着每个人都有的健康安全、子女教育、人际交往、职业发展和自我实现等各方面的需求。基于过往的实务经验和专业责任，在2021—2023年持续3年的时间里，“协作者”与壳牌（中国）有限公司（以下简称壳牌中国）联合发起“骑手关爱行动”项目（以下简称关爱行动），一是发挥社会工作评估研究功能，了解骑手的生存与发展状况，分析该群体的服务需求；二是发挥社会工作综融性服务功能，围绕骑手的全人需求设计开展包含交通安全、健康支持、心理减压、社会支持网络建设、骑手子女服务和紧急救援等在内的关爱服务；三是发挥社会工作赋权增能功能，以交通安全为介入重点，支持骑手发掘本土经验，结合交通安全专家的专业知识，共同开发适用于骑手群体的交通安全知识，形成“一堂骑手讲给骑手的交通安全课”；四是发挥社会工作教育倡导功能，通过公众教育和政策倡导，推广骑手交通安全知识，倡议政府、企业和消费者理解和关心骑手群体，多方参与骑手服务。最终探索形成了一套以“团结协作　助人自助”为服务理念，还原增强骑手的主体角色，采取“服务创新—教育倡导—专业支持”“三位一体”的服务策略，整合多方资源，构建社会支持系统，多元回应骑手全人需求的社会工作专业服务模式，为中国式现代化发展诉求之下的新就业形态群体服务提供可资借鉴的本土样本，丰富数字经济时代本土社会工作服务体系。

---

① 北京市协作者社会工作发展中心成立于2003年2月28日，由于找不到主管单位，只能在工商局注册为“企业”。2010年6月，该机构正式在北京市民政局注册，成为北京第一家由民政局直接主管的民办社会工作专业机构。20余年来，“协作者”秉持“团结协作　助人自助”的服务理念，持续面向流动人口、困境儿童和草根组织，开展服务创新、教育倡导和专业支持相结合的“三位一体”的社会工作服务，在回应进城务工人员及其子女现实需求的同时，协助其在服务参与中由受助者成长为助人者，并在实践中开展行动研究，总结提炼本土经验，推动社会工作和社会组织的发展。目前，“协作者”服务模式被推广复制到长三角、珠三角、山东半岛和江西等地区，分别在当地成立了南京市协作者社区发展中心、珠海市协作者社会工作教育推广中心、青岛市协作者社会工作发展中心、江西省协作者社会工作发展中心，本文统称“协作者”。详细信息可登录官方网站查阅：http：//www.facilitator.org.cn。

一、需求评估：骑手群体的全人需求

关爱行动初期，社会工作者依托“协作者”分布在北京、南京、青岛和珠海等网络配送服务发达地区的服务网络，采用滚雪球抽样方式（见表1），通过问卷调查和个案访谈，以马斯洛需求层次理论为基础理论依据，调查分析骑手各个层次的需求及需求之间的关系，以及骑手安全问题背后反映出的深层次需求；以生态系统理论和增强权能理论为实践理论依据，注重骑手权能与外部环境的关系，提出切实可行的行动建议。

自2021年1月20日至2月10日，“协作者”共计回收问卷388份，其中有效问卷343份。问卷总共设置68道题目，主要围绕骑手的基础信息、入行情况、收入及劳动保障情况、职业安全与健康情况、工作满意度及价值认同、服务需求六个方面进行调查。同时，从中选取20位有代表性的骑手进行深度个案访谈。

表1　“骑手关爱行动”问卷调查对象人口学分析

调查对象人口学特征（$n=343$）									
		北京		南京		珠海		青岛	
		样本数/个	占比/%	样本数/个	占比/%	样本数/个	占比/%	样本数/个	占比/%
性别	男	118	34.4	78	22.74	71	20.7	63	18.37
	女	3	0.87	6	1.74	4	1.17	0	0
户籍	本地户籍	0	0	32	9.33	43	12.54	36	10.50
	非本地户籍	121	35.28	52	15.45	32	9.33	27	7.87
	城市户口	12	3.50	20	5.83	5	1.46	10	2.92
	非城市户口	109	31.78	64	18.66	70	20.41	53	15.45
年龄	18~20岁	3	0.87	6	1.74	4	1.17	1	0.29
	21~30岁	53	15.45	41	11.95	42	12.24	29	8.45
	31~40岁	55	16.03	25	7.29	24	7.00	29	8.45
	41~50岁	10	2.92	11	3.21	5	1.46	4	1.17
	50岁以上	0	0	1	0.29	0	0	0	0

续表

		北京		南京		珠海		青岛	
		样本数/个	占比/%	样本数/个	占比/%	样本数/个	占比/%	样本数/个	占比/%
教育程度	没上过学	0	0	0	0	2	0.58	0	0
	小学	7	2.04	5	1.46	1	0.29	0	0
	初中	39	11.37	31	9.04	32	9.33	14	4.08
	高中/中专/职业技术学院	58	16.91	26	7.58	35	10.20	32	9.33
	大专	10	2.92	15	4.37	4	1.17	13	3.79
	本科	7	2.04	6	1.74	1	0.29	4	1.17
	研究生及以上	0	0	1	0.29	0	0	0	0
婚姻状况	未婚	47	13.70	39	11.37	39	11.37	34	9.91
	已婚	65	18.95	42	12.24	31	9.04	28	8.16
	离异	9	2.62	3	0.87	5	1.46	1	0.29
	丧偶	0	0	0	0	0	0	0	0
	其他	0	0	0	0	0	0	0	0
子女情况	无子女	55	16.03	43	12.54	40	11.66	37	10.79
	有一个子女	31	9.04	23	6.71	13	3.79	16	4.66
	有两个子女	32	9.33	14	4.08	19	5.54	8	2.33
	有三个及以上子女	3	0.87	4	1.17	3	0.87	2	0.58

根据马斯洛需求层次理论，虽然人们的民族、文化、阶级和历史等不同，但作为一个人，却拥有相同的需求模式。每个人的需求模式都是一个结构化的整体，具体包括生理、安全、归属与爱、尊重及自我实现五个层

次的需求①。骑手对于安全的忽视乍一看是其自主选择的结果，然而，人类行为的动机是由于需求引起的。通过调查评估，“协作者”发现骑手行为背后反映的是骑手作为“人”的基本需求未能得到充分的满足。

（一）生理需求：骑手收入不稳定，长时间工作，并未能满足个人及家庭生活需要

对于以进城务工人员为主体的骑手群体而言，因为在农村较难获得收入保障，为了满足衣食住行基本需要，骑手会选择外出进城务工。然而，27.69%的骑手表示收入不能满足日常生活需要，这意味着他们最基础的生理需求并不能得到满足。调查显示，骑手的收入主要用于个人日常生活开销（88.34%）、房租（54.81%）、抚养子女（39.65%）、赡养老人（19.53%）以及偿还贷款（31.78%）②。

“工作时间自由”是骑手选择入行最重要的原因之一，但工作时间段的灵活并不意味着骑手真正掌握了劳动时间的控制权。19.40%的全职骑手与20.00%的兼职骑手每天工作时长均超过12小时，37.32%的骑手表示自己每月基本不休息。“感觉平台不愁招不到人，所以它不停地改变单价。在所有行业里只有快递和外卖的工资是连年下降的……就是（挣）同样的钱，你要花更多的体力去工作”（案例18），在高强度的工作压力下，骑手的身心健康难以得到保障。

（二）安全需求：缺少骑手参与视角的安全培训未能回应其安全需要；灵活用工模式之下，社会保障缺失，加剧骑手安全风险

骑手因职业特性，面临较大的道路交通伤害风险和健康风险。54.23%的骑手发生过交通事故。骑手认为，导致自己发生事故的主要原因包括雨雪天气（50.74%）、路况不好（43.35%）、疏忽大意（36.95%），以及骑手身心疲劳（22.66%）。尽管75.80%的骑手自己购买了安全防护装备，

---

① 亚伯拉罕·马斯洛．动机与人格［M］．3版．许金声，等译．北京：中国人民大学出版社，2007.

② “协作者”课题组．协作者研究丨骑手生存与发展需求报告［EB/OL］．（2021-05-26）［2023-07-08］．https：//mp.weixin.qq.com/s/Z81bAltSDx4J0uyBhj2aOQ. 本报告关于骑手的调查数据均来源于此调查，下文不再单独注释说明。

然而，除头盔外，其他装备使用率并不高，这导致骑手面临巨大的道路交通伤害风险，人身安全无法完全得到保障。

车辆定期检修是保障交通安全的重要措施之一。17.2%的骑手没有定期检修车辆，且骑手车辆购置、电池使用及充电方式存在不合规的情况。

安全意识的培养与能力提升对于回应骑手交通安全需求至关重要。99.13%的骑手表示自己了解交通法规和安全知识，但实际上，69.68%的骑手违反过交通规则。其中，88.28%的骑手表示自己是因为担心订单超时不能按时送到而选择了违规。如案例5骑手分享，“说实话，肯定都闯过红灯，没有不闯红灯的。有时候赶时间或者订单配送来不及，一看是红灯，四周没有人或者没有车，就闯红灯了。”

84.25%的骑手接受过和工作相关的培训，这些培训大部分是由平台（87.54%）和劳务公司提供（38.41%）的，“每周都有（培训），基本上是线上培训，如果不学习就会限制接单了”（案例5）。培训内容比较宽泛，但职业健康防护方面的培训只占13.89%，而劳动权益保障方面的培训仅占1.39%。在访谈中了解到，虽然平台通过App提供的培训很多，但培训的效果并没有得到充分发挥。“对骑手来说作用不大，只是为了完成任务”（案例11）。“都是随便糊弄糊弄。如果有时间，就花一点时间看一下，最后答题就是凭自己的感觉答”（案例15），骑手会担心因为没有学习被限制接单。再者，在内容上，骑手认为和实际情况是有差距的，“平台上面有培训……比如按照规定，电动车时速不能超过20千米，但是有时候派单的平台就按照40千米/时派单，有时候已接订单都快超时了，平台还在派单”（案例11）。

值得反思的是，大部分骑手及其家人深知安全的重要性，但为了生活，高达79.30%的家人支持骑手工作，意味着骑手会优先满足生理需要而抑制了安全的需要。有37.32%的骑手表示自己每月不休息。这些都表明满足家庭的需求已经远超过骑手对于个人安全的需求。研究认为，进城务工人员对加班工作的忍耐和接受是基于农民传统的生存理性，通过延长工作时间来增加经济收益，而无法通过提高单位时间工资水平来提高收入①，“每个月租房子、小孩子吃喝、我和我老婆正常的花销、小孩课后的培训和辅导班等，方方面面都要花钱。孩子上学倒是没交多少钱，但在校吃饭也需要钱，节余的钱得给小孩买几件衣服以及其他的东西”（案例15）。

此外，由于骑手不能按时就餐，生活不规律，长期大量地奔跑和爬楼，以及恶劣天气等环境影响，骑手的身体很容易受到损伤。24.78%的骑手患有不同程度的慢性疾病，包括胃病、腰肌劳损、颈椎病等，“我们骑手每天吃饭的时间不规律……别人吃饭的时间是我们最忙的时间，所以通常会疏漏了自己的吃饭时间，骑手都是想着在第一时间把餐食送到顾客手中。等到忙完工作，没有那么多订单的时候，我们才开始吃饭，这可能会对我们女性生理周期有影响，就是周期不正常了，因为每天有压力，会紧张和焦虑”（案例19）。同时，社会心理危害也给骑手带来健康影响。访谈发现，苛刻的配送时间和具体要求，在潜移默化中对骑手造成了较大的焦虑和压力，“压力主要来自配送订单的时间，有时候做梦都会想着自己在跑单。有时候想着‘哎呀！这单快超时了’，突然一下就吓醒了”（案例18）。

为了维护自身及家庭的安全状态，除了经济收入，还需要良好的社会保障。然而，在灵活用工的模式下，商家与灵活用工平台之间、平台与骑手之间均为合作关系，骑手无法享受到《中华人民共和国劳动合同法》等法律法规的保障，最低工资标准、工时规定等对灵活就业的骑手来说并不适用。32.94%的骑手没有签订任何用工合同，21.87%的骑手不清楚自己签订的是什么合同。但即便如此，骑手仍会按照平台规定，在不清楚内容的情况下签订电子劳动协议，因为只有这样才能继续接单。

（三）归属与爱的需求：骑手忙于生计，无暇陪伴和照顾子女；骑手群体之间存在非正式支持，但来自单位及社区的正式支持不足

① A. 恰亚诺夫．农民经济组织［M］．萧正洪，译．北京：中央编译出版社，1996. 转引自刘林平，张春泥，陈小娟．农民的效益观与农民工的行动逻辑：对农民工超时加班的意愿与目的分析［J］．中国农村经济，2010，(9)：48-58.

在注重亲缘关系的中国传统文化背景下，家庭需求的满足和骑手归属与爱的需求满足休戚相关。“和家人在一起或更多团聚机会（48.1%）”是最能够增加骑手幸福感的三大因素之一。然而，骑手为了自身和家庭的生存而外出务工，离开父母和孩子，一方面造成家庭分离，另一方面也无法照顾子女。51.19%骑手的子女并不在其身边生活，对于将子女带在身边生活的骑手，也因为工作时间长而难以陪伴子女，这对骑手的身心以及子女的成长均造成了负面影响。“（每天早出晚归）这样循环，除非周六日孩子不上学，什么时候回去都能见到。（其他时间）一般见不着（面）”（案例6）。

在社区支持方面，骑手在工作之余主要是刷手机（32.36%）、打游戏（23.62%）和睡觉（44.61%），业余生活单调，社交网络狭窄，精神生活匮乏。因为共享经济模式下松散的劳动关系，骑手对组织/单位也很难形成归属感和认同感，“骑手和平台没有什么关系，就是下载App，注册了就能干，你不会碰见这个程序里的任何一个人”（案例17）。此外，访谈显示，骑手之间的互助对他们来说是一个较大的支持，“有时候，遇到什么开心的事，比如说客人打赏小费，我们也会把这个喜悦跟其他的同事分享一下”（案例19）。尤其是当骑手需要帮助或者遇到困难时，无论是熟悉的同事还是陌生的骑手，都会因为能够感同身受而帮一把。

社会支持方面，在应对压力时，骑手大多有自身相应解决问题的支持系统，但渠道相对单一，大多仅是向身边的老乡、朋友、家人倾诉，并没有意识去寻找正式系统的支持，20.41%的骑手没有接受过任何部门或单位为骑手提供的服务。城乡户籍制度的隔绝，也导致骑手虽身为共享经济劳动主体，却难以共享公共资源，其价值感会减弱，归属与爱的需要难以得到满足。

（四）尊重的需求：消费者、商家及用工平台等利益相关方未能充分认同和尊重骑手的工作价值，骑手难以从工作中获得尊重和价值感

对于骑手来说，尊重需要的满足一方面来自骑手自身对这一职业的认同；另一方面来自其所在工作系统中，如企业平台、用工单位、商家和消费者等的肯定与认同。作为服务行业从业人员，骑手的职业特殊性使他们的自我认同与他人认可互为关联。骑手相关利益方的正向反馈与评价可以

有效提高骑手对自我的认同与尊重，反之亦然。

访谈发现，一方面，消费者的不理解让他们有一种“相对剥夺感”。“每一个在马路上摔跤的骑手，第一时间不是看自己有没有受伤，而是看看餐有没有撒，骑手是很可怜的，你们（消费者）没必要这样催”（案例11）。另一方面，平台把他们当成“只是送餐的工具”（案例16），而非有正常需求的人。由此可以看出，无论是消费者、平台企业或者商家，都不能充分意识到骑手的尊严和价值，骑手权能感被压制。

在不满意自己工作的骑手中，有21.74%的骑手是因为感觉不被尊重和理解。有骑手表示，“大多数人对骑手有一种看不起的感觉”（案例15），骑手希望获得社会尊重的需要无法得到满足。当下“共享经济”的模式，重塑了骑手与其他利益相关方的社会关系，消费者在意的是自己的餐是否被准时送到，商家关心的是消费者能否收到餐，而骑手在其中的服务却很容易被忽视。这种关系的扭曲对骑手的心理、自我及职业认知也造成了很大的影响。

尽管53.94%的骑手对工作感到满意，但对于大部分骑手来说，如果能找到更合适的行业或工作，这是一份“随时都可以不做”（案例5）的工作。他们并没有太多感受到自己服务的价值，甚至自己对工作也有所贬抑，“骑手的工作不可能一直干下去，除非是那种没有一点抱负、没有一点思想的人，就这样堕落下去，然后一直混下去了，但凡有一点思想的人，不会一辈子做骑手”（案例5）。很多骑手抱着“挣快钱”的想法在做这份工作，而不是出自一份职业认同，这种想法导致骑手为了尽快改变现状，而忽视了自身安全的需求。

（五）自我实现的需求：现有的劳动形态导致其个人权能感低，社会认同不足，导致其自我与社会价值缺失

职业是人安身立命之所在，人通过劳动实现自身价值。对骑手来说，自我实现的需要主要包括两个层面，一个是追求职业发展的需要，另一个是社会价值的实现。20.41%的骑手不清楚未来要做什么，他们虽然意识到自己不可能当一辈子骑手，但除继续底层的打工生活外，普遍缺乏明确的职业发展目标与生活目标，很多骑手抱着“暂时性”的态度，而对未来缺

乏具体、明确和可操作的职业发展路径。

因为工作技能、经验和能力的不足，门槛较低、工作时间长、收入不稳定、性质危险的劳动形态不断地形塑着骑手的生活和感受，使得他们个人权能感较低。同时，社会对骑手的污名化和不理解也是造成骑手权能感较低的重要原因。再者，相较于老一代农民工，新生代农民工成长和生活在现代社会，互联网和科技的发展让他们更容易接触到多元化的价值观和社会文化，他们也开始更多意识到自我价值的追求和实现，但却难以得到满足。有接受访谈的骑手站长认为，“对于年龄小的骑手，他们最大的压力是在于对社会的迷茫”（案例13）。骑手认为这个工作“就像流水线上的螺丝钉，早晚有一天会被替代”（案例16），并没有充分感受到自身社会价值的实现。

二、行动：系统性的全人服务

作为共享经济下的新就业形态群体，骑手的工作时间、工作方式、工作压力和劳动关系等都有别于传统务工者，要回应骑手的多元化的服务需求，仅靠爱心或嘘寒问暖等一般性服务是不够的。如何解决交通安全问题，如何舒缓骑手心理压力，如何处理亲子关系，如何增强社会认同感……这些深层次需求，“协作者”认为必须整合政府、企业和专业服务机构的力量，充分发挥社会工作专业功能，系统回应骑手的多元化和个性化需求。

社会工作强调全人服务观，服务对象既是独立的主体，也是群体的一员，更属于社区和社会。从生态系统理论视角来看，骑手的需求与问题是其个人与环境共同造成的，必须将服务对象放到其所在的社会系统中，才能真正为他们提供有效的支持。因此，针对评估发现的骑手在生理、安全、归属与爱、尊重与自我实现方面的“全人”需求，“协作者”在壳牌中国的支持下在2021年发起关爱行动，从骑手群体需求评估入手，开展关爱服务回应骑手群体基本需求，并逐步深入，聚焦骑手交通安全议题，培育骑手群体从接受服务到成为交通安全辅导员志愿者，参与自我服务，逐步探索形成了骑手参与为本的交通安全服务模式，满足骑手安全、归属与爱、尊重、自我实现等深层次需要。

截至2023年8月，关爱行动共开展了三期，其中，第一期关爱行动重点开展骑手需求评估，结合需求为骑手群体开展交通安全、健康支持、心理减压、同伴支持网络建设、骑手子女综合服务、紧急救援、宣传倡导等服务；第二期关爱行动聚焦“骑手交通安全关爱”核心议题，整合壳牌中国的交通安全培训资源、“协作者”的社会工作专业资源和骑手群体蕴含的本土知识资源，开发适用于骑手群体的交通安全知识课程并多渠道推广；第三期关爱行动重点进行骑手安全志愿辅导员的培育，带动和鼓励骑手参与自我服务，丰富交通安全知识，推广项目课程成果，以惠及更广大骑手群体。

（一）针对生理需求开展的社会工作专业服务

社会工作者在关爱行动中发挥资源整合者的角色，链接多方资源和力量共同回应骑手及其子女在生计、教育、健康等方面的需求。与传统服务相比，关爱行动不仅仅是单一提供物质救助，而是整合社会工作预防—救助—发展的专业服务功能，在物质救助基础上，同时开展能力建设，如健康救助中，除了体检资源，还同步提供健康咨询和培训，提升骑手自身健康意识和预防能力；教育救助中，除了提供助学金，也会同步培育志愿者为骑手子女提供陪伴服务；新冠疫情期间，在救助物资发放过程中，培育骑手发挥自身配送服务优势，加入救援志愿服务队，协助社会工作者将物资配送发放给有需要的家庭。

1. 紧急救助

社会工作者通过走访，在骑手群体中识别出脆弱性较高的骑手，链接资源，为陷入困境的骑手及其家庭提供物资救助和个案帮扶等危机干预。

项目开展期间恰好赶上新冠疫情肆虐，这一危机事件也加剧了骑手的脆弱性。“协作者”紧急对接上海绿洲食物银行、好特卖、伊利集团和美团配送等资源，为超过850名骑手和部分困境家庭发放食品和营养健康物资，价值超过27.5万元，有效地缓解了新冠疫情下骑手家庭的生计困难。

2. 教育救助

针对部分经济困难家庭的骑手子女难以获得充足及优质教育资源的问

题，社会工作者通过链接基金会和企业等社会资源，为处在学龄期的骑手子女发放助学款及助学物资。

项目期内，“协作者”链接到美团配送和其他企业等资源，为40名困境骑手子女提供助学资金共7.5万元，有效地回应了困境骑手家庭子女上学问题。

3. 健康救助

针对骑手难以获得充足及优质的健康资源的问题，社会工作者通过对接美年大健康、美团、京东健康等医疗资源，为骑手提供价值67744元的健康体检和物资等资源，并跟进健康咨询、培训和大病救助服务。

4. 个案工作

针对有个案服务需求的骑手，社会工作者及时进行跟进处理，主要包括法律咨询、交通安全事故协助处理、子女升学政策咨询、健康救助、家庭关系、劳资纠纷等方面的内容。

（二）针对安全需要开展的社会工作专业服务

社会工作者在关爱行动中发挥使能者和服务者的角色，发掘骑手自身的经验与智慧，促进骑手群体互助；整合骑手利益相关方的资源和专业力量，通过安全防护装备援助、能力建设、参与式课程开发与推广、公众教育等方式综合回应骑手安全设备不足、安全意识匮乏与能力不足的问题。与传统服务相比，关爱行动依据社会工作增能理论，注重骑手本身的参与，并非只依靠专家为骑手讲授安全知识，而是通过社会工作者引导骑手总结出他们关注的安全主题，进而讨论总结出来自骑手自身经验智慧的交通安全知识，并由骑手参与制作短视频进行传播，更加适合骑手群体自身的安全需要，实现用骑手的力量帮助骑手。

1. 安全防护装备援助

针对骑手安全防护装备匮乏的问题，社会工作者整合骑手利益相关方的资源，并动员骑手志愿者参与协助发放。

项目期内，“协作者”链接到壳牌中国、美团配送等资源，累计为1182名骑手发放安全防护物资3200件，包括电动车挡风被、护膝、车把套等冬季防寒物品，以及雨衣、防晒衣、手机防水套等夏日防暑、防雨必需品，在一定程度上降低了由此带来的安全风险，回应骑手最急迫的需求。

2. 安全意识与能力培育

针对骑手安全培训不足的问题，社会工作者通过定期开展以急救自救、消防知识等为主题的培训小组和社区活动，以知识讲座、知识问答、社区宣传、短视频宣传等适合骑手的多元方式，发掘骑手自身蕴含的安全保护和同伴互助等经验和智慧，并联动专业志愿者，如医生、消防员、救援队等，积极鼓励骑手学习和了解基本的安全与健康防护知识，提升骑手安全与健康防护的意识和能力。

项目期内，“协作者”开展法律咨询与援助、急救自救、道路安全救援等主题活动 87 次，辐射 12 个骑手站点，服务 4426 人次。

“平时在家里或者在工作中不注意的一些细节，通过参与‘协作者’组织的活动分享之后，我可能经常会想一想，‘这件事儿可能会很危险’，一定要按照规范的操作流程去做，避免危险的发生。有些事就是因小积大，所以说从小事一点一滴做起，我觉得这次培训是有好处的。”

——参与培训的骑手代表

3. 开发骑手交通安全课程

首先，针对当前的安全培训课程缺少骑手参与、缺乏实用性和适用性等问题，社会工作者以“骑手交通安全关爱”为核心议题，发挥社会工作赋权增能作用，运用小组社会工作方法，整合企业交通安全培训资源、社会工作专业资源和骑手群体蕴含的本土知识资源，由社会工作者与骑手、安全专家共同讨论出骑手关心的 6 个交通安全课程主题模块。其次，由社会工作者带领，以学习小组的方式设计开展骑手交通安全课程开发系列小组活动，引导骑手志愿者通过头脑风暴、个人经验分享、小组讨论、集体经验整合等方法，梳理形成了蕴含案例故事、经验、方法和技巧等内容的交通安全知识体系。在骑手本土知识和经验基础上，社会工作者链接壳牌中国安全专家从专业角度提供完善建议，进一步保障了骑手交通安全课程知识的科学性。之后，“协作者”委托专业视频拍摄制作团队，将小组活动产出的交通安全知识与骑手案例相结合，动员 13 名骑手志愿者作为主角参与其中，完成了 6 集“一堂骑手讲给骑手的安全课”系列短视频，并链接快手平台资源进行公益推送。

结合骑手偏好的短视频或生动的图文形式，社会工作者制定了专门的推广方案，以 6 集骑手交通安全系列短视频、海报、长图、新闻稿、线下骑手骨干交通安全课程培训等多形式、多渠道地面向骑手群体及公众进行推广传播，以产生最大的影响。截至 2023 年 7 月，“一堂骑手讲给骑手的安全课”系列短视频播放量超过 1347.6 万人次，在观看系列短视频后，很多骑手反馈学习到很多实用知识和理念，很有帮助。有骑手留言：“公益活动做得非常好，帮助了打工的骑手和孩子们，给了我们很大帮助”“值得学习，每个骑手必须注重安全”“这样的安全教育非常有必要，不为一时的快而误了终身”。

4. 组建骑手道路安全救援队伍，开展安全行动

针对骑手交通安全事故率高、正式支持较少的问题，社会工作者、骑手志愿者和专业维修人员组建救援队伍，开展道路交通安全救援行动。其中，社会工作者负责协调各方，骑手骨干负责宣传和推广服务，在不同区域收集信息，专业维修志愿者负责及时救援在路上出现交通事故的骑手，通过多方联动与合作保障骑手道路安全。

项目期内，社会工作者动员车辆维修方面的志愿者参与开展骑手道路安全救援服务，累计为骑手提供道路安全救援 24 次；跟进处理骑手交通安全事故 12 起，直接支持到骑手的交通安全。

（三）针对归属与爱的需求开展的社会工作专业服务

与传统服务相比，社会工作者在关爱行动中扮演支持者和使能者的角色，除了面向骑手开展直接服务，更重要的是鼓励骑手通过提升自身效能，在服务自己的同时服务他人，构建支持网络，在助人自助中实现社会价值，增强归属感。

1. 为骑手举办生日会

针对骑手缺少归属感的问题，社会工作者每月定期为当月过生日的骑手举办集体生日会。通过生日会的召集与组织，让来自不同地方和平台的骑手齐聚一堂，通过交流近期工作与生活中遇到的问题和困难，分享彼此的经验，互相支持。骑手尚大哥说：“我印象最深刻的是参与骑手集体生

日会，像我这个年纪的人（将近50岁了），以前家里生活条件不好，没有买过生日蛋糕，有了家庭和孩子后也只是在孩子生日的时候给他们买蛋糕，上个月生日会的大蛋糕是我这辈子第一次吃到的自己的生日蛋糕，我特别感动和温暖。”

2. 为骑手子女提供陪伴，提升骑手父母亲职能力

针对骑手群体家庭教育能力匮乏，对孩子陪伴不足进而影响其工作状态和交通安全的问题，社会工作者发挥教育者和服务者的角色，在社区建设骑手子女服务中心为骑手子女提供课业辅导、社区托管、儿童营养健康、兴趣小组、亲子活动等儿童社会工作服务，回应骑手子女的照顾和陪伴需求；同时，社会工作者利用骑手熟悉的传播方式宣传亲子教育知识，开展亲职教育活动，提升骑手的亲子陪伴能力。这些服务有力地回应了骑手因陪伴子女少、教育支持不足而带来的愧疚和心理压力，解决骑手的后顾之忧，让骑手可以安心工作，间接地减少交通安全事故。

3. 搭建及运营骑手互助社群，构建社会支持网络

针对骑手社会支持网络薄弱的问题，社会工作者发挥协调者和使能者的角色，协助搭建运营线上互助社群，通过社会工作专业方法引导骑手分享自身经验及智慧，营造互帮互助的环境，拓展骑手在应对压力时的解决渠道，引导他们有意识地寻找正式、系统的支持。此外，社会工作者通过沟通联络骑手利益相关方，如平台企业、骑手站点，修车行等，协助骑手构建起正式支持网络。

项目期内，“协作者”建立并持续运营了8个线上骑手社群，服务骑手超过8万人次，通过线上社群及时回应和解决骑手的繁杂需求和问题；发布及引导骑手互动分享“疫情防控小贴士”“夜间骑行注意事项”“安全常识”“冬季安全出行”“政策信息分享”“常见问题分享解决”等内容，引导骑手交流交通安全、订单配送工作等相关信息，在彼此分享的过程中获得支持。骑手张大哥认为：“这个项目挺好的，确实对我们帮助很多，特别是骑手交流群的建立，不像其他的那些骑手群，乱七八糟，最后都是各种广告和推销，在这个骑手群，大家都比较文明；我们周围的骑手都可以相互帮助，我也认识了不少新的骑手，大家经常在群里分享骑手信

息和经验，回应也很及时。我每天都会关注群里的消息。”

（四）针对尊重需要开展的社会工作专业服务

社会工作者在关爱行动中发挥倡导者和教育者的角色，让包括消费者、企业和政府等在内的骑手相关方了解骑手需求及生存状况，并通过提出政策建议以影响和改善与灵活就业、社会保障等相关的社会政策。与传统服务相比，关爱行动推动骑手群体参与倡导服务，支持骑手讲述自己的故事，通过短视频、参与论坛活动和调查研究等多种方式，为骑手群体代言和发声。

1. 公众教育

社会工作者用公众教育、社会倡导的服务方法，还原骑手群体作为人的真实生命故事，以故事作为理解的媒介，协助骑手重塑自我，提升自我权能，同时改变消费者、商家对骑手群体的非理性认知，减少其不合理的要求和行为，进而改善骑手交通安全处境。公众教育具体包括开展“交通安全日骑手倡议”“我可以为骑手做的一件事”“骑手的一天”等主题倡导活动，发布骑手个案故事；邀请骑手代表参加相关论坛、发布会，让其能够直接表达群体需求和意见，通过多种方式促进社会各界对骑手群体的理解和支持。

2. 政策倡导

社会工作者通过递交报告、召开论坛、座谈会和接待来访等方式，呼吁并推动相关部门参与关爱行动，一起交流对话，完善与骑手相关的服务体系、政策制度的建设，营造适合骑手生存与发展的社会生态。具体包括每年在交通安全日举办骑手关爱论坛，邀请来自政府、学界、社会组织、企业代表以及骑手参会，进行多方对话，探讨该群体面临的问题与挑战，并发出倡议；邀请骑手参加国务院妇女儿童工作委员会办公室、农业农村部和民政部等部门组织的座谈会，分享自身及群体在工作、生活、社会保障和子女教育等方面的需求及建议；将项目倡导成果提交相关部门，针对农民工灵活就业等相关政策提出改革建议等。项目期内，“协作者”完成的《骑手生存与发展需求报告》，被《财新周刊》《工人日报》等多家知名媒体报道，报告形成的问题与建议被中华全国工商业联合会办公厅《工商动态》采录。

（五）针对自我实现需要开展的社会工作专业服务

传统服务更多被动地将骑手视为“需要帮助的群体”，社会工作者则在关爱行动中发挥支持者和使能者的角色，协助骑手通过参与志愿服务改变自身及群体境遇，实现自我价值。

1. 自我表达与社会参与

社会工作者开展以摄影、摄像等方法为载体的影像发声活动，让骑手学习并使用故事叙述、表达的知识与技巧，支持骑手提升自我表达的自信，实现个体增权并促进其意识觉醒。一方面，社会工作者将骑手拍摄影像的过程作为直接服务，肯定骑手的主体性，通过其自我表白消除标签化和污名化，提升个人权能感；另一方面，通过对现实问题进行记录、批判和反思，解构主流叙事对骑手群体的认知，重新建构骑手的社会主体性，以支持骑手获得自我掌控感和社会参与感。

项目期内，“协作者”面向全国骑手发起“用骑手的眼睛关注骑手”公益摄影作品征集活动，呼吁社会各界加强对骑手群体的理解和对骑手交通安全的关注，共建可持续的共享经济；发起“用骑手的力量帮助骑手”安全技巧短视频拍摄制作活动，让更多骑手掌握用视频方式发掘记录群体智慧和经验，在同伴教育和互助中学习安全知识与技巧，有尊严地保障生命安全。

2. 志愿者与互助组织培育

社会工作者一方面激发骑手自身所蕴含的本土经验和知识，另一方面通过小组动力理论促进组员将个体经验和知识转化为具有群体借鉴价值的知识。在参与志愿服务当中，让骑手感受到参与的意义和价值，提升其参与交通安全建设及社会建设的自信，改变其被培训、被服务和被教化的状态，让骑手真正能够从为自身群体发声与服务社会的角度参与关爱行动。

项目期内，“协作者”注重发展骑手志愿者参与并协助开展骑手安全主题的关爱活动，让骑手通过关爱主题活动与更多骑手建立关系，促进骑手之间的熟悉度，共同参与支持网络建设，为其他骑手及其家庭提供志愿服务。借助骑手交通安全课程的开发，“协作者”培育了 13 名有志愿服务领导力的骨干骑手志愿者，不仅提升了他们的交通安全意识和能力，同时提升了他们的自我服务、服务社会的公益意识和志愿服务能力。骑手万大哥持续参与服务，逐步成长为骨干骑手志愿者，在骑手交通安全课程开发过程中他积极参与活动的协助工作，在小组中担任小组讨论带领人和分享人，在日常生活中他也乐于帮助其他骑手："我自身知道的一些安全知识有限，大伙儿一块儿讨论的时候让我有种茅塞顿开的感觉，因为弥补了很多我个人想不到的关键地方，我受益匪浅。以前我对于志愿者和公益没有概念，因为没有接触过也没有参加过相应的活动，自从参加'协作者'举办的相关活动以来，我慢慢地对志愿者和公益有了新的认识，我感觉他们很伟大。引用'协作者'的一句话叫'助人自助'，这个词意义非常大，我也希望以后能多参与一些公益活动。"

三、反思：在助人自助中构建新就业群体的社会支持系统

作为全国最早成立的民办社会工作机构之一，"协作者"基于过去3年的关爱行动，以及20余年来的社会工作服务实践，对社会工作如何创新性地服务中国式现代化视域下的新就业形态群体进行总结梳理，以期丰富和完善本土社会工作实务体系。

（一）创新社会工作服务理念，还原新就业形态劳动者的主体角色

1. 推动新就业形态的劳动者自我服务，提升个人权能感

"助人自助"是社会工作核心理念之一，也是"协作者"20余年始终坚持和不断创新的服务理念。"助人自助"有三层含义。第一层，是较多公众目前理解的字面含义，即帮助别人，帮助到自己。第二层，是社会工作专业对"助人自助"的理解，即让受助人能够掌握"自助"的方法，解决自己的问题和困难。第三层，是"协作者"通过20余年服务实践总结升华的概念，指的是使受助人在"助人自助"的理念和方法之下，成长为助人者，并且同样用"助人自助"的理念和方法去帮助和影响别人。在社会工作增强权能视角之下，"协作者"认为，在数字化共享时代，要想推动新就业形态群体问题的解决，必须提升群体自我服务、自我表达的意识和能力，让服务对象参与社会意见表达，参与服务体系的建设。因为只有这样，服务对象的主体性才有可能获得承认，其自身才有信心面对自己的

问题，有能力参与解决自己的问题。

然而，在传统的社会发展当中，服务人群的直接参与是有意和无意被忽视的，服务对象自身参与的潜能和能动性是被有意和无意压制的。比如大部分面向骑手开展的安全培训缺少了骑手的视角，培训专家在试图教化骑手，平台和相关部门在试图关爱骑手，却鲜有人承认骑手在极端压力下的生存勇气和智慧，鲜有人看见其蕴含的参与社会服务奉献自我的尊严和力量。“协作者”认为，新就业形态群体不仅仅是中国式现代化经济建设的重要力量，也是发展社会创新必须依靠的力量。因此，需要不断创新社会工作助人自助理念，使他们能够真正参与社会工作服务，参与社会建设。在关爱行动中，社会工作者通过运用社会工作专业理念和方法，促使骑手参与与其自身及群体相关的各个服务流程，包括需求评估、方案设计、服务实施、课程开发、组织动员和宣传倡导等各个环节，共同建立自我服务和服务社区的参与体系。

2. 共享社会工作专业理念与知识，促进新就业形态劳动者助人自助

在关爱行动中，社会工作者充分引导骑手分享自身的经验与智慧，开发出适合骑手理解与使用的安全课程视频与图文，在实现自助的同时，也为更多骑手群体服务。在以增强权能为取向的社会工作中，社会工作者为服务对象提供的帮助并不是赋予服务对象权利，而是通过挖掘和激发他们的潜能以对抗外在环境的压力，协助服务对象消除权力和环境的压迫，使他们获得权能，并正常发挥社会功能。因此，在服务过程中，社会工作者要注重开展社会工作专业理念与知识的普及推广，将社会工作者掌握的专业知识与新就业形态群体所掌握的专业知识有效结合，将其转化为服务人群可以掌握并使用的本土方法，使其能够在此过程中实现助人自助。

（二）创新“三位一体”的社会工作服务策略，持续推动新就业形态群体的问题解决

“协作者”在成立时确立了以社会工作专业服务创新推动流动人口社会参与，进而通过政策倡导和专业支持，推动本土社会工作和社会组织发展的组织宗旨，并据此构建了“服务创新—教育倡导—专业支持”“三位一体”的战略服务体系，这是“协作者”过去20余年将社会工作生态系

统视角和多元服务功能进行本土化创新的生动实践。通过骑手群体的社会工作服务实践，再次说明了如果社会工作者和社会组织只做服务，不开展倡导，骑手群体所在的环境便不能够改变，进而无法回应骑手的多层次需要。如果只是骑手个人意识觉醒及能力提升，在环境未能改变的情况下，其反而可能会更加痛苦与无力。社会组织和社会工作者要建立起改变的信心和专业自信，构建"服务创新—教育倡导—专业支持""三位一体"的服务策略，进而有效地推动问题的解决。

（三）创新社会工作服务方式，构建新就业形态群体的多元化社会支持系统

1. 以需求为导向，分析并传播新就业形态劳动者问题成因

与传统就业形态相比，新就业形态具有工作方式弹性化、工作时间碎片化、雇佣关系灵活、人际互动数字化等特点。对于新就业形态的骑手来说，因为其自身能力及制度等，在以资本和消费者为主导的数字经济关系建构中，依然处于更为边缘且更容易被忽视的地位，面临着较多的挑战。要想回应和解决新就业群体的问题，就必须回到新就业群体当中，"到群众中去"深入学习、了解和分析其需求及需求形成的原因，并以多元化赋能的公众教育方式，完成"从群众中来"的转化，让需求及需求背后的深层次因素被看见。因此，社会工作者在开展服务时，首先需要通过基于服务与倡导目标并行的需求评估，在社会工作专业指导下，结合人类行为与社会环境中不同人生阶段的特点予以分析，评估数据在用于服务参考的同时，还需要通过公众教育和政策倡导转化为社会表达。

2. 以试点服务开拓实践，为全面推广积累经验

试点先行是我国改革开放的重要方法和经验，也是社会工作行动研究和实证为本的服务原则。基于关爱行动实践，在面向新就业形态群体开展服务时，社会工作者可以结合服务需求和任务情景，在社会工作理念与方法指导之下，尽可能多地尝试多维度、多手法和多形式的介入，通过开展不同主题的试点服务，并结合社会工作评估，不断优化调整服务策略和方式，做好经验梳理，筛选出经济的、符合本土需要的最佳服务方式。这同样也是社会工作者为全面推进新就业形态群体社会工作服务积累经验、找

出规律、履行专业发展的责任。

3. 整合资源与优势，引领多方参与新就业形态群体服务

共同富裕是中国式现代化的重要特征。共享经济模式之下，新就业形态群体面临着巨大的机遇与挑战，要促进共同富裕，需要社会工作者有效链接和配置资源，本着关怀弱者的社会公正原则引导公共服务和资源的流向，才能让新就业形态群体共享社会发展成果。依据生态系统理论，新就业形态的劳动者既是独立的主体，也是群体的一员，更隶属社区和社会，其发展是在持续地适应环境，并与环境的众多层面进行系统交换的过程。“团结协作”是“协作者”践行了20余年的服务理念之一，是基于相信包括进城务工人员在内的社会各界均有建设美好社会的意愿和潜能的基本信念，要回应新就业形态群体在中国式现代化视域下出现的问题与需求，社会工作者需要“团结协作”——团结各方力量，促进多方协作，建设人人有责、人人尽责、人人享有的社会治理共同体。在关爱行动中，围绕骑手的“全人需求”，社会工作者广泛动员与骑手相关的政府、企业和公众等利益相关方参与进来，包括通过倡导更好地理解骑手，为骑手提供满足生存需求的救助资源，提供满足安全需求的安全知识和安全防护资源，提供满足归属与爱的需求的社区服务资源，提供满足尊重与自我实现需求的社会参与渠道，鼓励骑手积极表达利益诉求并参与完善社会保障政策的进程等。

4. 激发新就业形态劳动者潜能，以团体工作的方式发掘群体智慧与本土知识

阿尔伯特·班杜拉的社会学习理论认为，人类行为的习得或者行为的形成，不仅可以通过反应的结果进行学习，也可以通过榜样的示范进行学习，而后者是人类学习的主要方式。在关爱行动中，在“助人自助”理念指导之下，社会工作者通过组织学习小组，以团体动力学引导激发骑手发掘已有的经验与知识，结合专家的建议与指导，共同创作形成适合骑手的安全知识。

5. 依托社会组织扎根社区的优势，在社区场域中开展面向骑手家庭和子女的专业服务

对于在城市务工的农民而言，流动是常态，灵活就业的方式也增加了

其在城市的流动性与不确定性。新就业形态群体与用工单位的联系也没有以往那么紧密，其需求需要在社区层面予以更多回应和支持，尤其是骑手的家庭和子女照顾需求。随着城市中心城区的扩张和生活成本的提高，包括骑手在内的许多进城务工人员主要居住在成本更低而公共服务资源更为匮乏的城市边缘社区。这就需要社会工作者建设长期扎根社区的服务网络，建设长期服务底层困难群体的组织平台，以社区为中心，发展和服务有需要的服务对象。在关爱行动中，社会工作者正是充分发挥了“协作者”长期扎根社区服务进城务工人员的优势，在社区建立服务中心为骑手及其子女提供回应其家庭陪伴、家庭教育、亲子关系和社区融入等需求的专业服务，有效地回应了新就业形态群体因为工作特点、职业状态等产生的社区服务需求，降低了个别化服务的成本，解决了企业服务难以顾及的社区服务问题。

6. 采用新就业形态群体易于接受的传播方式，最大化利用数字技术回应数字时代的问题

如何让有限资源与需求人群对接，使新就业形态群体能应对共享经济带来的挑战，是本土社会工作在中国式现代化快速发展之下亟须探索的路径。对此，在关爱行动中，社会工作者充分了解数字时代骑手和公众喜闻乐见的方式，将以文字和纸媒为主的传统传播方式，调整为以视频、图片为主的互联网数字传播方式，将由骑手共创的安全知识最大化地进行传播，并采用了数字视频作为服务和倡导的工具，向社会普及关于骑手群体的生存状况、需求和意见等。

（四）创新政策倡导模式，加强新就业形态群体与正式部门的联结对话

社会工作者灵活运用倡导作为直接服务和间接服务的不同功能，满足骑手全人需求。在直接服务方面，社会工作者通过鼓励骑手自我学习、自我发声，在提升自我意识和能力的同时，促进更广大的骑手群体对自我状态和需求的认识。在间接服务方面，社会工作者通过鼓励骑手参与研究倡导、向有关部门递交研究报告、与政府部门座谈、开展公众教育等方式，传递骑手需求与政策建议。因此，针对新就业形态群体在中国式现代化发

展下出现的问题与需求，社会工作者应协助其通过多渠道发声，促进其参与社会表达，增强其与社会系统中的正式部门的联结和对话，促进正式系统有完整的系统视角维护新就业形态群体的利益，共同推进适合于中国式现代化发展进程的社会立法、政策规划、公民教育和文化建设，使社会工作成为构建共建共治共享社会治理格局的专业支撑。

Exploration of Social Work Services for New Employment Pattern Groups under the Perspective of Chinese Modernization —Reflection on Practice Based on Riders'Care Action

LI Tao, LI Zhen, PAN Yu, LIU Qian, WANG Xiao

Abstract: Riders, as a new form of employment, face various challenges while creating a better life for people, especially safety risks due to their occupational characteristics. Research and services for riders are not only related to the interests of this group, but also to the sustainable development of China's "sharing economy". In this regard, "Facilitators" has launched a three-year "Riders' Care Action" social work professional service. Through a demand survey, we have analyzed and found that the safety problems of riders are the result of unmet physiological needs, safety needs, belonging and love needs, respect needs, and self-fulfillment needs. Under the guidance of the theory of empowerment and ecosystem, "Facilitators" explored and formed the service concept of "solidarity and cooperation, helping people to help themselves", restored the main role of empowering riders, and adopted a three-pronged approach of "service innovation, education advocacy, and professional support", integrating the resources and advantages of various parties, building a social support system, and responding to the whole person needs of the riders in a diversified way, and enriching the innovation of local social work practice in the era of digital economy.

Keywords: social work, riders, migrant workers, new employment patterns

中国社会工作学刊　第五辑
第 044~057 页

推进社工站建设
完善现代社会工作制度
——基于政策研究和实践探索的双重视角*

马　烨　史柏年　王　颖**

【摘要】现代社会工作制度的建立与完善，以乡镇（街道）社工站建设为切入点，涵盖了社工站推进机制建设、层级架构设计、本土人才培育、服务体系推进、督导策略选择，以及保障体系完善等多个维度，是一个目标明确、内容丰富、任务艰巨且极具中国本土特色的系统工程，有必要从政策研究和实践探索的双重视角展开讨论。

关键词：社工站　社会工作制度　政策研究　实践探索

2020 年 10 月 17 日，民政部在湖南省长沙市召开加强乡镇（街道）社会工作人才队伍建设推进会（以下简称长沙会议），提出“加快建立健全乡镇（街道）社会工作人才制度体系。力争‘十四五’末，实现乡镇（街道）都有社工站，村（社区）都有社会工作者提供服务，社会工作的

* 本文为“凯瑟克基金资金支持的中国社会工作学会乡镇（街道）社会工作站建设研究课题”的成果。

** 作者简介：马烨，北京城市学院讲师，中国社会工作学会秘书处国际合作部负责人，研究方向为儿童、家庭社会工作，社会工作管理；史柏年，中国青年政治学院教授，中国社会工作学会学术委员会主任委员，研究方向为社会工作；王颖，清华大学公共管理学院博士后，研究方向为社会工作和公益慈善。

作用得到更加充分发挥，社会工作者地位得到普遍认可”①。民政部有关建设乡镇（街道）社工站的决策，纳入了国家“十四五”发展规划。2021年6月，由民政部、国家发展和改革委员会联合制定的《“十四五”民政事业发展规划》（以下简称规划）发布，提出“完善现代社会工作制度”的目标，要求“构建社会工作服务体系。健全党委领导、政府负责、群团助推、社会协同、公众参与的社会工作推进机制。建立村（社区）—街道（乡镇）—区（县）三级社会工作服务体系，按照‘有场地、有设备、有人员、有服务功能、有工作流程、有规章制度’的标准，加快推进乡镇（街道）社工站建设。推动乡镇（街道）社工站在困难群众帮扶、老年人服务、困境儿童关爱保护、社会支持网络构建、社区参与能力提升、社会工作机构与志愿服务组织培育等方面发挥作用，成为基层治理与服务的重要力量”②。

从上述政策话语比较中可见，中央政府部门关于社会工作事业发展的关注点及其推进策略发生了重大变化。长沙会议提出建设社工站的目标是“加快建立健全乡镇（街道）社会工作人才制度体系”，这与以往的推进策略一脉相承，即出发点和落脚点都聚焦社会工作人才队伍建设。2006年，党的十六届六中全会作出了“建设宏大社会工作人才队伍”的战略部署，提出“培养造就一支职业化、专业化的社会工作人才队伍”③。2011年，中央18个部门和组织联合发布的《关于加强社会工作专业人才队伍建设的意见》和2012年中央19个部门和群团组织联合发布的《社会工作专业人才队伍建设中长期规划（2011—2020年）》进一步明确了中央政府部门以专业人才队伍建设为抓手，从“培养、使用、评价、激励”等方面推进

① 加强乡镇（街道）社会工作人才队伍建设推进会在长沙召开　李纪恒出席会议并讲话［EB/OL］．（2020-10-19）［2023-09-08］．mzt. hunan. gov. cn/mzt/xxgk/mt/202010/t20201019_13879604. html.

② 民政部，国家发展和改革委员会．“十四五”民政事业发展规划［EB/OL］．（2021-06-18）［2023-09-08］．https：//xxgk. mca. gov. cn：8455/gdnps/pc/content. jsp? mtype=48id=114741.

③ 中国共产党第十六届中央委员会第六次全体会议．中共中央关于构建社会主义和谐社会若干重大问题的决定［EB/OL］．（2006-10-11）［2023-09-08］．https：//www. gov. cn/test/2008-08/20/content_ 1075434. htm.

我国的社会工作事业发展。这是基于我国社会工作事业发展中断30余年后重新起步，面临专业人才断层和奇缺的现实选择。截至2020年底，社会工作专业人才总量达157万人①，社会工作者职业水平证书持证人数共计66.9万人②。如此宏大的社会工作专业人才队伍的建设，为社会工作事业的全面发展提供了坚实的人力资源。而规划首次提出“完善现代社会工作制度”的目标，并且把这一目标的实现与乡镇（街道）社工站建设相联系，从建设的推进机制、组织架构、服务体系、站点标准、服务内容等方面提出要求。这些要求的提出，预示着我国社会工作事业发展，已经越过了从人才队伍建设着手推动的阶段，进入了全面制度建设的新的发展时期。同时，规划强调要“健全党委领导、政府负责、群团助推、社会协同、公众参与的社会工作推进机制”，这反映了党中央关于社会治理理论在社工站建设上的运用和体现，目标是形成一个多方参与、各司其职、合作共赢的局面。

2022年10月，习近平总书记在党的二十大报告中提出“中国式现代化”，涵盖了政治、经济、社会、文化、环境等各领域的现代化③，而“现代社会工作制度”的建立与完善，是“中国式现代化”的题中应有之义。其以乡镇（街道）社工站建设为切入点构建社会工作服务体系，是一个目标明确、内容丰富、任务艰巨且极具中国本土特色的系统工程。社工站建设是继社会组织协同政府参与社会治理后形成的，是更为具体化和制度化的治理工具，推进社工站建设，进而推动现代社会工作制度完善，促进社会工作事业良性发展，对于提升社会治理效果而言更具保障。而如何推进社工站建设，本研究将从推进机制建设、层级架构设计、本土人才培育、服务体系推进、督导策略选择五个维度，以政策研究和实践探索的双重视

① 国务院新闻办举行扎实做好民政在全面小康中的兜底夯基工作发布会［EB/OL］.（2021-09-17）［2023-09-08］. www.scip.gov.cn/xwfb/gwyxwbgsxwfbh/wgfbh-2284/2021n-2711/2021noqy17rsw/tw2b_3962/202208/t20220808-314125.html.

② 民政部.2020年民政事业发展统计公报［EB/OL］.（2021-09-10）［2023-09-08］. https：www.mca.gov.cn/images3/www2017/file/202109/631265147970.pdf.

③ 习近平.高举中国特色社会主义伟大旗帜　为全面建设社会主义现代化国家而团结奋斗：在中国共产党第二十次全国代表大会上的报告［EB/OL］.（2022-10-25）［2023-09-08］. https：//www.gov.cn/xinwen/2022-10/25/content_5721685.htm.

角分别展开讨论，以期为实现“完善社会工作制度”目标提供具体路径和方法参考，分析框架见图1。

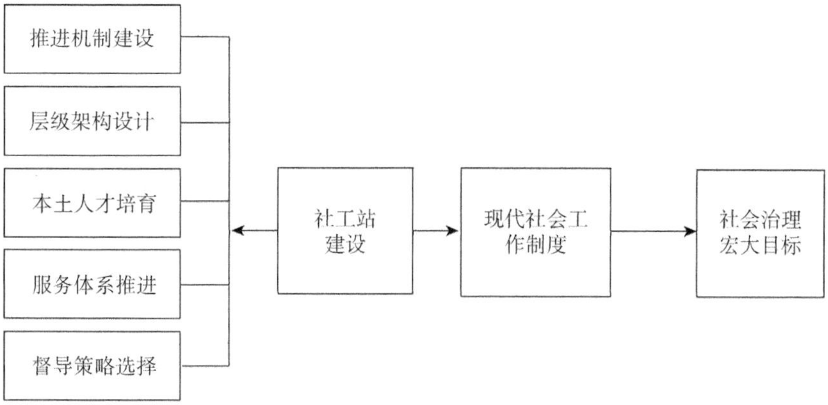

图1　协同治理逻辑下社工站建设分析框架

一、社工站的推进机制建设

所谓社工站的推进机制，说的是推动社工站建立和运行的各责任主体的角色、职责及其相互关系。其中最具影响力的是政社关系。这里的“政”，是党政的简称；这里的“社”，是指社会，包括企事业单位、社会组织及社区等。这两方主体扮演好各自的角色，发挥好各自的功能，并建立良好的、合作的关系，就能推动社工站顺利建立并运行。

研读规划可以发现，中央政府部门阐释社工站建设推进机制所使用的理论是社会治理理论。20世纪80年代以来，社会治理理论在西方学界，特别是政治学、组织行为学、经济学等领域十分盛行，其根本意涵是动员政府和社会各方主体以平等、协商、合作的方式参与公共事务的管理，以解决影响人类社会生存和发展的重大问题，如气候变暖、环境污染、毒品泛滥、犯罪猖獗、经济衰退、战争频发等。21世纪初，该理论经国内学者引入并扩展到我国的社会建设领域。

党中央关于社会治理的理论经过了一个由任务提出，到概念转变，再到丰富完善的过程。2004年，党的十六届四中全会首次提出加强和创新社会管理的任务，并提出健全“党委领导、政府负责、社会协同、公众参与”的社会管理格局；2012 年，党的十八大报告仍然沿用社会管理的概念，提出加强和创新社会管理，要形成“党委领导、政府负责、社会协同、公众参与、法治保障”的社会管理体制；2013 年，党的十八届三中全会第一次提出创新社会治理体系的目标任务，实现了由“社会管理”向“社会治理”理念的转变①。2019 年，党的十九届四中全会对社会治理理论又作了丰富和发展，提出“必须加强和创新社会治理，完善党委领导、政府负责、民主协商、社会协同、公众参与、法治保障、科技支撑的社会治理体系，建设人人有责、人人尽责、人人享有的社会治理共同体”②。这一表述为社工站建设推进机制的形成提供了理论依据。

在社会治理理论指引下，各地根据当地环境及自身条件，在构建社工站推进机制的实践中进行了大胆探索，在政府部门与社工站的相互关系上，形成了各具特色的实践模式。

广东省在省政府的推动下，形成“双百工程”模式，其特点是政府主导、乡镇（街道）直聘。在这一模式运作下，社会工作者不再通过社会工作服务机构作为中间环节招聘及管理，而是由乡镇（街道）行政部门直接招聘和使用。这一模式的优点是，岗位由政府设置、经费由财政保障，社会工作者的认同度、归属感和稳定性较强，相关政策可以得到充分贯彻和落实，经费使用中的牟利行为也可有效抑制。但这一模式需要防范的是，社会工作的专业性和自主性会被弱化和行政化。

湖南省在各方的努力下，形成了“禾计划”模式，其特点是政府购买、社团运作。在这一模式运作下，政府通过购买服务项目的形式“退居幕后”，由社会工作服务机构参与社工站建设，其中包括对于社会工作者的招聘和使用。这种模式的优点是，延续以往政社分离改革所取得的成果，激发社会组织的活力，形成众多社会工作服务机构竞争态势，同时可保持社会工作的专业性和自主性。但这一模式的问题是，政府购买服务项目评审结果的不确定性不利于社会工作者队伍的稳定，另外也需要防范经

① 彭少峰．理论脉络与经验反思：政社关系研究述评［J］．社会主义研究，2019（2）：166-172.

② 艾志强，韩宁．坚持人民性　建设社会治理共同体［N］．光明日报，2020-01-17（6）．

费管理方面的风险。

在借鉴学习广东省“双百工程”模式和湖南省“禾计划”模式的基础上，有些地方创新发展出兼有两者优势和特点的“混合”模式。例如，山东省青岛市所辖胶州市，由民政局委托市人才中心招聘社会工作者，人事档案管理及薪酬发放由人才中心负责，把社会工作者配置到社工站，其专业活动授权社会工作服务机构管理。这一模式的好处是，岗位设置、人员招聘及薪酬发放由政府机构委托所属事业单位负责，有利于社会工作者的队伍稳定及职业身份认同；社会工作服务机构负责社工站人员的培训、督导及专业服务活动，且在社工站人员的招聘和考评等环节中，具有充分的发言权，有利于保持社会工作的专业性和自主性。

二、社工站的层级架构设计

所谓社工站的层级架构设计，是指按照我国行政体系的不同层级，搭建一个职责分工清晰、相互配合紧密的组织体系，最终目的是把服务输送到最有需要的民众身边，切实体现社工站连接民生保障“最后一米”的初衷。关于层级架构，各地根据各自的认知和条件，提出了不同的设计构想。例如，长沙会议上，民政部最初的构想是建立乡镇（街道）—村（社区）二级体系；规划则在最初构想的二级体系基础上增加区（县）一级，从而建构起三级社会工作服务体系。有的地方还提出建立地（市）—县（区）—乡镇（街道）—村（居）四级体系，甚至省—地（市）—县（区）—乡镇（街道）—村（居）五级体系的目标。

不同组织体系中的不同层级，均有不同的职责和功能，在社工站建设中发挥不同的作用，在各地的实践探索中形成了不同的做法和经验。但是，各地在社工站层级架构的搭建，以及在不同层级职责履行的实践探索中，遇到一个无法绕过的困境和难题，即如何在社工站人员配备有限的前提下，真正打通“最后一米”，使服务能够递送到有问题、有需求的城乡基层民众身边。

在社工站的层级架构中，省、地（市）、县（区）三个层级平台都是行使管理职责，包括综合规划、统筹协调、属地管理等，属于社会工作专业方法中间接方法的运用，真正为城乡民众提供直接服务的，是乡镇（街道）、村（居）两个层级的社会工作者。目前，社工站建在乡镇（街道）一级，除广东省为社工站配备了与乡镇（街道）所辖村（居）数量相等的社会工作者之外，多数省（市、区）的乡镇（街道）社工站只配备了少则2~3名，多则4~5名社会工作者。如此数量的社会工作者，面临地域广袤、人口众多、问题复杂、需求多样的现实，难免陷入捉襟见肘、顾此失彼的困境。

为了真正打通“最后一米”，许多地方采用“下沉建站”的策略，即将乡镇（街道）社工站设在所辖的村（居），以使社工站可以直接服务有问题、有需要的城乡基层民众。但是，这样的做法也只能够满足社工站所在或邻近村（居）民众的服务需求，相对偏远的村（居）民众无法获知社工站的服务信息，或即便能够获得信息也无法接受服务。同时，社工站也无法深入每个所辖村（居）了解民众的问题和需要，因而无法及时、精准地提供相应服务。

要解决上述困境，必须从调整不同层级架构的功能定位上寻找出路。在社工站建设的实践中，有的地方已经进行了大胆探索，形成了适合当地社情和条件的社工站实践模式。

江苏省江阴市民政局利用南京理工大学在江阴设有分校的有利条件，委托该校师生对全市社工站进行规划和建设，形成“政校合作”模式。该校社会工作专业硕士研究生在教师带领下，深入街道所辖社区，对全区域未成年人家庭开展入户家访，并发动学校计算机专业学生对所收集资料信息进行大数据分析，由此形成该区域未成年人司法保护及社会工作服务需求的报告。针对社工站专职人手少而服务需求大的现状，该校在市民政局支持下，将社会工作专业硕士生以实习的形式配备到各居民社区，与社区工作者一起开展居民问题和需求调查、服务项目设计和实施，以及服务成效评估等。

湖北省武汉市武昌区杨园街道社工站在华中农业大学社会工作专业师生帮助下，除直接开展专业服务外，还把帮助社区持证社区工作者专业提升和指导社区社会工作室建设作为街道社工站的常规任务，参与社区公益服务项目的设计、评审、督导和评估，并借助持证社区工作者的意识与能力提升，及时了解社区治理中的问题和居民的服务需求，使得社工站层级架构的末端两级的功能得以贯通，形成“贯通街居”模式。

三、社工站的本土人才培育

在过往的30余年中，我国设计并实施通过专业院校培养和社会工作者职业水平评价考试“双轨运行”的机制培养社会工作专业人才，这种培养机制能够基本满足此前社会工作事业的发展需要。但是，伴随社工站建设要求的提出，专业人才供求出现了新的问题。社工站建设是一个无差别、全覆盖的制度性安排，目标是在2025年底，全国所有的乡镇、街道都要建立社工站。但是，此前培养的社会工作专业人才主要集中在中心城市、东部地区，农村地区、中西部地区特别是边疆和少数民族地区的专业人才缺乏，社工站建设对于专业人才的迫切需求是无法满足的。

2021年，中共中央办公厅、国务院办公厅印发的《关于加快推进乡村人才振兴的意见》提出，要“加强农村社会工作人才队伍建设。加快推动乡镇社会工作服务站建设，加大政府购买服务力度，吸引社会工作人才提供专业服务，大力培育社会工作服务类社会组织。加大本土社会工作专业人才培养力度，鼓励村干部、年轻党员等参加社会工作职业资格评价和各类教育培训。持续实施革命老区、民族地区、边疆地区社会工作专业人才支持计划。加强乡村儿童关爱服务人才队伍建设。通过项目奖补、税收减免等方式引导高校毕业生、退役军人、返乡入乡人员参与社区服务”。①

乡镇（街道）社工站建设的目的是建立公共服务均等化的现代社会工作制度，打通民生保障“最后一米”，加强城乡基层社区治理，因此，社工站人员的在地化是必然要求和题中应有之义。在地化的含义包括人才队伍的稳定性、运行成本的可控性、基层社情的熟悉度和薪酬待遇的接受度，显然不能主要依靠聘用专业院校毕业学生和对口选派持证社会工作者

---

① 中共中央办公厅，国务院办公厅．关于加快推进乡村人才振兴的意见［EB/OL］．（2021-02-23）［2023-09-08］．https：//www. gov. cn/govweb/zhengce/2021-02/23/content_ 5588496. htm.

两条途径来建立，而要从本土社会工作者的培养上寻找出路。而关于中国本土社会工作专业人才培养问题，《关于加快推进乡村人才振兴的意见》等文件已提出了相应措施，包括吸纳相关人员应聘社工站岗位，引导相关人员参加考试，扶持乡村基层社会组织发展，吸引高校毕业生、退役军人、返乡入乡人员参与社区服务，以及链接现有基层社会管理和服务人员资源等。

在聘用本土人才充实乡镇（街道）社工站岗位并实现本土人才向专业转化的实践中，各地也积累了鲜活的成功经验。例如，由青岛市协作者社会工作发展中心承接的胶州市社工站建设中，机构遵循具有本土特色的策略：先入职—再入门—后提升，即按照在地化的要求吸纳两名符合基本条件且有意愿的当地妇女先入职到岗，再通过培训、督导、专业示范和考前培训等途径，引导其通过继续教育和服务实践逐步向专业方向转化。北京市大兴区魏善庄镇也通过聘用外来专业人员和本地非专业人员相结合的途径，实现了“镇有社工站、村有社会工作室”的目标，使得社工站的制度建设具备了坚实的人才保障。

四、社工站的服务体系推进

服务体系建设是乡镇（街道）社工站建设的关键环节，涉及的要素包括服务对象、服务内容、服务功能、服务方法和服务管理等。推进服务体系建设，关键在于处理好以下几个关系。

（一）服务对象：困难人群和一般民众的关系

社会工作是为处于困境的人群提供服务，以帮助其摆脱困境的专业助人活动，因此，以困难人群作为主要服务对象，在任何国家和地区、任何时候都是要坚持的方向和原则。乡镇（街道）社工站是由民政部倡导的我国城乡基层社会服务的平台，根据城乡基层的居民人口构成，以及民政系统的主要工作职责，把社工站的主要服务对象界定为“一老一小”“一困一残”。另外，从“十一五”规划开始，我国党和政府提出“适度普惠”社会福利制度构建的目标，“十三五”规划目标完成之后，我国全面建成小康社会。因此，为困境人群之外的一般人群提供服务，也进入了社会工作的视野和规划。当前，我国的社会工作已经改变了由民政部门一家推动的局面，成为多部门、全社会关注和推动的事业，因此，从争取更多部门支持、链接更多社会资源的策略出发，也应该把社工站的服务对象扩大到一般人群。当然，把握好重点人群和一般人群的关系是十分必要的，根据社工站所在地的人口构成、功能特点、问题呈现来确定服务的目标人群，是社工站服务体系建设中的重要议题。

（二）服务类型：行政事务和专业服务的关系

为了解决城乡基层社会救助方面人手不足的问题，有些主管部门和社工站管理层将协助基层民政助力实施社会救助的行政工作作为社工站的主责主业，人为地将社会救助政策落实与社会工作专业服务作为各自独立的两部分服务类型加以区分。与此同时，把社工站人员的职责也按照两部分内容加以划分，由此出现了“全科社工”与“专科社工”、“行政事务社工”与“专业服务社工”的区分。社会工作介入社会救助政策实施，这是必需的，问题是应该以怎样的角色介入，以及如何介入。一方面，社会工作者不是乡镇（街道）民政助理，也不是村（社区）“两委”成员，但是社会工作者可以运用专业的知识和方法去培训和指导其精准识别和实施救助；另一方面，社会工作者可以将社会救助的行政性事务与社会工作专业有机结合，通过专业服务提升困难人群摆脱困境的意识和能力，帮助其恢复和增强社会功能从而走出困境。

（三）服务方法：直接服务和间接服务的关系

按照社会工作者与服务对象的关系划分，社会工作专业方法分为直接服务方法和间接服务方法两类，前者是社会工作者直接面对服务对象开展服务活动，包括个案工作、小组工作和社区工作；后者是社会工作者不直接面对服务对象开展服务活动，包括社会工作行政和研究。在社会工作制度成熟的国家或地区，直接服务方法是社会工作者最常用的方法。然而在我国，社会工作社会认知度低，本土社会工作者专业素养不强，主管部门行政性压力大，相关方利益诉求差距大，服务对象主动求助率低，服务机构资源渠道单一。在这样的现实情况下，直接开展面对服务对象的服务活动前，首先要运用间接服务的方法达成下列目标：通过社区宣传提高民众对社会工作的认知，通过示范性服务和研究成果展示引起政府重视；协调各方关系推进服务项目策划和实施，加强人力资源管理，做好社工站人员配置和培训，拓宽资源筹措渠道，拓展机构生存发展空间，建立闭环网络，使有需要者得到及时帮助，树立服务品牌，提高服务对象主动求助意愿。

（四）服务功能：治疗取向和发展取向的关系

社会工作服务的功能可以分为治疗性功能、预防性功能和发展性功能三种类型。治疗性功能的指向对象，是出现疑难复杂问题而处于困境中的个人、家庭、团体或社区；预防性功能的指向对象，是尚未出现问题，但存在较高问题风险的个人、家庭、团体或社区；发展性功能的指向对象，是没有出现问题，也不存在问题风险的一般性民众。社会工作直接服务的三大方法，与社会工作服务功能存在一定的连带关系。一般而言，个案工作的服务方法多是为存在较严重问题、处于困境的人群提供，因而其治疗性功能较强而预防性功能和发展性功能较弱；小组工作的服务方法可以为存在问题或存在问题风险的人群提供，也可以为不存在问题或问题风险的一般人群提供，因而其治疗性功能、预防性功能和发展性功能较为均衡；社区工作的服务方法为社区民众提供，其发展性功能较强，预防性功能次之，治疗性功能较弱。笔者在考察多个社工站时发现，在已经开展的服务中，小组工作和社区工作方法运用比较多，而且主要是发挥预防性功能和发展性功能；相比较而言，个案工作方法运用比较少，尤其在一些疑难复杂的个人或家庭问题的介入方面，社会工作者存在疑虑，不敢介入，不敢上手。究其原因，可以发现在以往的社会工作者培养中，治疗性临床介入理论模式的训练比较少，同时在这方面督导也存在一定的短板。

五、社工站的督导策略选择

社会工作督导是指具有专业知识、专业能力和实务经验的督导者以社会工作的专业价值为灵魂，以相关理论为指导，对被督导者实施教育、支持和行政等功能的一种方法、过程、关系和手段，其目标是提升被督导者的专业水平，维护服务对象的利益，推动专业的发展①。在不同的场合、面对不同的对象，资深社会工作者会有不同的功能侧重并采取不同的方法开展督导。一般而言，在社会工作较为成熟的国家或地区，资深社会工作者会运用直接工作的方法，对一线社会工作者侧重开展发挥教育性功能并辅之以支持性功能的督导活动；在社会工作尚未被社会各方认知和接纳的国家或地区，资深社会工作者会运用间接工作的方法，侧重开展发挥行政性功能的督导活动，营造有利的社会氛围和基本条件，以使服务项目能够顺利实施。

目前进行的乡镇（街道）社工站建设，除东部发达地区及中西部中心城市外，对于大多数农村、边疆和少数民族地区而言，都是从未遇到过的新鲜事，督导工作面临的情形是社工站分布地域广阔、社会工作社会认知度不高、督导对象专业化程度较低、督导工作任务量增加、服务对象问题和需求多样、完善的督导体系尚未成型。因而，社工站建设中督导的使命任务是：第一，要贯彻规划精神，落实乡镇（街道）社工站建设任务；第二，要加强社工站人员（尤其是本土社会工作者）培养训练，促进其朝专业方向转变；第三，要加强社工站所在地各相关方联系，扩大社会工作社会知晓度、认同度和支持度；第四，要帮助策划和实施社会工作服务项目，并对服务过程实施全程督导，保证服务质量及效益。

要完成上述使命任务，社工站运行中应该遵循以下督导原则。

一是行政性督导先行，协助社工站工作步入正轨。具体任务包括：负责或配合做好社工站人员招聘；明确社工站人员分工职责；做好新入职人员岗前培训；协助建立社工站与所在地区相关各方关系；协助社工站制定中长期发展规划；协助社工站确定近期工作重点和介入策略。

二是以教育性督导为本，努力提升社会工作者专业水平。具体任务包括：因地制宜，根据不同地区发展情况制订不同方案；因人而异，立足不同基础人员情况开展教育培训；循序渐进，近期目标与远期目标相结合逐步推进；先易后难，从较易掌握的理论方法入手开展服务；多做示范，用

① 张洪英．中国社会工作实习督导模式的发展［M］．济南：山东人民出版社，2012.

典型案例引导社会工作者干中学、学中干；创造条件，激励被督导对象学习兴趣，提高专业能力。

三是支持性督导贯穿，陪伴被督导对象职业生涯发展。具体任务包括：与被督导对象一起寻找、分析和疏解压力源；及时回应被督导对象情绪、行为方面的问题和诉求；帮助被督导对象完成工作任务以获取成就感；不回避讨论工作之外的个人家庭、生活问题；协助被督导对象确立和实施职业生涯规划。

推进社工站建设，完善现代社会工作制度，是一项长期性、艰巨性的系统工程，所涉及的理论和实践议题众多，除前文论及的推进机制建设、层级架构设计、本土人才培育、服务体系推进、督导策略选择五个维度之外，还需要坚实的保障体系予以支持：一是坚持党政主导、组织落实；二是确保财政支持、经费保障；三是加大宣传力度、营造宣传环境。各地为健全社工站保障体系进行了大胆的政策研究和实践探索，也积累了经验并形成了独具特色的实践模式，但总体而言，在这方面的探索还处于初级阶段，要破解的难点还很多，要走的路还很长，需要各级政府和全体社会工作者一起努力，共同奋斗。

Advancing Social Work Station Construction and Enhancing the Modern Social Work System—A Dual Perspective of Policy Research and Practical Exploration

MA Ye, SHI BaiNian, WANG Ying

Abstract: The establishment and improvement of modern social work system in contemporary society proceeds from the development of township(street) social work stations. This comprehensive endeavor encompasses various dimensions, such as setting up mechanisms to drive the social work station initiatives, designing hierarchical structures, nurturing a skilled workforce, advancing service systems, establishing supervisory frameworks, and enhancing security systems. It is a well-defined, content-rich, and uniquely Chinese systematic project that presents significant challenges. Therefore, it is essential to discuss it from the dual perspectives of policy research and practical exploration.

Keywords: social work station, social work system, policy research, practical exploration

中国社会工作学刊　第五辑
第 058~080 页

乡镇（街道）社工站助力县域共同富裕的行动路径、实践效能与专业反思

——基于对海宁、昆山和太仓的经验研究*

徐选国　秦　莲　王曼曼**

【摘要】随着乡镇（街道）社工站的广泛推广，社工站被期待在民生保障和社会服务体系建设中发挥积极作用。社工站所面对的服务对象主要是各类困弱群体，他们除物质保障方面需求强之外，还在资源分配、精神支持、社会关系网络、城乡融合等方面与其他群体存在显著差距。因此，社工站推动困弱群体资源配置、服务供给本质上是在参与共同富裕的实践。研究发现，在县域社会治理脉络中，社工站通过精准把脉困弱群体需求、优化多元资源配置、践行“五社联动”机制、提供优质共享服务等策略，完善了县域公共服务体系、优化了基层社会治理机制、促进了公共服务均等化、推动了城乡融合发展，在助力县域共同富裕目标推进中发挥着积极作用。此外，由于县域范围内各乡镇（街道）社工站差异化发展、县乡间治理通道不顺畅，需要进一步完善乡镇（街道）社工站助力县域共同富裕的社会化行动机制。

关键词：社工站　共同富裕　县域治理实践　社会效应　专业反思

* 本文为中国社会工作学会 2022 年社会工作专题研究课题“乡镇（街道）社工站参与共同富裕的县域实践”（项目编号：SGXHYJKT2022-2）的阶段性研究成果。

** 作者简介：徐选国，华东理工大学社会工作系副教授，主要研究方向为社区社会工作、社会工作理论；秦莲，华东理工大学社会工作专业硕士研究生，主要研究方向为社区社会工作；王曼曼，华东理工大学社会工作专业硕士研究生，主要研究方向为社会工作与公益慈善。

一、研究缘起及问题提出

2020 年，党的十九届五中全会提出“扎实推动共同富裕”的号召，2021 年 8 月 17 日，中央财经委员会第十次会议进一步对“共同富裕”理念及政策方针进行了阐释，强调要坚持以人民为中心的发展思想，在高质量发展中促进共同富裕①。习近平总书记指出，共同富裕是中国特色社会主义的本质要求，促进共同富裕重在提升公共服务水平，在教育、医疗、养老、住房等人民群众最关心的领域精准提供基本公共服务，兜住困难群众基本生活底线②，将促进全体人民共同富裕作为为人民谋幸福的着力点。

县域作为国家治理的重要单元，在基层治理体系中处于承上启下的核心位置③，将县域作为城乡融合发展的重要切入点，推进以县域为重要载体的城镇化建设能够赋予县域更多自主权，并有利于促进基层社会治理重心下沉以及我国民生保障建设。当前，我国正处于社会治理转型过程之中，从管理到治理的转变过程强调更多社会力量的加入，而在这个过程中日渐专业化、职业化的社会工作成为社会治理创新主体之一，并试图回应和解决基层社会治理中存在的一系列重大问题和难题，在协同治理、提升激励④、推动自治与多元共治机制建成等方面均能发挥积极作用⑤。近年来，社工站逐渐成为基层治理的新型组织形式，“驻扎式”的乡镇（街道）社工站，作为社会治理的“前哨”，主动融入基层社会治理体系之中，成为增强基层民政服务能力，促进服务精细化、精准化，打通为民服务“最后一米”的重要平台。

---

① 习近平主持召开中央财经委员会第十次会议：在高质量发展中促进共同富裕　统筹做好重大金融风险防范化解工作［EB/OL］.（2021-08-17）［2023-06-10］.https：//www.gov.cn/xinwen/2021-08/17/content_ 5631780.htm.

② 习近平．正确认识和把握我国发展重大理论和实践问题［J］．求是，2022（10）．

③ 王博，王亚华．县域乡村振兴与共同富裕：内在逻辑、驱动机制和路径［J］．农业经济问题，2022（7）：1-9

④ 吴永红，梁波．制度结构、非均衡依赖与基层治理困境的再生产：以居委会减负悖论为例［J］．甘肃行政学院学报，2017（4）：52-60，128-129.

⑤ 陈跃，余练．社会主要矛盾转化与基层社会治理创新探析［J］．理论探索，2020（4）：81-90.

2020年10月，民政部在湖南长沙召开加强乡镇（街道）社会工作人才队伍建设推进会，会议指出，力争到“十四五”末实现乡镇（街道）都有社工站，村（社区）都有社会工作者提供服务，社会工作的作用得到更加充分发挥，社会工作者地位得到普遍认可。2021年4月，民政部办公厅印发《关于加快乡镇（街道）社工站建设的通知》，将乡镇（街道）社工站建设纳入民政重点工作，从加紧制定政策、加强资金保障、把握推进步骤、强化资源整合四大方面作出明确要求，以切实推进建设进度。同时，文件强调要把握专业化高质量的乡镇（街道）社工站发展方向，聚焦重点人群、发挥专业优势、加大人才培养、规范机构建设、强化督导支持五个方面齐抓，保障社工站的服务品质和专业化程度。

作为我国基层治理的核心单位，县域在我国政治、经济、文化社会发展等目标的实现过程中意义重大，中国的共同富裕应是以县域为基础的共同富裕。在推动县域实现共同富裕的进程中，乡镇（街道）社工站发挥着重要的资源整合与社会服务传递功能，在专业技术支持下为各类困境人群提供优质均衡的服务，成为推动实现公共服务均等化、提升居民幸福度的重要力量。随着治理重心的下移，县域治理进一步促进了共同富裕的进程，以基层实践促进乡村振兴。但是，现有研究主要以县域作为推进新型城镇化的关键场域，缺乏以县域为单位来理解和推动共同富裕的视野。目前，关于社工站的研究主要聚焦于实践层面，即分析与总结各地社工站建设的相关经验和模式探索，还没有将社工站纳入共同富裕的视野中，因此，关于共同富裕、县域治理、乡镇（街道）社工站这三个领域的研究相对比较分散，尚未有研究聚焦县域治理视域下来谈乡镇（街道）社工站助力共同富裕的实践。社工站立足于乡镇（街道），以县域为实践单位和实践场域，在基层民政领域提供兜底保障服务，补齐公共服务短板，聚焦于解决人民群众急难愁盼问题，以保障和改善民生，增进民生福祉。因此，社工站可以作为县域治理的重要力量，通过在地化的服务方式促进困弱群体生活质量和生命质量的提升，这正与共同富裕中强调社会治理高效能、社会服务高质量、社会分配均等化与社会共享发展的社会形态相呼应①。

本文依托笔者近年来持续参与的县域社会治理实践，以及推动县域社会工作发展的经验基础，对长三角地区昆山市、太仓市、海宁市等县域城市社工站参与共同富裕的实践逻辑进行分析和阐释。在调研过程中，笔者发现，乡镇（街道）社工站②并不直接将它们的服务行动与共同富裕关联起来，但是，社工站在推动困弱群体资源配置、服务供给等方面，本质上就是在参与共同富裕的实践。基于此，本文的核心研究问题在于：以县域基层治理为实践场域，探究乡镇（街道）社工站助力共同富裕的实践路径，并揭示社工站助力共同富裕的行动逻辑及其生成机制。以往学科视角更多偏向于经济学、政治学、管理学等学科视域，而忽视了社会学，尤其是社会工作学科视角的关注。当前，已有学者从社会学角度出发重新对效率与公平间的关系进行阐释③，并探索出迈向共同富裕的社会维度④，并对如何发挥社会工作在推进共同富裕现代化中的专业优势作出详细阐释⑤。因此，本文试图从社会工作视角探究社会工作参与共同富裕的社会机制。

二、核心概念与理论视角

（一）核心概念

1. 乡镇（街道）社工站

在回应中央有关构建共建共治共享的社会治理格局，以及推进国家治理体系和治理能力现代化建设的背景下，民政部积极出台《关于加快乡镇（街道）社工站建设的通知》，明确提出，力争到“十四五”末实现乡镇

---

① 徐选国，秦莲．社会工作参与共同富裕：何以可能？何以可为？［J］．学习与实践，2022（6）：100-112.

② 需要指出的是，本文所研究的海宁市、昆山市、太仓市三个县级市的社工站基本上是以镇或街道为单位的，因此，本文在具体表述时采用“镇街社工站”，而在政策表述上沿用全国通用的“乡镇（街道）社工站”。

③ 李培林．中国式现代化和新发展社会学［J］．中国社会科学，2021（12）：4-21，199.

④ 成伯清．效率、公平与结构：社会学视野中的共同富裕［J］．南京社会科学，2023（7）：78-85，104.

⑤ 李迎生．中国式现代化新征程中的社会工作研究［J］．中国特色社会主义研究，2023（1）：12-19.

（街道）都有社工站，村（社区）都有社会工作者提供服务，社会工作的作用得到更加充分发挥，社会工作者地位得到普遍认可。强调社工站发挥补充基层民政服务力量、夯实基层民政工作阵地、提升基层民政服务效能、丰富为民服务内涵、创新社会治理模式等作用和功能。不难看出，全国推动乡镇（街道）社工站建设的主要意义体现在传统民政系统、社会工作专业发展、社会困弱群体和社会大众四个维度。

那么，乡镇（街道）社工站的内涵到底是什么？实际上很少有学者来专门进行阐释，习惯性地将乡镇（街道）社工站视作一种载体、一个平台，甚至一种枢纽。作为载体来看，有的地方乡镇（街道）社工站由政府自上而下建设，依托基层政府工作人员担任社工站负责人，并向社会公开招聘社会工作人才进入社工站开展服务，回应民政兜底保障服务，打通为民服务"最后一米"。作为平台，有的地方在乡镇（街道）层面上建立社工站，并委托专业社会组织和社工团队负责社工站运营，面向辖区内各类困弱群体提供服务，这种形式与过去广州等地开展的以街道为单位的家庭综合服务中心项目较为相似，社工站虽表现为平台，但实则是专业机构进行实体化运营，旨在探索相对完善的社区服务体系。作为枢纽，有的地方将乡镇（街道）社工站视为一个资源集成中枢，通过将党支部建在社工站，发挥党建联建共建优势，通过资源整合与主体联动，旨在将辖区内相关社会组织、社区、社会慈善资源等聚合起来，以"五社联动"机制助力基层社会治理。

不难发现，乡镇（街道）社工站不等同于一般意义上的社会工作机构，也不是宽泛意义上的社会工作机构，乡镇（街道）社工站具有以下几个核心属性。一是具有党政主导属性。社工站被赋予了一定的基层社会治理使命而非简单意义上的服务提供；很多地方社工站由政府主导建立，区别于以往草根式或者具有社会性意义上的社会工作机构。二是具有政社联合属性。乡镇（街道）社工站普遍由"政府+社会"的形式建设运营，虽然有可能出现社会工作机构在运营社工站过程中的行政化色彩，但是这种与政府紧密联动开展工作的实践也有助于形成政社分工与合作的机制。因此，在一定程度上，乡镇（街道）社工站建设有利于改变过去社会工作机构的运行困境，有助于形成较好的政社关系。三是具有资源整合属性。乡镇（街道）社工站建设注重资源整合与平台联动，强调辖区内外多元主体的参与和联动，体现出以乡镇（街道）为单元的社会服务体系构建和资源网络体系建设。

2. 共同富裕

关于共同富裕的论述卷帙浩繁，既往研究分别从不同学科视角加以研究和探析。第一，经济体制改革视角下的共同富裕。社会主义市场经济是符合共同富裕价值导向的制度安排，在健全市场经济法治基础之上完善商业竞争和社会保障体系是实现共同富裕的基本路径①。而当前共同富裕发展的重点之一，是提高低收入群体的收入水平使之能进入中等收入群体行列，促进橄榄形收入结构形成②。

第二，马克思主义视角下的共同富裕。有的学者基于马克思分配观分析共同富裕向度，认为社会主义社会分配须以生产力的持续发展为前提，以彰显社会公平正义为原则，以实现人的自由全面发展为终极目标③。还有的学者基于马克思主义唯物史观的视野分析共同富裕，认为共同富裕旨在重新审视财富的真正意义和价值，正确认识和处理社会财富与社会主体的关系，通过社会财富的共享和合理分配解决财富生产过程中的财富差异化问题，推进社会主体的平等与共同发展④。

第三，行政管理视角下的共同富裕。我国共同富裕问题重点在少数民族地区，难点在低收入群体，可以从建立激励相容的体制机制、完善协同推进体系、加强精神文明引导、强化区域协调联动等方面推动民族

① 范健．健全市场经济法治是通向共同富裕的基本路径：商业进化规律的法哲学思考［J］．南京大学学报（哲学·人文科学·社会科学），2022，59（3）：34-44.

② 黄祖辉，张淑萍．中国共同富裕发展的时代背景与“提低”路径［J］．江苏大学学报（社会科学版），2022，24（4）：1-7.

③ 宋小芳．马克思分配观的共同富裕向度及其当代价值［J］．湖南社会科学，2022（3）：30-36.

④ 任政．马克思主义唯物史观视野中共同富裕的理论逻辑及实践自觉［J］．当代世界与社会主义，2022（3）：52-59.

地区共同富裕，铸牢中华民族共同体意识①。同时，新时代应以推进共同富裕为根本指向，增强社会保障体系对经济社会发展的适应性，全面实现包含制度质量、体系质量、服务质量、管理质量和发展质量为主要内容的高质量社会保障体系的建构与完善，助推共同富裕发展进程②。

由以上研究成果可以看出，现有研究主要聚焦于共同富裕的政治学及马克思主义等视角去分析经济体制改革下共同富裕的内涵及其对经济社会的作用，而在共同富裕的进程中，兜住困难群众基本生活底线是基本前提③。随着治理重心的下移，县域治理进一步促进了共同富裕的进程，以基层实践促进乡村振兴。但是，现有研究主要以县域作为方法、以县域作为推进新型城镇化的关键场域，缺乏以县域为单位理解和推动共同富裕的视野。目前，关于社工站的研究主要聚焦于实践层面，即分析与总结各地社工站建设的相关经验和模式探索，还未将社工站纳入共同富裕的视野中，关于这三个领域的研究相对比较分散。

本文从社会工作视角理解共同富裕，主要将共同富裕理解为面对困弱群体的真实处境进行精准评估，整合现有社会救助、公共服务政策及公共资源、社会慈善资源等为困弱群体构建相对公平正义的资源网络，在县域治理情境中促进困弱群体城乡融合发展。换言之，共同富裕除在政治经济学和管理学意义上具有独特内涵以外，对于当前以人民对美好生活向往为重要目标任务的中国社会也具有独特的意义，突出了共同富裕在物质意义之外的精神意义和社会意义。社会工作之于共同富裕，就是从精神层面和社会维度助力困弱群体以及普通大众，在个体精神世界和社会关系网络建设等方面满足需求，实现困弱群体的精神富裕和社会富裕。

---

① 郝彧．民族地区共同富裕与铸牢中华民族共同体意识的实践逻辑：基于渝东南 X 县的实证分析［J］．西南民族大学学报（人文社会科学版），2022（7）：35-43.

② 金红磊．高质量社会保障体系推进共同富裕：多维一致性与实现路径［J］．社会主义研究，2022（1）：91-96.

③ 王思斌．共同富裕视域下农村困弱群体社会支持体系的建构［J］．中华女子学院学报，2022，34（1）：5-11.

3. 县域治理

县域治理越来越受到学术界的关注，基本上形成一种学术范式①。既往研究主要是将县域治理作为方法、关键场域以及理论视角加以展开。

第一，以县域治理为方法。县域社会治理应以构建城乡命运共同体为核心，通过增能赋权、建章立制、多元共治等，进一步明确县域治理中政府与社会、经济建设与社会治理、城镇化与乡村振兴、顶层制度设计与基层实践探索之间的关系，构建县域社会治理现代化善治模式②。具体来说，县域绿色治理可以从“场域—结构—过程—政策”四个维度“激发—整合—凝聚—转换”绿色治理能量，并通过“四维”同频共振，趋向人与自然和谐共生的绿色治理目标③。

第二，以县域为关键场域。有的学者以西北县域为场域分析了农业经营主体对土地细碎化治理的诉求，认为在多元共治的行动逻辑中以“党委把控底线、政府支持引导、村社统筹协调、农户主体参与”的组织化路径形成合力，再由“土地整治+互换并地”以及“虚拟确权+土地流转”的系统化机制，创新实施“一户一田”与“一组一田”模式成效显著④。有的学者分析了县域科学发展示范点浙江省嘉善县是如何通过因地制宜接轨上海、开放合作招商引资、人才科技创新驱动以及发力新型城镇化等方式不断创新县域经济治理方式的⑤。

第三，以县域治理为理论视角。在项目下乡背景下，以“重点村”为对象的典型治理成为县域治理的基本方式，主要通过以特定村庄为抓手、

---

① 王春光．地方性与县域现代化实践：基于对太仓与晋江持续近三十年的调查［J］．社会学研究，2023（3）：1-22，226.

② 唐惠敏，范和生．县域社会治理：问题指向、核心目标与路径实践［J］．宁夏社会科学，2021（3）：145-153.

③ 史云贵，倪端梅．县域绿色治理的概念内涵、运行模型与路径创新［J］．思想战线，2021（4）：154-163.

④ 王进，马堃．适度规模经营视域中土地细碎化治理：西北县域例证［J］．兰州学刊，2022（5）：129-140.

⑤ 时江涛．推进县域经济治理方式和治理能力现代化：浙江嘉善县域科学发展示范点的探索与实践［J］．上海经济，2017（2）：60-66.

以项目资源集聚为方式实现[①]。但是，县域治理中存在明显的“科级天花板”现象，这种现象缘于政府组织结构、干部下派制度、“干部四化”管理导向三方面因素在基层的叠加[②]。因此，在县域治理视角下分析基层治理生态，需要创新治理模式促进基层治理体系完善。

不难看出，县域具有独特的中国性和本土性，是中国数千年社会历史变迁中积淀形成的治理模式和学术范式。对于当前以人民对美好生活的向往作为奋斗目标而言，县域既是实现上述目标的核心单元，也是助力基层治理和国家治理目标实现的重要场域，有学者指出要以县域作为推进基层治理现代化和共同富裕的基础[③]。因此，以县域治理作为共同富裕目标实现和基层社会治理现代化的重要视角具有较强的逻辑性。然而，在具体分析单个社工站助力共同富裕时，不仅要关注社工站所在乡镇（街道）政府与县域政府之间的关系，也要思考乡镇（街道）社工站建设发展从少数社工站到整体县域社工站发展的规律与事实。

（二）理论视角：从县域单一视角到县—乡整合视角

自秦朝以来就有“郡县治，天下安”的说法，此后，郡县发挥着维护国家统一的重要保障作用。尽管从这个导向上看，“郡县制”似乎只发挥中央大一统以及中央对地方的强有力控制作用。实际上，随着历史的演进，“郡县制”的内涵也得到了拓展，在维护中央集权的前提下，郡县可以权宜行事，出现了适应民情的灵活治理和权变原则[④]。长期以来，中国在传统社会基础上逐渐形成了以“郡县国家”为核心特征的国家治理体系，“郡县国家”有四大核心特征：以中央集权为核心导向、以文官制度为中层支撑、以乡土自治为基层设计、以行政区划为技术保障。然而，需

---

① 杜鹏．县域视角下典型治理的成因与限度：以广西B县项目制实践为例［J］．南京农业大学学报（社会科学版），2017（4）：37-47，157.

② 陈家建，赵阳．“科级天花板”：县域治理视角下的基层官员晋升问题［J］．开放时代，2020（5）：10，186-199.

③ 何晓斌．以县域为基础的现代化和共同富裕［J］．探索与争鸣，2021（11）：24-26.

④ 邹水杰．“郡县治，天下安”［J］．历史评论，2020（4）：24-29.

要指出的是，传统“郡县国家”主要是在静态社会情境下进行的治理逻辑，而当代社会则存在普遍的流动社会特性，导致原有的静态郡县国家治理面临着诸多挑战①。在此背景下，为强化基层政权建设，需将管理重心下移，从县域延伸到乡镇，同时加强县与乡镇的服务型政府建设，深耕基层社会治理与服务②。

可见，自古以来，县域作为国家治理的重要基石，在数千年的历史长河中发挥着极为重要的作用，但是，随着社会演变与时空骤变，越来越多的问题需要将管理或治理重心向下转移。无论是郡县制，还是乡镇（街道）体制，都是国家治理和基层治理的重要体制基础。尽管近年来相关研究越来越重视村（社区）的重要性，例如，有的学者曾将社区视为中国政治建设的战略性空间③、国家治理的基本单元④，但是，在很大程度上村（社区）不是一级政府或政权，因为在面对复杂治理议题和任务时，其很难作为一个独立意义上的治理主体而存在。基于此，本文继续坚持将县域与乡镇（街道）视为国家治理和基层治理的关键性单元。

当前我国推进社工站建设主要以乡镇（街道）为关键场域和单元，实际上契合了上述有关国家治理和基层治理的总体导向，既注重社工站在乡镇（街道）范围内的资源整合优势和服务传递效能，也非常注重社工站通过服务行动助力国家治理与基层政权建设的体制优势。但这种依托乡镇（街道）为单元进行社会服务体系构建以及共同富裕实践推动存在明显弊端：一是在乡镇（街道）社工站运作过程中缺乏强有力的制度驱动和体制机制保障；二是在乡镇（街道）层面上构建社会服务体系存在碎片化、参差性等特点；三是乡镇（街道）社工站在参与构建共同富裕社会时缺乏清

---

① 曹锦清，刘炳辉．郡县国家：中国国家治理体系的传统及其当代挑战［J］．东南学术，2016（6）：1-16.

② 曹锦清．中国　郡县　版图：大一统国家的形成与发展［J］．文化纵横，2021（1）：93-101.

③ 林尚立．社区：中国政治建设的战略性空间［J］．毛泽东邓小平理论研究，2002（2）：58-64.

④ 杨敏．作为国家治理单元的社区：对城市社区建设运动过程中居民社区参与和社区认知的个案研究［J］．社会学研究，2007（4）：137-164.

晰的目标指引和行动保障。这些局限都驱动我们试图扩展当前社工站参与基层社会治理的分析视域，即将社工站所体现的政治、政策、服务等多维内涵及功能发挥置于县域—乡镇（街道）相互关联的连续体之中，强调“县—乡”作为社工站参与共同富裕的关键逻辑。有的学者深入系统地阐释了“县乡中国”作为透视县域治理现代化目标实现的重要视角，并对县域治理体系、县域治理能力、县域治理自主空间、基层干部的发展和激励作了生动和形象的解读①。

本文将县域治理与乡镇（街道）治理视角加以结合，从“县乡”双重视角理解政府自上而下推动社工站建设、发展的制度逻辑，以及社工站自下而上参与共同富裕的社会逻辑。这种双重逻辑的优势在于：一是能够将社工站纳入强有力的县域治理体系之中，进而着力构建县域社会工作服务体系；二是在县域意义上讨论共同富裕有助于为社工站参与其中提供清晰的指引；三是发达地区县域城市过去多年来更加注重以经济建设为中心，为推进共同富裕和社会建设提供了重要物质保障；四是发达县域城市共同富裕的核心不是刚性的经济收入增长，而是对少数困弱群体、相对贫困群体的支持。县域视角对于补充当前乡镇（街道）社工站建设、发展及其治理效能的发挥具有重要作用。在上述理论视角基础上，课题组尝试为社工站参与县域共同富裕构建一个理论性与操作性相结合的分析框架，如图 1 所示。

① 杨华．县乡中国：县域治理现代化［M］．北京：中国人民大学出版社，2022.

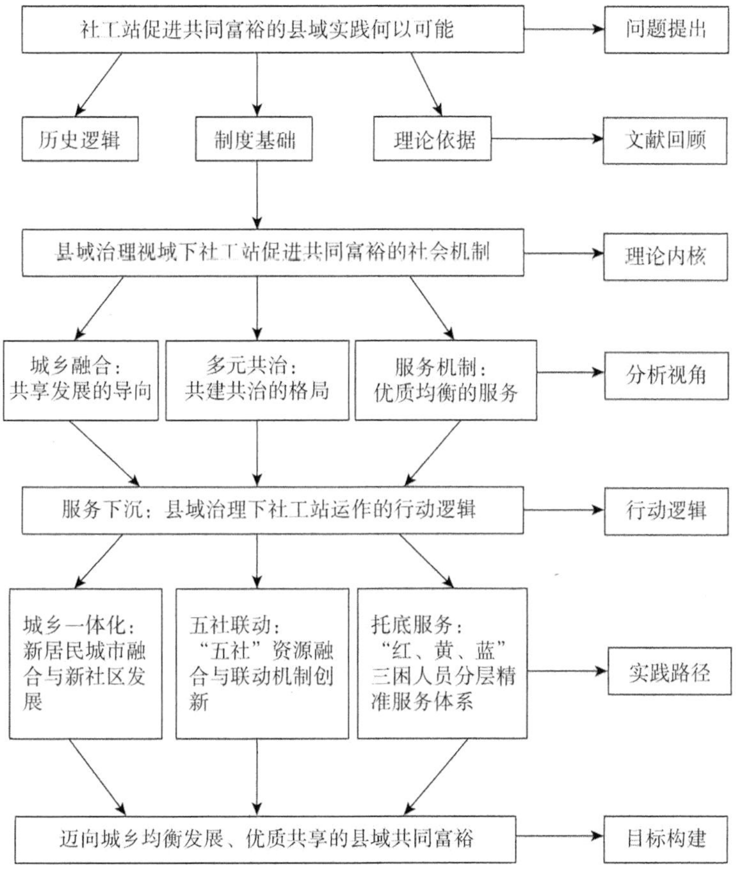

图1　乡镇（街道）社工站助力共同富裕的县域逻辑框架

三、镇街社工站助力县域共同富裕的行动路径

作为我国社会治理的关键环节，县域治理既要承接自上而下的行政职能，也要向下与居民大众进行直接接触①。县域发展关联着城乡之间的资源分配状态，是城乡融合协调发展的关键“枢纽”。乡镇（街道）社工站在县域社会治理脉络中，通过精准把脉困弱群体需求、优化多元资源配置、践行“五社联动”机制、提供优质共享服务等策略，助力县域共同富

① 杨发祥，王乐全．新发展阶段县域社会治理能力现代化研究：一个社会学的分析视角［J］．贵州社会科学，2022（10）：92-99.

裕目标推进。

（一）精准评估多重需求，把脉困弱群体的真实处境

从社会维度来看，实现共同富裕的核心意义在于实现高水平、均等化的公共服务状态，强调对困弱群体问题与需求的精准回应。乡镇（街道）社工站作为为民服务实践的“最后一级”，能够深入居民生活了解服务需求，深入探讨基层社区的治理问题，进而提供更具针对性、精准化的专业服务。社工站在运作过程中，强调揭示困弱群体处境的社会决定因素，从社会性视角评估他们的诉求与改变空间。他们深入困弱群体中开展需求调研，针对社区治理困境及居民生活制定服务需求清单，为服务内容设计提供指引。

在具体服务执行上，昆山市在 11 个区镇社工站以“1+2+X”为运营模式，其中，“1”为党建引领社工站建设发展的总体要求，坚持“支部建在站上”的理念原则，成立社工站党组织，整合乡镇（街道）社工站上下党政资源，发挥社会资源整合优势；“2”要求针对辖区内精神障碍患者和困境儿童两大群体提供专业服务；“X”则体现在针对辖区具体实际情况进行有针对性的服务设计与执行。海宁市社工站按照“1+2+3+X”的模式设置服务项目，即“1”个核心项目为党管社工人才服务；“2”个品牌项目为具有区域特色的专业社会工作服务品牌和社区治理品牌；“3”个基础项目为困难家庭、困境老人、困境儿童社会工作服务；“X”个自选项目为根据各个镇街的实际情况，确定重点服务对象和重点服务内容，探索拓展多领域社会工作服务。太仓市社工站形成了“五站”模式，即“急难愁盼”需求响应的前哨站、整合服务资源的枢纽站、立体关怀群众的便利站、专业赋能服务的加油站、特殊群体服务的舒心站。

从现实逻辑来看，昆山市、海宁市和太仓市等县域社工站均依托社会工作者的专业技术为困弱群体提供精准服务，协助其解决基本生活困难，推动其参与社区活动，以提高居民群众生活满意度。不难看出，乡镇（街道）社工站在助力共同富裕目标进程中以回应基层社会治理服务需求为核心，聚焦发挥服务提供与平台搭建两大功能，以“需求收集—资源整合—服务提供”为框架，构建完善的服务行动机制，提升困弱群体服务保障水

平，形成高质量的服务体系，为推动县域共同富裕贡献力量。

（二）优化多元资源配置，促进困弱群体的分配正义

乡镇（街道）社工站不仅能够提供专业社会服务，在培育公益服务力量、整合社会慈善资源，以及优化资源配置等方面均具有积极作用。从资源分配角度看，共同富裕强调分配正义，主张社会资源分配需满足、突出人民主体性，注重将社会资源向农村、困弱群体倾斜，形成相对公平的分配结果。县域治理向下与乡村接轨，直接面临农村困弱群体多维困境和资源匮乏等问题。乡镇（街道）社工站的建设在乡镇（街道）层级搭建资源整合平台，既深入社区内部挖掘资源，又向外探索社会资源筹集渠道，有效调动、整合辖区内外资源力量，充分发挥出为民服务“最后一米”的作用。依托社工服务将社会慈善资源向困弱群体精准输送，体现了社工站在推进第三次分配中的优势，彰显出对困弱群体资源分配的公平和公正，实质上是对共同富裕的进一步推动。

一方面，社工站项目团队不断挖掘社区内部资源，借助辖区优势提升服务质量、促进困弱群体享受优质均衡的服务，在推进基层共同富裕中取得积极进展。在具体行动上，昆山市Z镇、Q镇及J镇都具有悠久的历史文化，镇内蕴含大量的文化资源和旅游资源，社工站公益坊项目团队入场后均以镇内的独特文化优势为基础，设计出一系列“文化品牌项目”，发展公益匠人和旅游事业，进而推动镇域内的共享经济发展。另一方面，社工站积极链接社会资源，探索可持续、多元化的资金来源。例如，海宁市M街道社工站与辖区内的相关企业单位进行党建联建共建，以高质量发展促增收作为共同富裕的发力重点，同时，鼓励企业践行社会责任和第三次分配，加速城乡一体化发展，推动公共服务、精神文化、生态环境、社会治理全面提质增能，持续提升群众的生活幸福感。太仓市X镇社工站不仅联动辖区企业资助社区服务，以“食物银行”的形式为社区困弱群体提供生活必需的食品，还链接了基金会、公益组织等慈善资源，借助大型慈善组织的力量为社区治理和服务提供持续的资金来源，进而提升服务成效和项目影响力，推动“政—社—企”多方主体协同共治，进而促进公共资源以更公正、更高效的方式向困弱群体转移，以专业服务助力第三次分配与

共同富裕实现。

（三）践行“五社联动”机制，构建县域共同富裕的行动网络

近年来，党中央不断强调打造共建共治共享的社会治理共同体，完善社会力量参与基层治理激励政策，创新社区与社会组织、社会工作者、社区志愿者、社会慈善资源的联动（“五社联动”）机制，支持建立乡镇（街道）购买社会工作服务机制和设立社区基金会等协作载体，以更好地参与基层治理体系和治理能力现代化建设。这一目标的追求也与共同富裕所强调的发挥基层群众力量，推动人民群众主动参与社会建设，实现社会善治的目标契合。在“五社联动”理念和机制指引下，社工站不仅能够有效激活社会力量参与社区治理，还能借助专业技术培育社区自组织，赋能社区骨干，提升人民群众的参与意识和参与能力，进而推动建构高效能基层治理体系，为实现共同富裕奠定现实基础。例如，昆山市社工站在公益坊项目实施过程中积极调动社区现有的居民骨干、社区自组织、社区志愿者以及辖区社会组织等多方社会力量参与社区治理服务行动，有效地激发了社会治理活力。社工站孵化出多种类型的社会组织为社区居民提供多元服务内容，提升了公共服务可及性与均等化。2022 年，昆山市 11 个区镇社工站共计培育孵化出 50 余个社区自组织，推动 62 个社区社会组织登记备案；海宁市 M 街道社工站在 2022 年积极鼓励并指导辖区 21 个社会组织申请公益创投项目，不断提高社区社会组织参与基层社会治理能力，满足居民多元化需求；太仓市建立了县域社会工作服务指导中心、镇街社工站、社区社工室“县域—乡镇（街道）—村（社区）”三级组织架构，三级平台坚持定位、对位和错位发展。

在社工站建设过程中，越来越多的社区居民从最开始接受服务向在社工站的推动下主动参与社区问题解决转变，成为社区服务提供的重要主体。社区居民及社区自组织在社区服务治理中的参与展现出了较强的社会活力、提高了社区的自治能力，推动了多主体共治格局的建构。在此基础上，社工站依托“五社联动”机制，采用多元化的服务策略来调动社区治理主体参与服务行动：通过意识提升与培育孵化等方式来提升社区自组织和居民志愿者的参与能力；通过挖掘社区慈善资源、链接社会公益资源的

方式形成强大治理资源库；以社工站为平台，通过社区治理“联席会议”的形式将多元治理主体整合起来，共同探讨社区问题与基层治理发展方向，进而构建形成多主体共建共治共享的社会治理格局，不断创新基层社会治理体制机制，为实现县域共同富裕奠定了行动网络基础。

（四）提供优质共享服务，促进困弱群体的城乡融合发展

在县域共同富裕实现指标中，城乡融合发展是困弱群体共同富裕的重要维度。只有通过提供优质共享服务、助力困弱群体生活质量提升，促进困弱群体在城市化进程中较好地融入城市生活，才能够缓解城乡差距所带来的分化。其中，用好“人才钥匙”是开启共同富裕大门的关键，共同富裕的实现是一个多维度、多层次的动态过程，县域共同富裕的实现离不开人才助攻，人才振兴、队伍建设是蓄力共同富裕的关键。《国家中长期人才发展规划纲要（2010—2020年）》将社会工作人才列为国家人才规划建设中的第六类人才，成为社会服务与治理领域中不可或缺的部分。县域城市过去更多注重经济建设与发展，而社会服务水平与社会建设进程普遍较为缓慢，要想达成共同富裕所强调的均等、优质公共服务水平，亟须构建专业、有效的服务型人才队伍。

例如，昆山市社工站不仅注重对居民实际需求的回应，还注重对社区工作者、社区社会工作者以及社会组织等服务性人才的培训、赋能，通过链接外部的行业专家、高校教授等资源，为辖区从业者提供理论知识培训，以及与服务策略等相关的技术培训。与此同时，社工站还协助社区工作人员解决日常服务困境、完善服务治理模式，有效提升辖区工作者参加全国社会工作者职业水平考试通过率，通过“职业专业化”的策略实现社区工作者队伍的专业化水平。在做好服务的基础上，昆山市共计开展了百余次的人才培养专题服务，不断强化工作人员的使命意识和初心意识，引导工作人员自觉将促进共同富裕实现作为自己的重要责任，为提升基层服务质量打造出一支更专业、更高效的服务队伍，进而将人才优势转化为发展优势，夯实共同富裕的人才基石。同时，昆山市还出台了《昆山市高层次社会工作人才计划实施细则（试行）》，提出大力加强高层次人才培养与引进相结合，对引进的高层次社会工作人才，给予最高120万元安家补

贴，旨在进一步提升高层次社会工作人才队伍建设，助力昆山市社会治理与社会建设目标的实现。太仓市则在市级层面将优秀人才聚集，尤其是在实践中遇到疑难杂症问题时，紧急启动市级高层次人才队伍的专业优势加以回应。海宁市过去多年来始终注重借助外部高校专业力量的赋能优势，坚持“引进来”与“在地化”相结合的双重原则，培育了一支专业化、本土化相结合的社会工作人才队伍。由此可见，发达县域在社工站建设过程中都十分注重社会工作人才队伍建设，通过提升人才队伍综合能力，助力困弱群体城乡融入，促进服务品质的提升和共同富裕目标的推进。

四、乡镇（街道）社工站助力县域共同富裕的社会效应

作为实现共同富裕的重要社会主体，以县域为基础的社工站能够有效聚焦社会困弱群体，以社区为平台、以社会工作者为支撑、以社区社会组织和社区志愿者为支撑、以社区资源为补充，为困难家庭、孤寡老人、困境儿童及残障人士提供困难救助、人文关怀和资源协调等多种服务，通过精准帮扶、有效创新、持续探索等方式助力共同富裕目标的实现，成为连接政府、社区与社会的枢纽。

（一）优化服务体系，精准回应困弱群体需求

公共服务的提供水平反映着再分配调节机制是否良性运作，能够调节收入分配的公平性，是保障居民美好生活的关键，更是实现共同富裕的前提。共同富裕强调提供高水平社会服务，注重公共服务的高质量与有效性①，而这也正是县域社工站的服务目标。社工站相较于传统的政府购买服务项目而言，其服务内容更具有针对性和系统性。社工站通过优化服务体系、提升服务技术等方式来精准回应困弱群体的个别需求，提升县域托底服务水平。从社工站实践成效看，昆山市、太仓市与海宁市社工站在精准服务方面均取得了较好的成效。昆山市社工站围绕精神障碍患者、困境儿童、独居老人、低保低边家庭等困弱群体开展服务，为其提供身体、心

---

① 徐选国，秦莲．社会工作参与共同富裕：何以可能？何以可为？［J］．学习与实践，2022（6）：100-112.

理和社会交往等多个层面的专业支持，不断创新服务形式，优化公共服务供给质量。海宁市M街道社工站聚焦“一老一小”，设计出“窗帘计划”“满天心”计划以及平安社区建设等特色服务项目，以学习教育、支持网络、人际交往、情绪管理、情感交流等内容为主题开展小组活动，并组建了“五老志愿服务队”，不断调动社区老人的积极性，激发其奉献精神和参与意愿①。太仓市社工站形成“五社联动”参与困弱群体服务的三级体系，在村（居）委会层面发现需求并向上反馈，经过市级社工总站的平台判断，分类分层进行回应和介入，特别重大问题或需求由市级平台上的高层次社会工作人才队伍加以回应，其他问题或需求由各乡镇（街道）社工站或社工室进行回应，通过层级分类和回应建立完善的县域服务体系。县域社工站以创新型服务模式、多元化行动策略为基础，不断健全公共服务体系，推动提升县域社会工作服务质量，助力县域范围内的优质服务共享。

（二）用活“五社联动”，推动基层治理机制创新

社会团结既是推动共同富裕的社会基石，也是实现美好生活的必要条件。共同富裕以“富裕”作为基础，但“共同”才是核心。实现共同富裕需打破原有利益固化观念，联动多元社区治理主体，形成利益协商氛围与利益让渡观念。作为一种专业服务力量，社会工作在改善社会关系、促进社会团结等方面具有独特优势，其专业实践过程较大程度上可视作参与共同富裕实现的行动范畴。从本课题调研的三个县域社工站建设与实践经验来看，三地均形成了党建引领“五社联动”参与基层社会治理的合作治理行动②。昆山市社工站从培育社区社会组织、赋能专业人才、推动资源共享三个维度来强化社区居民的参与积极性，促进多元主体有效联动：其一，培育孵化社区社会组织，并推动其完善管理制度，完善内部成员分

① 颜小钗，许娓．让民生服务和社会治理更有保障：浙江省海宁市打造镇（街）社工站“县域样本”［J］．中国社会工作，2020（25）：29-31.

② 徐建云，徐选国．县域社工站建设的策略与效应：以浙江省海宁市马桥街道社工站为例［J］．中国民政，2022（19）：56-57；王晗．“五社联动”机制下发达县域社工站建设的昆山经验［J］．中国社会工作，2023（7）；张跃忠．太仓社工站发展：专业本位、整全服务［J］．中国社会工作，2022（19）：33-34.

工。为鼓励社区社会组织参与社区治理服务，社工站创建公益服务平台，鼓励社会组织从文体娱乐向生活服务转型，以回应居民问题和服务需求为目标开展社区服务。其二，开展专业培训，提升服务能力，为存在服务热情但缺乏专业技能的社区社会组织成员或社区领袖提供赋能服务，通过知识讲座、个别辅导等形式为社区领袖和组织骨干提供项目申报、理论知识、服务技巧、资源链接等方面的专业辅导，提升社区社会组织在基层治理中的参与能力和服务效能。其三，完善志愿者服务队伍，推动社区资源共享，提升居民参与意识。志愿者作为“五社联动”的关键主体，也是社工站服务推动的重要基础，是凝聚居民力量、促进社区团结的中坚力量。昆山市 Q 镇社工站在社区治理服务项目中，通过在社区内组建垃圾分类志愿队的形式，借用志愿者服务力量来推动社区垃圾分类问题的解决，并邀请志愿者代表参与社区协商议事，提升其主体观念和责任意识。整体来看，昆山市社工站以“五社联动”为框架展开服务行动，通过培育组织、赋能居民等多种服务形式构建出“五社联动”推动县域社会治理创新的新路径。

（三）整合社会资源，促进公共服务均等化

分配正义作为共同富裕的核心内涵之一，在第三次分配理论视角下，实现共同富裕需将更多公益慈善资源注入基层社会治理，推动社会资源的第三次分配①。县域社工站发挥了独特的资源集散平台效能，打破了传统政府购买服务中资金来源单一、行政依赖严重等困境，通过整合社会资源注入社区治理的方式维持治理行动的可持续性。社工站将社会资源转化为社区服务，精准回应社区困弱群体需求，以更高效的方式推动慈善资源向社会困弱群体倾斜，促进实现公平分配。2022 年，昆山市社工站共计为基层治理链接 71 个社会慈善资源，筹集慈善资金近 190 万元。此外，社工站还联动社会慈善组织在新冠疫情期间提供防疫爱心礼包，并为辖区困弱群体发放约 2000 份爱心物资，有效推动并实现公共服务的多元供给。

---

① 徐选国，秦莲．第三次分配视域下社会工作本土理论建构及其实践向度［J］．北京行政学院学报，2022（4）：105-114.

县域社工站除直接提供服务外，还在社区服务提供中建立起了完善的需求回应机制，形成“需求排摸—服务设计—资源链接与整合—服务与资源供给”的闭环处理机制，能够最大限度地实现“需求—资源—服务”三方的精准对接。从整体行动来看，社工站正是通过这种直接或间接的柔性服务方式来调节社会资源分配结果，增强公共服务的均等化与可及性，为推动实现县域共同富裕奠定基础。

（四）促进融合治理，推动城乡发展一体化

随着中国城镇化进程推进，人口等各类要素均向城市聚集，市域治理受到大量学者关注，具有城乡接合特征的县域治理则遭到了忽视。城乡二元的经济社会结构问题一直是掣肘我国经济社会发展的关键，如何推动城乡共融也成为实现共同富裕的关键。随着社会发展与现代化进程不断加快，县域治理的完善和发展成为提升国家现代化发展速度的关键。海宁市M街道与昆山市都呈现出典型的城乡接合发展特性，既有较为发达的城市社区，也有相对落后的乡村，且人口倒挂现象严重，如何均衡城乡发展成为县域治理的主要困境。与传统服务提供模式不同之处在于，县域社工站作为综合性治理平台，其在参与基层治理的过程中扮演着服务者、管理者、协调者、政策倡导者、资源联络者等多重角色，既需要应对乡村专业服务不足、经济发展滞后等问题，也需要回应城市高质量服务需求，在一定意义上实现了“城乡统筹”服务与管理。作为县域治理中的专业力量，社工站不仅能够创新农村公共服务供给模式，提升农村公共服务水平进而推动城乡服务均等化，还能在建设运营过程中不断培训、提升居民的自我管理与服务参与意识，孵化社区社会组织、培育农村居民骨干，为农村社区治理培育专业服务人才队伍。

海宁市M街道社工站借助“五社联动”机制，助力城乡一体化以及城乡融合发展战略。2020年新冠疫情加剧了桐溪社区的治理难度，疫情防控成为社区治理的中心任务。此时，如何处理围绕中心工作所发生的治理难题，是桐溪社区必须回应的问题。针对上述问题，社工站采取了以下行动。一是党建引领，回归社区行动场域。社工站以党建为桥梁链接社区内各项资源，利用党员与居民志愿骨干力量打造五支党员志愿队伍，通过多露面，多走访，走进群众心里，切实为居民办实事。二是上下联动，精准对接社区需求。社会工作者在实践中，利用专业能力，通过联合社会组织、微网格长、社区志愿者共同挖掘社区潜在需求，每月定期与社区沟通，了解居民最新需求。三是协同治理，打造基层服务新局面。社工站不断鼓励进驻社区的社会组织及社区能人利用专长开展社区服务，形成社区居民、社区和社会工作者三方合作的良好治理局面。

基于上述行动，海宁市 M 街道社工站在推进城乡融合发展方面取得积极成效。包括以下几个方面。一是搭建一核多元的转型社区治理创新机制。以党建引领为核心，以社区为平台，发现、挖掘、汇集社会红色力量为社区各主体发展与联动提供支点，形成一核多元的社区治理创新格局。二是构建了基层治理中政社分工合作新生态。一方面，社会力量帮助政府分担基层治理压力，实现共治；另一方面，政府为社会力量的发展提供各方面的保障支持，使社会组织有参与治理的必备资源。三是探索出城乡一体化新型社区治理的多元模式。基层治理的“五社联动”模式要求回归社区场域，联合社会组织、社会工作者、社区志愿者以及社会慈善资源实现社区共治自治善治。桐溪社区以党建作为核心支点，以社工站作为链条，培育各类组织，链接社会资源，建立三级联动、五级协商①的问题解决方式，形成了旨在回应城乡一体化新型社区治理过程中复杂议题的多元治理模式。

五、乡镇（街道）社工站助力县域共同富裕实践的若干思考

乡镇（街道）社工站是我国基层治理体系和治理能力现代化建设的重要主体，对社工站助力共同富裕的实践模式进行研究，具有非常重要的现实意义、政策意义及理论意义。同时，以县域为切入点对于中国庞大的社会体系来说更是最适切的做法，因为几千年来素有“郡县治，天下安”的说法，如果以县域为单元来探索社会工作参与共同富裕的专业逻辑，有助

① 三级联动指的是网格指导员、网格民情员、网格长；五级协商指的是居民代表协商、物业协商、网格协商、志愿者协商、楼道协商。

于为全国范围内社会工作参与共同富裕提供行动路径和经验参考，因此，我国的共同富裕实现策略应以县域为基础进行。然而，在研究过程中我们发现，“县域”不是铁板一块的整体，在县域视域下还有乡镇（街道）和村（社区）等治理单元的存在，由于县—乡之间存在上下联动梗阻、治理通道不畅等现象，导致县域视域中的乡镇（街道）和社区成为不可忽视的要素。研究还发现，县域层面的整体社工站发展制度并未带来各乡镇（街道）社工站的普遍发展，难以普遍作用于共同富裕目标，且只有部分乡镇（街道）社工站健康发展，进而成为参与县域社会治理、助力县域共同富裕的典型。这种现象的产生是由于县域范围内各乡镇（街道）社工站存在差异化发展、县乡之间治理通道受阻，以及共同富裕社会性意义模糊等因素共同作用的结果，需要进一步完善乡镇（街道）社工站助力县域共同富裕的社会化行动机制。共同富裕的达成需要打破我国长期以来形成的城乡二元社会结构，县域的整体发展成为打破这个结构的关键节点。社工站立足于县域层面的乡镇（街道），能够通过推进县域治理体系与治理能力现代化进程，从而助力县域共同富裕的实现。由此可见，从县域视角探究乡镇（街道）社工站参与共同富裕是一个创新性的视角，县乡结合的治理体系是当前基层治理的主要形式，乡镇（街道）社工站依托县乡治理场域，可以较好地参与基层社会治理和共同富裕进程。

然而，需要指出的是，本次研究主要是一次探索性尝试，依托乡镇（街道）社工站所开展的服务实践来探究其参与共同富裕的县域逻辑。同时，共同富裕是一个宏大议题，与民生福祉、社会保障、生活质量等密切相关，本研究尚未立足共同富裕展开详细的操作化、指标化研究，因而还不能评价社工站推进共同富裕的程度。基于此，今后的研究可以围绕以下方面进行深入推进：一是建构县域共同富裕实现的社会向度及其指标体系；二是拓展不同县域背景下乡镇（街道）社工站参与共同富裕的机制比较研究；三是基于县域社会治理和县域社会工作实践，从学理上拓展和丰富中国特色社会工作的理论与实践模式。

The Action Path, Practical Effectiveness, and Professional Reflection of Town Street Social Work Station to Assist County Area Common Prosperity

—Based on Empirical Research on Haining, Kunshan, and Taicang

XU Xuanguo, QIN Lian, WANG Manman

Abstract: With the widespread promotion of social work stations in townships (streets), social work stations are expected to play a positive role in the construction of livelihood security and social service systems. The service targets faced by social work stations are mainly various disadvantaged groups, who not only have a gap in material security compared to other groups, but also have significant gaps in resource allocation, spiritual support, social relationship networks, urban-rural integration, and other aspects. Therefore, promoting resource allocation and service supply for disadvantaged groups through social work stations is essentially a practice of participating in common prosperity. Research has found that in the context of county-level social governance, social work stations adopt strategies such as accurately identifying the needs of disadvantaged groups, optimizing the allocation of diverse resources, implementing the five social linkage mechanism, and providing high-quality shared services, to improve the county-level public service system, optimize the grassroots social governance mechanism, promote the equalization of public services, and push forward the integration of urban and rural development, playing a positive role in achieving the goal of common prosperity in the county. In addition, due to the differential development of social work stations in various towns and streets within the county, obstruction of governance channels between counties and townships, and the ambiguous social meaning of common prosperity, it is necessary to further improve the social action mechanism of social work stations in towns and streets to assist in the common prosperity of the county.

Keywords: social work station, common prosperity, county governance practice, social effects, professional reflection

中国社会工作学刊　第五辑
第 081~105 页

实践性与强弱联结：社会工作助力基层治理路径研究*

——基于“五社联动”的过程分析

林顺利　蔡璟浩　何昕朗**

【摘要】 社会工作助力基层治理是新时代中国特色社会治理现代化的重要发展方向。“五社联动”是自社会工作专业力量参与基层治理以来在党的领导下逐步形成的多元主体和良性互动的新格局与创新工作模式，是基层治理现代化发展中的有益探索和较为成熟的实践经验。由此，本研究以“五社联动”的运行过程为核心背景，借助生态系统理论，以“制度—生活”为体制基础，尝试剖析社会工作助力基层治理的核心意义与实践过程，从而为基层治理现代化提供理论经验。研究发现，社会工作在基层治理体系中发挥作用的运行机制有五类，分别对应党政统合、社会合作、合议反馈、治理成本和技术驱动五个方向，而社会工作助力基层治理的不同路径则有两部分，即强意义与弱意义的参与方式。社会工作助力基层治理的实践性回应了基层治理共同体的类型特质与建设方向。

关键词：社会工作　基层治理　“五社联动”　治理共同体

---

* 本文系 2022 年度中国社会工作学会与浙江蚂蚁公益基金会专项资助课题“‘五社联动’背景下社会治理共同体的建设研究”的成果，项目批准号为 SGXHYJKT2022-4。

** 作者简介：林顺利，河北大学哲学与社会学学院副院长，教授、博士生导师，河北大学共同富裕研究中心研究员，主要研究方向为社会工作实务、社会工作史；蔡璟浩，河北大学哲学与社会学学院 2021 级社会学硕士，主要研究方向为基层治理；何昕朗，中国社会科学院大学社会与民族学院 2021 级社会工作专业硕士，主要研究方向为社会工作理论。

一、现象与问题提出

多元主体的有效联动与治理共同体的建构是社会工作助力基层治理研究中的核心议题①。2021 年 4 月 28 日，中共中央、国务院发布了《关于加强基层治理体系和治理能力现代化建设的意见》，其中重点提出了建设“党组织统一领导、政府依法履责、各类组织积极协同、群众广泛参与，自治、法治、德治相结合”的基层治理体系。基层治理体系和治理能力现代化的核心指向是坚持共建共治共享，建设人人有责、人人尽责、人人享有的基层治理共同体。经由“五社联动”，社会工作实践构成了社会治理共同体建设的有益探索。通过“五社联动”，社会工作对于社区和谐氛围的塑造、产业经济的造血发展、服务环境的建设改善、居民群众的主观能动性提升等问题进行了介入干预，形成了社会工作助力基层治理的特有的实践逻辑。而“五社联动”本身涉及了社区、社会组织、社会工作者、社区志愿者、社区公益慈善资源的互动与交织，潜在意义上强调了五个部分的共建共治共享与有效联结，意味着其在社会互动平台上构建了“联”与“动”体制机制。“共同体”原意强调了社区下的文化维系力与情感维系力，以“共同体精神”为核心纽带联结起各个主体②。诚然，社会工作参与基层治理的有益探索不仅仅停留在制度维系方面，同时其借助“五社联动”也深入社会结构的整合与分工层面。虽然社会工作参与基层治理的开展已经形成了一定的实践经验，但仍面临着结构性困境或个人社会行动层面的障碍，譬如，在参与基层治理过程中社会工作机构和社会工作者本身的统筹协调能力不足，与其他主体合作能力欠缺；资源链接相对分散，供给需求双重错位；风险治理体系脆弱，内生动力培育缺乏；等等。直面现实问题，我们如何有效实现社会工作参与基层治理全过程，如何高效利用“五社”主体之间的协同互益，如何将“差异化的力量整合到一个有序的

---

① 王思斌．社会工作在创新社会治理体系中的地位和作用：一种基础—服务型社会治理［J］．社会工作，2014（1）：3-10，150；李迎生．探索社会工作介入社会治理创新的有效路径［J］．社会工作与管理，2014，14（3）：23-28，98；顾东辉．社会治理及社会工作的同构演绎［J］．社会工作与管理，2014，14（3）：11-13.

② 郁建兴．社会治理共同体及其建设路径［J］．公共管理评论，2019，1（3）：59-65.

多元主体互动网络中”，如何形成“推进基层治理现代化建设的整体合力”①，构建社会治理共同体，实现基层社区的“自治、善治”，成为目前学术界积极探讨却仍缺失实质性进展的热点话题②。

因此，本文以探索新时代背景下社会工作参与基层治理的可行路径和运行机制为指向，以生态系统理论为切入视角，所要解决的研究问题是：在“五社联动”的核心背景下，社会工作助力基层治理的体制基础和实践逻辑是什么？如何直面基层社会治理的困境？借由何种社会机制推进治理进程的有效性？能为夯实基层治理的社会基础提供何种理论启示或政策启迪？

二、分析框架：生态系统与多维治理

生态系统理论是社会工作实务领域中的重要理论之一。该理论是基于一般系统理论的“社会”缺失，融合了社会工作相关的人与社会、人与环境的诸多理论要素，是少数具有综融性与折衷式特色的社会工作理论③。20 世纪 70 年代以来，在生态学融入社会工作实务模式的基础上，社会工作者日渐重视人与社会、环境的多重聚焦。1973 年，戈尔德斯坦、平克斯、米纳汉等人分别提出了“人在情境中”“一般系统理论的三类划分（即非正式系统、正式系统、社会系统）”等观点④。之后，随着一般系统理论在实务领域的广泛应用，对于该理论的批判日益激烈，其中便包括一般系统理论关注主体的局限性（过于重视系统而忽略个体）。正是在一系列的批判声中，1979 年，布朗芬布伦纳在《人类发展生态学》一书中，将生态学知识与人类行为进行系统研究，并提出了更为翔实的生态系统理论

① 原珂，赵建玲．“五社”联动助力基层社会治理共同体建设［J］．河南社会科学，2022，30（4）：75-82.

② 王思斌．社会工作在构建共建共享社会治理格局中的作用［J］．国家行政学院学报，2016（1）：43-47.

③ 师海玲，范燕宁．社会生态系统理论阐释下的人类行为与社会环境：2004 年查尔斯·扎斯特罗关于人类行为与社会环境的新探讨［J］．首都师范大学学报（社会科学版），2005（4）：94-97.

④ 何雪松．社会工作理论（第二版）［M］．上海：格致出版社，2017.

研究模型和干预模式。布朗芬布伦纳认为，人的社会发展是人与社会环境系统的复合函数，人在发展过程中，会与生态系统有着密不可分的连接与互动，二者相辅相成、相互作用。他提出的生态系统理论涵盖了从内向外的空间和纵向发展的时间两种动态多维关系系统，包括微观系统、中间系统、外部系统、宏观系统、时间系统，这五个系统内部之间相互关联，共同构成了一个多维立体空间，通过系统与个体的互动作用且影响着个体发展①。

因此，本文基于“制度—生活”的分析策略，借鉴生态系统理论，尝试提炼出社会工作助力基层治理的实践逻辑图示。首先，笔者将基层治理场域下存在的不同主体放置于一体多维的时间—空间系统进行分析与讨论，最终大致拟定出以下基层治理生态系统行动框架（见图 1）。此行动框架以基层治理为核心，根据生态系统理论模式，在微观系统中关注的是与主体（基层治理）具有直接联系且互动频繁的因素；在中间系统中注重中观系统与微观系统中各类因素的关联与互动；外部系统则是选取作用于基础治理的影响系统；宏观系统将基层治理的关注视域扩展至当地场域特有的政治、经济、社会文化环境。在社会工作参与基层治理过程中，社会工作实践必须将各系统纵横关注，在特定的制度、经济、文化考量下，将各系统各因素联结互动，以寻求发展之道。

① BRONFENBRENNER U. Ecological models of human development, in international encyclopedia of education ［M］. Oxford: Elsevier, 1994.

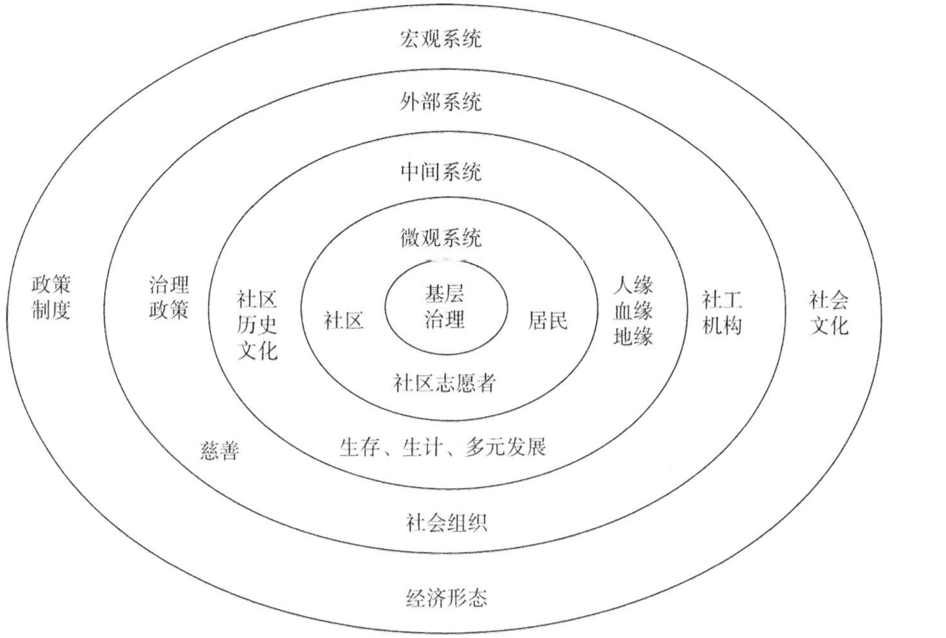

图 1 基层治理生态系统行动框架

结合上述行动框架，依托生态系统理论，本文设定出社会工作参与基层治理的实践逻辑图（见图 2），其中包括需求、供给、反馈、资源、摸底、行政化、实践等关键因素。在基层治理过程中，社会工作通过摸底调研、编制预算、制订方案、政府采购、签订合同、开展服务、督导、监测和评估等系列流程参与具象化活动。居民群众作为核心角色之一，通过将需求主动反馈于社区和被动反馈于社会工作者摸底两种形式，将多样化需求明晰化①。社会工作基于精准的需求定位编制预算、制订服务方案，并参与政府购买服务的招标活动，通过竞标为居民群众提供精准化服务供给和资源链接。然后，根据第三方督导监测以及居民群众的再反馈机制对服务实际实施效果进行评估②。根据评估结果，社区或社会工作者选择是实质化接受（对于相关服务活动进行完善、相关服务内容进行修订）还是形

① 杨贵华．社区、社会组织、社会工作“三社联动”助力基层社会服务和社会治理研究：基于厦门市的调研［J］．发展研究，2015（11）：85-89.

② 徐选国，徐永祥．基层社会治理中的“三社联动”：内涵、机制及其实践逻辑——基于深圳市 H 社区的探索［J］．社会科学，2016（7）：87-96.

式化接受（促使居民需求模糊化，致使居民“失位”）。值得注意的是，社会工作参与基层治理需要从顶层设计回归于社会生活之中，这背后蕴含着由“悬浮”于制度之上到“嵌入”于生活之中的体制基础[①]，由此，本文以“五社联动”这一具象化的行动过程对研究问题进行分析。

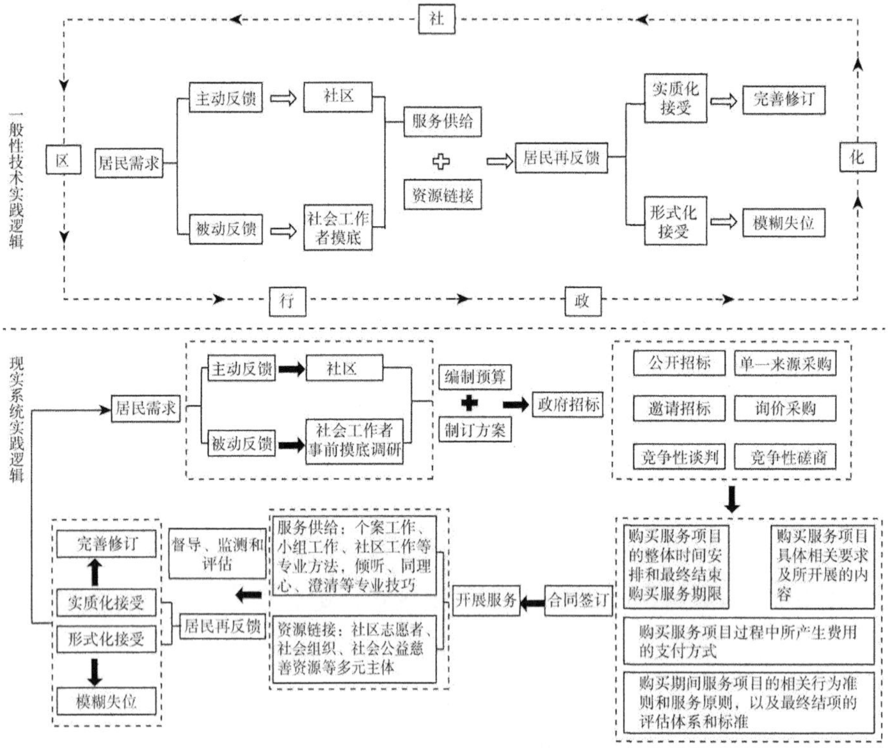

图2　社会工作参与基层治理的实践逻辑图示

三、上下联结：社会工作参与治理的体制基础

（一）自上而下：民政工作与顶层设计

首先，社会工作参与基层治理得益于民政部门的支持以及专业社会工作的发展。党的十九大以来，我国基层治理取得了历史性突破。习近平总

① 朱健刚，陈安娜．嵌入中的专业社会工作与街区权力关系：对一个政府购买服务项目的个案分析［J］．社会学研究，2013，28（1）：43-64，242.

书记指出："加强和创新社会治理，关键在体制创新。"① 所谓创新，不仅仅是创新基层社区治理体制，更要创新基层社区治理机制。要保证基层社区治理的社会化、常态化、智能化、长效化，着重建立健全党委领导和政府主导的维护群众权益机制、社会利益协调机制、预防和化解社会矛盾机制、社会风险评估机制、突发事件监测预警机制。同时，习近平总书记强调："社会治理的重心必须落到城乡社区，社区服务和管理能力强了，社会治理的基础就实了。"② 在此基础上，民政部门统筹安排、指导、落实社会工作参与基层治理工作，并开展"五社联动"在各省市的试点活动，这为社会工作参与基层治理的发展提供了体制基础。

除此之外，专业社会工作虽源自西方，但在我国的发展进程中，日益得到壮大。近年来，我国社会工作专业学科建设以及人才队伍建设都得到了飞速发展。按照《社会工作专业人才队伍建设中长期规划（2011—2020年）》，2020年，我国社会工作专业人才总量增加到145万人，其中中、高级社会工作专业人才共计达到23万人。社会工作在基层社区治理以及人民群众中的知名度、认可度、满意度得到了显著提升。加之乡镇（街道）社工站建设，进一步助推了社会工作发展。这为社会工作助力基层社区治理奠定了人才保障和体制基础。

其次，顶层制度建设是社会工作参与基层治理强有力的外部推力。社会工作借助"五社联动"，通过政府购买公共服务，引导社会工作机构、社会组织入驻社区，渐次获得实践权，完成基层治理"嵌入"过程。虽然在实践过程中国家（政府）不是主体之一，却一直扮演着主导者的重要角色，为社会工作在参与实践过程中提供资金保障、政策支持、专业人才等外部支持。同时，社会力量包括专业社会组织、社会志愿服务人员借助专业活动和志愿服务，提升社区居民自治理念，充分发挥榜样示范作用。但是值得注意的是，无论是国家（政府）还是社会，作为外力推动也只是系

① 习近平．在参加十二届全国人大二次会议上海代表团审议时的讲话［N］．人民日报，2014-03-06.

② 高新勇，孔祥利．提升城市精细化治理水平　加强社区"微治理"［N］．人民日报，2022-12-19（009）．

统运转初期的原始动力，后续运转效果取决于外部动力与居民内在需求的联动、整合与合作，即社会工作参与基层治理仍需将“制度”执行于“生活”之中。

（二）自下而上：内在需求与社会基础

社会工作参与基层治理的体制基础与基层社区治理的实践目标、理念和手段具有高度相关性，其实现了基层社区治理由顶层设计的制度层面向社区自治的生活层面的转变。所谓基层社区治理，其核心是调动社区的内生动力，在满足社区居民需求的同时优化原有的社区结构和社区秩序，通过整合资源，在交错纵横的制度与资源之间寻找有效契合点，进而规范、丰富社区生活，实现公共利益的最大化。而在此落地过程中，社会工作借助“五社联动”给予了有效回应。

首先，基层社区治理的基本理念是将社区治理过程由自上而下的政府主管型转变为自上而下与自下而上相结合的多元主体协商管理型①、社区治理体系由垂直科层制管理结构优化升级为横向网格化管理模式②、社区治理主体由平面单一化转换为立体多元化③。想要实现此理念，必然需要多元主体参与社区治理，这与“五社联动”不谋而合。“五社联动”便是基于此，将社区、社会组织、社会工作者、社区志愿者以及社区公益慈善资源等多方主体有效联动，共同助力基层社区治理，实现社区关系向社区融合文化的转变。

其次，基层社区治理的基本手段主要是通过对政府职能定位的调适，从而培育孵化多元社区治理主体，增强社区居民的参与感，在铸牢共同体意识的同时实现依法治理。而“五社”的“联动”正是体现了这一核心，“五社联动”通过多元主体的合作、制度的耦合以及系统与环境的协同，

---

① 郑杭生，黄家亮．当前我国社会管理和社区治理的新趋势［J］．甘肃社会科学，2012（6）：1-8.

② 陈荣卓，肖丹丹．从网格化管理到网络化治理：城市社区网络化管理的实践、发展与走向［J］．社会主义研究，2015（4）：83-89.

③ 井西晓．挑战与变革：从网格化管理到网格化治理：基于城市基层社会管理的变革［J］．理论探索，2013（1）：102-105；王阳．从“精细化管理”到“精准化治理”：以上海市社会治理改革方案为例［J］．新视野，2016（1）：54-60.

将基层社区治理由制度转向生活，进一步推动了共建共享发展理念。因此，综上所述，基层社区治理的实践目标、理念、手段具有高度一致性，其孕育发展了“五社联动”，同时“五社联动”的运转方式为基层社区治理目标、理念的实现提供了强有力的手段。

最后，社会工作参与基层治理实现了制度的外力推动与生活内在需求相结合式驱动逻辑，以此作为体制基础，促使相关行动主体如齿轮般密切咬合，默契配合，进而带动系统运转。社区需求是社会工作实践逻辑的内部动力。正所谓需求源于居民内心最真实的需要以及最迫切的声音，它涵盖居民的意见与诉求、意志与愿景，更是居民参与基层治理的基础。在基层社区中，社区居民通过个人或团体形式将相关意见投递至社区居委会（村委会），由社区居委会（村委会）完成个体需求向集体需求的转变，并根据实际情况，选择社会组织、社会工作者、社区志愿者等实行介入计划，政府或社会资源等其他社会力量配合支持相应的资金及政策，进而形成最典型的内生型“五社联动”模式（见图3）。当然，由于社区场域以及社会生活共同体的性质使得社区成为“五社联动”体制基础中的重要主体，它既整合着社区居民的诉求，也传递着国家（政府）的要求。

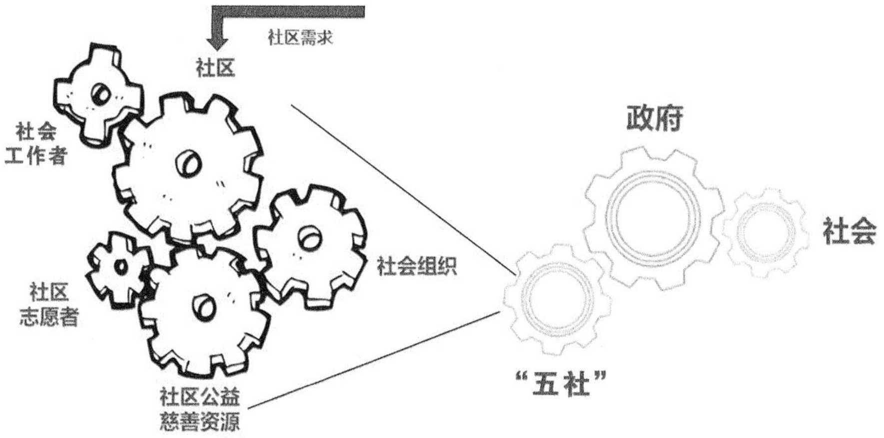

图3　内生型“五社联动”的实践驱动

四、多重逻辑：社会工作参与基层治理的运行机制

政治的想象不能代替现实的主体性。社会工作与基层治理并不是一种独立、包含或交融的关系，两者在实质上是通过上述的体制基础和一系列的社会机制而有效互动。在“五社联动”的核心背景之下，社会工作助力基层治理并非整体化或抽象化意义下的事实概括，而是一种实践性和系统化的联结过程。在已有“结构—机制—行动”的分析理念下，社会工作助力基层治理的过程本身是通过一系列社会机制来完成的①。社会工作的专业介入、多元主体的参与以及资源的流动配置均是通过一定的社会运行机制参与基层治理过程②。不同的机制导向了不同的逻辑关联，勾勒了社会工作参与基层治理的蓝图与具象结构。

（一）党建：政党引领的“身份—组织”机制

党政统合是中国特色社会主义理论体系的重要切口，也是推动基层治理有效性的核心与关键③。随着社会治理重心的下沉，如何协调多元主体开展行动、如何贯通资源网络等问题逐渐成为社区联动治理不可绕过的核心问题。在现代社会中，仅仅通过利益与理性关联的市场化原则恐怕难以实现其联动的有效性。科层制度所带来的诸多特征同样使得基层治理场域面临多种掣肘④。在本土特色的基层治理体系中，经验意义下主体合作的有效性并非机构本身的内部优化，而是来自社区党建的引领和带动作用。换句话说，党建的协同动员机制正在逐步化解主体合作的难题与困境。

在常规意义下，社区党员是“组织”意义上的，并非直接性地介入居民的“衣食住行”，这是由于在“生活治理”的背景下，党员与党组织更多的是“身份”意义。而“五社联动”的工作模式恰恰在某种程度上调动

---

① 彭惠青，仝斌．社会工作在基层治理专业化中的角色与功能［J］．中国行政管理，2018（1）：46-50.

② 姚进忠．项目制：社会工作参与社区治理的专业策略［J］．社会建设，2018，5（2）：70-78.

③ 王浦劬，汤彬．当代中国治理的党政结构与功能机制分析［J］．中国社会科学，2019（9）：4-24，204.

④ 侯利文，文军．科层为体、自治为用：居委会主动行政化的内生逻辑：以苏南地区宜街为例［J］．社会学研究，2022，37（1）：136-155，229.

了社区党组织与党员的双重意义，社区党组织除了贯彻上级党组织与街道下派的各项政治工作，还参与具体的部门协调、需求摸底以及居民的社会工作和生活。社区党组织通过忠诚度以及所属党员的要求在最大限度上联结了社区的各个主体，并将“主体参与”落到实处。同时，社区党员的“双报到”制度与党建责任清单的设置也在最大限度上突破了原有主体互动的困境。社区党组织的双重意义突破了原有科层制所带来的孤岛化与部门独立化，部门之间的协调得到一定程度的改善。政党组织的内部协调与聚合带动了外部市场主体的参与和发展，营造了“人人参与社会治理”的共同体氛围，这一氛围的濡染推动了公益慈善资源的累积与进入。尽管社区党组织的实际运行不可避免地带有个人性特征，但其作为一种“身份—组织”的社会机制发挥了重要作用。例如在某社工机构参与华北地区基层治理的过程中，笔者发现，社会工作服务机构依托党建组织，通过网格服务体系的建造、不同类型社区志愿者团队的打造以及区域虚拟联合党建的建设，基本实现了站内社区网格化管理，产出了三类服务团队、九场志愿活动，突出了当前社会工作助力基层治理中的党建工作。由此，“五社联动”助力基层治理体系和治理能力现代化的实践路径一定是以党建引领的协同机制为出发点和社会基础，其加强治理有效性的经验值得进一步挖掘。

（二）多元：主体参与的“关系—联结”机制

“五社联动”背景下，社会工作助力基层治理的社会机制在党建协同动员的基础上，还包括了主体参与的“关系—联结”机制。“五社联动”在助力基层治理的过程中，同样会受到常规治理与应急治理的巨大张力影响。因此，这就需要“五社联动”在推动治理有效性过程中，维持主体参与的社会运行机制不能单一化和固定化，换句话说，主体参与的“关系—联结”机制有着常态和应急之分。首先，由于在基层治理中存在常规与应急的巨大张力，其产生的工作模式与配套措施一定是不同的，其反映的深层问题是变动性的经验模式能否依据情境与社会基础而不断作出调适。同时，常规与应急之分的治理形式造成了资源网络与资源配置模式的区分与限制，但资源网络的整体性变化必然对资源链接的效率产生影响。因此，主体参与的“关系—联结”机制必然有着强弱意义之分。

在日常生活治理和常态化运行中，其主体参与的积极性并非经验表现出的“低效”，而是“隐藏”或“覆盖”于各个主体的日常工作之下，换句话说，共同体的精神并非所谓的低下，而是持续存在于“五社联动”的进程中。因此，主体参与的问题不在于一味地鼓励其主体参与，真正的问题在于过多的形式化生产造成了“非制度性耗散”，也可以理解为产权经济学中的“租值耗散”问题。因此，日常治理下的主体参与目标应当是“弱意义”下的关系联结。过多保持“强意义”下的主体联结反而会消耗应急状态下主体的动员与合作。主体性的合作与关系维持并不能如理论的想象一般，必须回到历时性与即时性的社会运行当中进行实践意义上的经验考察。

（三）交互：群众合议的“调节—反馈”机制

如果说党建协同、主体参与的社会运行机制是外部性框架，那么群众合议的“调节—反馈”机制则是针对社会工作助力基层治理的内部性问题。事实上，从“三社联动”到“五社联动”的制度进化中仍旧存在“供需错位”的问题。尽管社区干部、社会工作者以及社区志愿者有着相对专业化的需求摸底程序，但是受限于专业化与经验化之间的张力，使其摸底效果并不尽如人意。由此便会引发一系列的供需问题，例如供给与需求的错位或是供给的失位与缺位。但如果将此类问题视为结构性难题，则会忽视了中国本土的政治基础与社会基础。社区虽是城市基层行政管理体系下的最后一环，带有科层制的本质样态，而其恰恰不匹配的问题在于忽视了来自中国特色社会主义的政治基础，即民主集中制。① 民主集中制为需求与供给的“双重反馈”提供了坚实的制度保障。“五社联动”助力基层治理的首要问题是找准基层治理所面临的关键掣肘、理解居民群众的生活需求，因此其参与基层治理的社会运行机制必然有群众合议的“调节—反馈”机制。

在社会工作督导的过程中，不少社区负责人或社工组织负责人反映了

---

① 杨光斌，乔哲青．论作为“中国模式”的民主集中制政体［J］．政治学研究，2015（6）：3-19.

共同的问题，即需求摸底不到位。需求摸底的大致程序部分意义上遵循了田野调查的实地原则，以文件梳理与居民走访作为了解居民需求的全部途径。在这份“被制定的需求清单”的指导下，各地开展了不同的项目活动以切实地帮扶居民群众。然而，在后期过程中，虽有居民的个别性反馈，但几乎不存在对居民需求清单的全面回顾，而是将过去所得的“常识”作为“制度惯性”持续推进。而上述问题的改善来自群众合议的“调节—反馈”机制。在某些问题上，社区居民的诉求很难通过正式化的制度渠道反馈，或是能够反馈却未得到良好的解决。但是当某一问题凸显，上升到社区建设层面，群众合议的非正式力量便开始发生作用，引导社区以及社会工作者及时针对性地改善其供给，并提高服务质量。就目前来看，群众合议的调节机制更多地作为一种被动性因素，而未完全作为一种“渠道”进入基层治理的工作模式中，其参与治理的方式与方法仍待改进。尽管群众合议机制嵌入复杂的治理环境当中，但其作为参与基层治理的社会运行机制仍不可忽视。这方面的经验可参考安徽省“1+4”社会服务政策与“3+1”社区管理平台。据调研资料来看，安徽省在推进街居社会服务平台建设的过程中，形成了“资源整合—回应社会服务需求—推进社区自治力量成长—具体问题解决—社区治理水平提升”的工作流程[①]（见图4）。

（四）团结：协同动员的“效率—成本”机制

“五社联动”的工作模式与基层治理场域均不是独立存在的，而是互相交织，并双重嵌入更大的国家治理体系。随着治理重心的下沉，基层社区面临的是“上面千条线，下面一根针”的局面。社区承担了相当多的行政事务，社区干部的工作压力也与日俱增。在此种背景之下，过去“三社联动”的工作模式受限于环境，面临巨大的治理成本。而“五社联动”的提出增加了社区志愿者和社区公益慈善资源，试图改变过去依靠政府单一的“输血型”资源投入模式，以增强社区治理的能动性。这在实质上要求“五社联动”在参与基层治理体系的过程中必然要考虑到协同动员的“效

① 李后祥．合肥：社工力量助战“五社联动”防疫［EB/OL］．（2021-03-25）［2023-06-10］．https：//www. chinanpo. org. cn/index/index/ show/id/1610. html.

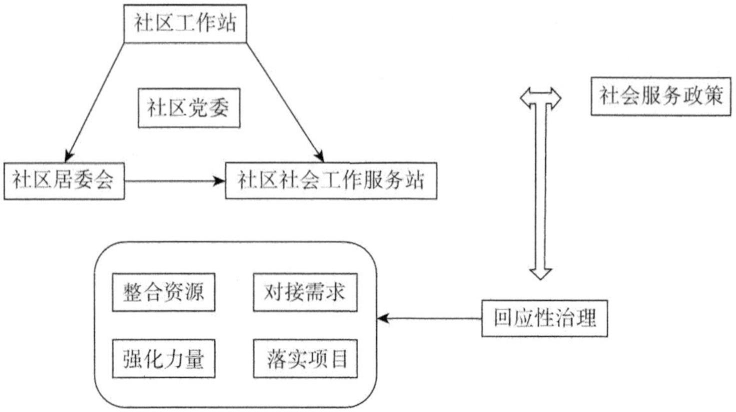

图 4　安徽省“五社联动”运行的回应性工作流程

率—成本”机制，这一社会运行机制的存在反映了不同的议题。例如河北省在推进“五社联动”工作进程中，坚持“党委领导、政府主导、民政牵头、社会协同、公众参与、技术支撑”的理念，尝试搭建街道社会工作专业人才培养和社区社会组织孵化培养两大平台，以社区服务综合站为依托，打造专业社会工作者和基层民政服务力量两大服务团队，整合社区社工室、社区社会组织、社区志愿者三大基础力量，开展社会救助、养老服务、儿童服务、社区治理、其他社会事务五大服务内容。

首先，在主体合作的社会机制中，我们应当也必须面对“常规治理与应急治理的内在张力”这一根本性命题。需要回答的问题是，为什么不能将应急治理下的工作模式与常规治理之下的模式合并为一种治理体系？根据学术界以及实践经验来看，抽象的社会治理存在两种理论模型，第一种是“事后灭火”，第二种是“未雨绸缪”，实行第二种治理模式的治理成本要远远高于实行第一种治理模式的成本①。因此，“五社联动”在参与基层治理的过程中必然面临治理成本的巨大压力，也必须通过协同动员的“效率—成本”机制来推动其本身的运行和发展。其次，过去社区建设集资路径单一，资金短缺，大部分资金通过项目化的形式参与基层治理，而现有

① 林顺利，蔡璟浩．从“治理失灵”到“动员有效”：重大公共卫生事件下城市社区应急治理体系研究［J］．天津行政学院学报，2022，24（6）：3-13.

社区公益慈善资源和志愿者的出现逐渐缓解了社会工作在资金和事务中的张力。例如，上海地区的一家社区基金会于2015年发起了“一日捐资助计划”，尝试打造社区公益价值链，并通过慈善公开募捐的形式搭建慈善资源与社区公益项目匹配平台。据相关研究文献可知，2015—2017年期间，社区基金会共资助16家社会组织实施了26个社区公益项目。其中，长者服务类项目占46.2%，青少年服务项目占30.8%，困难家庭帮扶项目占19.2%，助残服务项目占3.8%。相比之前，社区基金会的介入大大缩减了治理成本，提高了基层治理的有效性与居民满意度。以共同富裕为根本价值指向的“五社联动”工作模式试图通过氛围的濡染和道德资源的重构让更多的主体和资源加入基层治理场域，以缓解以往社会工作过多行政事务和资金短缺的压力。在这一参与治理的过程中，“五社联动”必然涉及协同动员的“效率—成本”社会运行机制。而关于协同动员的有效经验可参考广东省“五社联动”社区基金会的运作过程（见图5）。

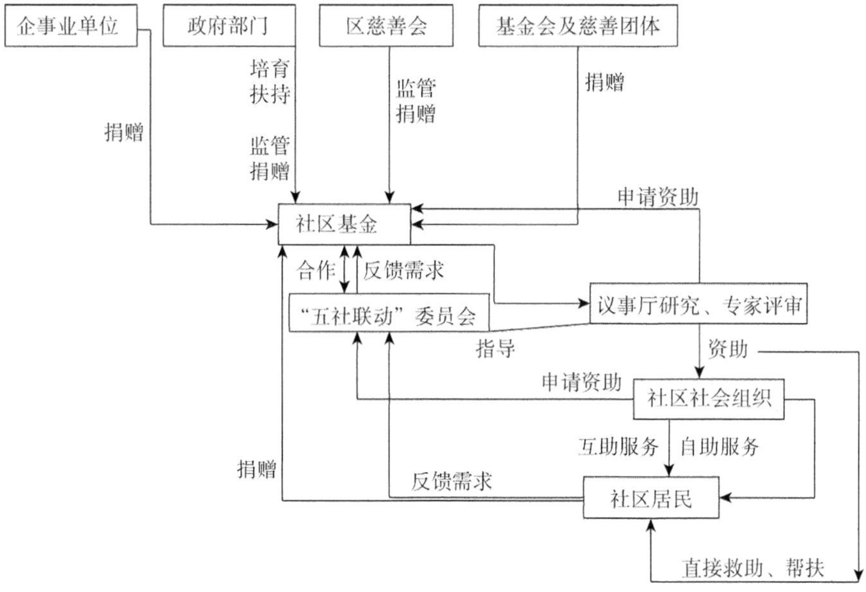

图5　广东省“五社联动”社区基金会运作过程

（五）智能：技术驱动的“传递—联通”机制

“五社联动”助力基层治理体系和治理能力现代化的社会运行不仅是

现实共同体下多重主体的组织调适，而且是在以平台算法为基础下的有效联动。因此，新时代“五社联动”工作模式必然要面对的一个问题是，如何在“智慧社区”建设背景下，通过现有平台技术有效协调各个主体，提高服务效率。随着社会转型下现代化发展思路的转变，过去的“社会控制”或“社会管理”逐步演变为“社会治理”，政府逐渐从“职能型”向“服务型”转变。这意味着需要在社会治理场域中强化多元主体的参与和价值共享，也意味着其实施载体的更新迭代。处于数字社会的社区面临信息爆炸与信息主体杂乱的双重问题，这一问题加剧了基层治理的复杂性。换句话说，面临服务效率与治理复杂性的难题，“五社联动”参与基层治理必然要依托技术驱动的“传递—联通”机制。过去“三社联动”阶段中，只存在最为基础的信息台账，基层社区的诸多信息处于相对模糊的状态。而在“五社联动”中，不仅要建立以人、地、事、物、组织为主要内容的基础信息库，而且要规范社区数据采集与核查，并将其汇总为社区间有效联动的大数据平台。

“五社联动”的主要任务之一应该包括以数字赋能基层治理。当前基层治理场域中已存在类似于数据平台体系等内容，但是其数据间的互通与传递仍远远不足。同时，在基层社区的应急治理中，信息的繁杂与过载直接导致社区居民社会心态的紊乱，加剧了治理的不确定性。因此，技术赋能的社会机制必须由基层政府的公信力作为支撑，以社区的传播效率为保障。进一步说，技术参与的“传递—联通”机制并非悬空于社区基层治理之上，也要有其责任主体与行动主体。技术参与基层治理应依托社区网格化的工作体系，以单元网格的功能为基础，推进网格治理的贯通与融合，尤其是将各个行动主体纳入网格化服务管理平台，健全专兼职相结合的网格员队伍体系。这方面的经验可参考北京市“五社联动”的发展经验。北京市在基层治理过程中，重点推进智慧城市、智慧社区基础设施、系统平台和应用终端建设，注重“五社联动”合作式的网格化服务管理平台建设，形成了“问题发现—研判预警—指挥调度—督办处置—考核评价”等一体化功能体系，并依托市级大数据资源平台，规范基层信息数据采集和核查，构建了以“人—地—事—物—组织”为主要内容的城乡社区基础信息库，以实现“基础设施+智能化”的完美配对（见图6）。

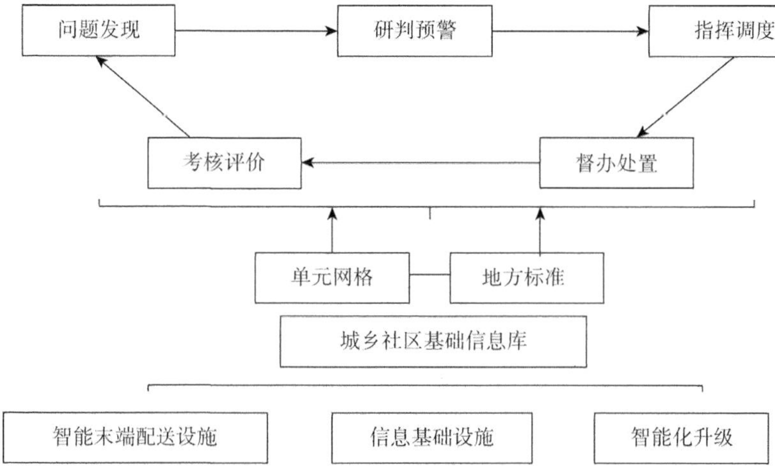

图6 北京市“五社联动”运行的智能化与数字化

在调研过程中，笔者发现了存在于“五社联动”助力基层治理中的“数字悖论”。“数字悖论”是指所谓“互联网+基层治理”的工作与项目更多地集中在社区内部的办公现代化问题，而未曾深入居民参与的过程中，其服务效率与质量也未得到较大提升。电子办公的现代化强化了文件的生产与再生产过程，与基层治理的“减负悖论”交织而存在，反而加重了社区工作人员的工作压力，潜在意义上增加了治理中的形式主义风险。这也在另一个层面说明，社区干部以及社会工作者对互联网平台数据的认识与探索仍需深化。技术参与的社会机制并不仅仅是为了提高“五社联动”办事流程的现代化进程，更为重要的是其能否在一定程度上解决居民接受服务的质量与效率问题。同时，在有些社区，其工作人员仍在某种程度上回避了智慧社区基础设施建设与智能化服务能力培养的问题，但不可避免的是，在未来，技术参与的“传递—联通”机制必然是“五社联动”助力基层治理现代化的重要实施路径。

（六）普遍化关联：“五社联动”不同主体的助力机制

本部分详细论述了“五社联动”助力基层治理的社会运行机制，分别是政党引领的“身份—组织”机制、主体参与的“关系—联结”机制、群众合议的“调节—反馈”机制、协同动员的“效率—成本”机制以及技术驱动的“传递—联通”机制（见图7）。“五社联动”助力基层治理体系和治理能力现代化的过程中，并非某一种机制的独立运行，而是存在不同的机制关联形式。不同的机制相互联系、相互交织共同构成了参与基层治理的路径与方向。需要说明的是，多种机制在并存的状态下存在基础性问题与互斥问题。党建引领的协同机制和主体参与的联结机制是“五社联动”参与基层治理的前提与基础，如果上述两种机制的作用受到不同程度的限制，则其参与基层治理的有效性将大打折扣。而协同动员的治理成本机制则给予“五社联动”参与基层治理一种动态性框架和行动方向。其机制互斥的问题来自“效率—成本”机制、“传递—联通”机制和“调节—反馈”机制。治理成本既是社会行动的取向，也是基层治理场域中的结构性制约条件。不同的社区带有不同的地方性实际，其开展工作所需的成本亦有不同。智能化与信息化平台的建设成本不仅包括基础设施的社区建设成本，还包括组织成本、协调成本和学习成本。这一转型成本同样进入治理成本的社会运行机制当中发挥作用。“传递—联通”机制的作用在本质上受到“效率—成本”机制的制约与限制。笔者在调研过程中发现，似乎群众合议的“调节—反馈”机制很难发挥作用。事实上，并不是其社会运行机制的作用微乎其微，而是受到了治理成本以及多元主体的张力限制，导致其虽有作用，但效果并不显著。“五社联动”助力基层治理体系和能力现代化的社会机制是体系化的，而不是单一运行的，因此推进其参与基层治理的有效性需要在已有基础上把握重点方向，以点带面（见图7）。

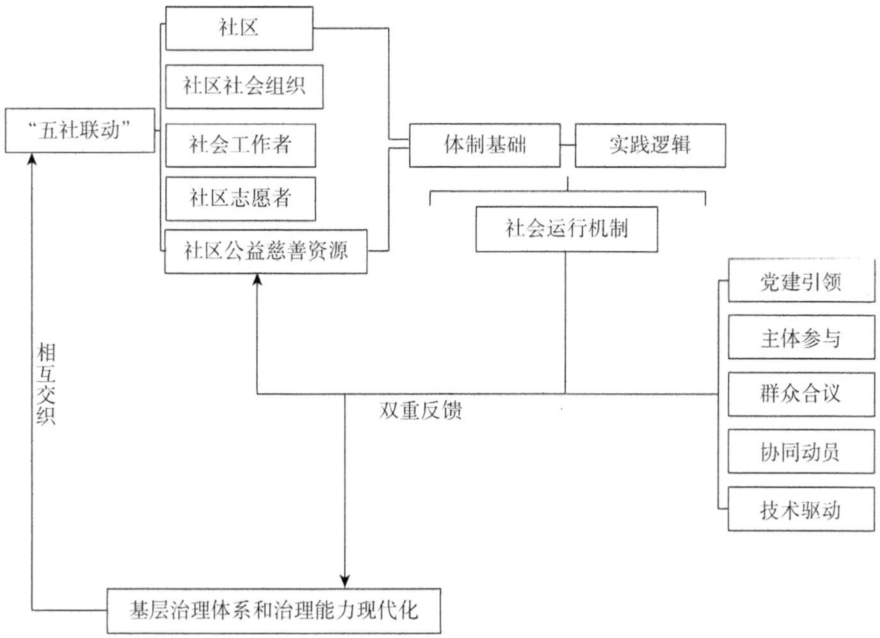

图7　“五社联动”助力基层治理现代化的关联机制

五、“强意义”与“弱意义”：社会工作参与基层治理的路径选择

不同的社会机制牵引着基层治理和社会发展生态系统的不同要素以及不同主体，推动着社会工作助力基层治理的有效运行。社会工作助力基层治理的重要方式之一是通过“五社联动”的经验模式而进行社会化展开的，其依托了不同的组织逻辑与体制基础，以系统性的社会机制参与基层治理场域。在社会工作助力基层治理的过程中，具体的参与路径同样需要聚焦于基层治理场域的不同样态。由此，本文提出“强意义”与“弱意义”两种不同的参与路径，以推动专业社会工作的实践发展。

城市社区治理所面临的治理形式始终存在“常态”与“非常态”的转换①，或者也可以认为，常规治理与应急治理之间的张力始终存在于基层

① 刘一弘，高小平．风险社会的第三种治理形态：“转换态”的存在方式与政府应对［J］．政治学研究，2021（4）：122-133，159.

社会治理场域中①。社会工作助力基层治理同样受到专业社会工作与行政性社会工作交互作用的影响，其“实践权”的问题并未得到很好解决。社会工作参与基层治理的过程在“常规治理”状态下表现为“惰性”与“乏力”，而在“应急治理”状态下则表现为“有限”与“不足”。因此，在不同的矛盾联系中，社会工作若真正推动基层治理的有效性必然要回应既有制度下的张力与问题。中国特色社会主义社会工作的发展也应当及时跳出既有窠臼与羁绊，不能仅停留于描述性的“承认”问题。由此，社会工作助力基层治理的发展路径应当瞄准基层治理的“常态”与“非常态”。

在常规治理样态下，社会工作者在基层治理场域中虽提供了具备专业属性的公共服务，但不可避免地承担了较多的行政事务。这种行政事务的被动展开来自基层治理场域中的“权威承认”。换句话说，社会工作者及其专业服务必然要身处街道（乡镇）、社区等党政主体交互作用的系统生态情境之中，脱离“资源方”和“平台方”独立开展公共服务几乎是不可能做到的。由此，便产生了一个悖论：社工机构承接政府购买服务项目越多，社会工作者服务供给越多，其对行政主体的依赖性越强；而随着依赖性本身的逐步加强，社会工作者开展的专业服务会受限，服务供给质量可能会下降。事实上，社会工作者无法摆脱既有场域下的行政权威塑造，而是应当通过松散耦合的形式适当开展服务。这是因为，如果在有效资源框架内过多地强调服务供给和主体参与，恐怕其参与基层治理的社会活力会逐步降低，也会影响到应急治理状态下社会工作的服务质量。笔者在调研过程中发现，常态化运行下，社会工作与主体参与的效力并不高，甚至在某些项目活动中偏低，对此，社区干部以及社会工作者的应对措施是不断地强化主体参与、鼓励主体参与社区治理的进程，但其实施效果都相对有限。从本质上来说，在日常生活治理和常态化运行中，社会工作和主体参与的积极性并非经验表现出的“低效”，真正的问题在于过多的形式化生

① 林顺利，蔡璟浩．空间分工制：一种新的城市基层治理机制［J］．天津行政学院学报，2023，25（2）：75-85.

产造成的“非制度性耗散”。因此，在常规治理样态下，社会工作助力基层治理仅需要保持“弱意义”的参与机制，不再过多突出“强意义”下的服务供给形式和联动模式。而与之相对应，在应急治理样态下，则需要“强意义”[①] 的参与路径。非常态下的基层治理，要求在一定时间内迅速开展服务并完成紧急动员，新冠疫情的风险与冲击便是最好的范例。调研显示，有些地区在疫情应对中存在对社会工作认知不足的问题，导致社会工作者无法参与任何基层治理环节。同时，常规化意义下的强动员与合作也消耗了应急治理样态下社会工作的参与热情。因此，社会工作在助力基层治理的过程中，必须对其路径作出“强意义”与“弱意义”的实践划分，以此对应常规治理与应急治理两种不同的样态。只有符合基层治理的不同样态，由社会工作参与的基层治理共同体才能真正得到有效构建，而不只是停留于项目经营的形式当中。当然，社会工作助力基层治理的强弱路径不仅仅限于所谓后疫情时代下的社区发展，它同样适用于当前权责负担过重的基层社会。这与当前中央社会工作部的机构改革和设置[②]，以及对于社会工作的定位与发展趋势基本吻合。笔者认为，“大社会工作”恰恰指的正是广义且泛化的社会建设和社会治理工作，而“小社会工作”恰恰对应的是专业社会工作的有效发展。当前社会工作助力基层治理存在负担过重与权责模糊的问题，亟须有效解决，由此，笔者提出，强弱意义的治理方式是社会工作助力基层治理的有效途径与未来方向。

---

① 文中所提的“强意义”与“弱意义”分别强调不同治理样态下社会工作参与基层治理的路径与方式。一味地强调常规意义下的多层参与，对应急状态下的基层治理并不会有太多实质帮助。从本质上来说，社会工作参与和助力基层治理的方式与方法不可避免地带有行政化与科层化的趋势，但单一化的科层结构并不能应对日益复杂的基层治理场域。社会工作助力基层治理的路径与方向必然要契合基层治理的实践性。“强”与“弱”的归纳在部分意义上也来自高度关联与松散关联下的理论反思。

② 2023 年 3 月 16 日，中共中央、国务院印发的《党和国家机构改革方案》中规定：组建中央社会工作部。负责统筹指导人民信访工作，指导人民建议征集工作，统筹推进党建引领基层治理和基层政权建设，统一领导全国性行业协会商会党的工作，协调推动行业协会商会深化改革和转型发展，指导混合所有制企业、非公有制企业和新经济组织、新社会组织、新就业群体党建工作，指导社会工作人才队伍建设等，作为党中央职能部门。

六、总结讨论：社会工作的实践性

社会工作助力基层治理的形式众多，其中“五社联动”经验模式正是其有益探索。本文以“五社联动”经验模式的组织过程为背景，通过生态系统理论对社会工作助力基层治理这一问题进行了详尽的分析。社会工作助力基层治理并非无源之水，而是有着相当丰富的社会基础以及实践逻辑，从而使得社会工作能够从制度设计进入居民群众的生活化场域，有力地推动了其助力基层治理的有效性和合法性。以“五社联动”为例，社会工作助力基层治理本身并不是概念化的抽象事实，而是多种社会运行机制交织和关联的复杂化组织过程。社会工作者通过党建引领、多元参与和群众合议的不同机制参与基层治理场域，表现为不同的逻辑认知和主体动力。同时，在有关社会机制的过程讨论中，也逐步澄清了社会工作助力基层治理的发展路径。基层治理在实践意义上拥有不同的治理样态，即常规治理和应急治理。这意味着两种治理形态衍生了几乎完全不同的治理机制，对社会工作助力基层治理提出了更高的要求。由此，本文在整理调研数据和理论分析下，提炼出“强意义”与“弱意义”两种不同的社会工作助力基层治理的发展路径，以此区别于以往通过主体性叙事或政策性叙事的建设路径探索。同时，本文通过对“五社联动”资料的整理和总结，提炼出当前社会工作发展视角下基层治理共同体的理想类型（见图 8）。

社会工作在本质上是实践的。社会工作助力基层治理的发展方向与建设路径亦是可操作化和经验性的。无论是“强意义”下的发展路径，抑或“弱意义”下的参与机制，其最终仍然要回到社会工作的实践参与问题。中国专业社会工作的发展始终离不开行政性社会工作和民政工作的传统脉络，在实践上也表现为诸多掣肘，甚至在结构意义上表现出“叠床架屋”的特性。社会工作的功能与地位虽得到了来自国家与社会本身的需求承认，但在现实性的服务供给中仍然面对相当有限的发展环境。有学者将其

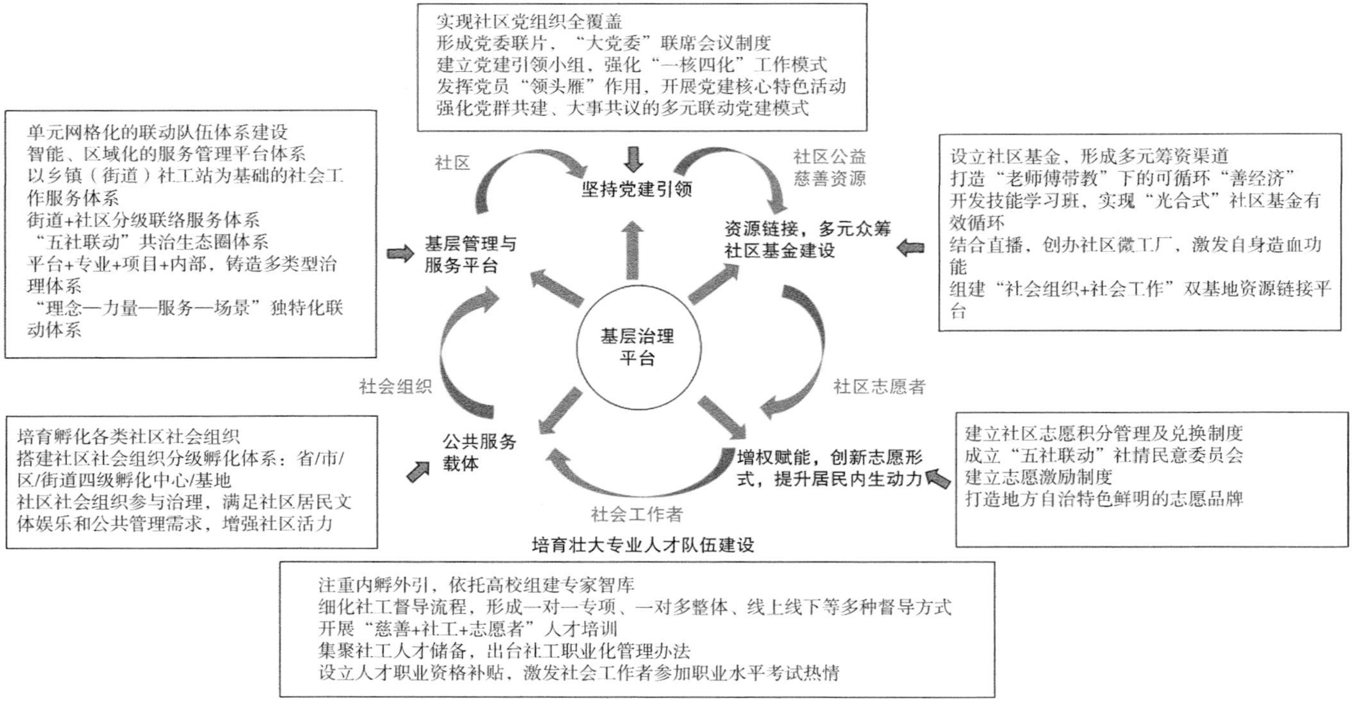

图8　基层治理共同体的理想类型——基于“五社联动”的过程分析

总结为中国社会工作的“实践权”问题[①]。这就需要研究者和实务者在应对社会工作助力基层治理的过程中对其进行再定位，减少带有浪漫主义气息的服务想象，回归真正经验化的社会工作实务当中。尤其是应通过“强意义”与“弱意义”不同的建设路径，应对基层治理的不同样态，从而推进社会工作自身的强化和发展。社会工作助力基层治理任重而道远，限于篇幅，本文仅作一定程度的探索和分析，其理论推进和实务发展仍需进一步研究和讨论。随着《党和国家机构改革方案》的出台、中央社会工作部的设置，社会工作所面临的不仅仅是“强意义”联结和“弱意义”联结路径选择，社会工作的知识体系和行业发展可能面临着前所未有的机遇和挑战：“大社会工作”需要将外延进一步扩大，那么“社会工作”更大可能是以“资源”形式发挥作用，即专业技术和专业人才广泛用于社会建设与社会治理的中国式现代化；而在基层治理领域，社会工作需要回应的是具体的和相对分化的需求，一方面是“小社会工作”即传统意义上的专业社会工作要应对专业的针对困弱群体的福利治理，为社区提供社会福利和公共服务产品；另一方面可能还要在“大社会工作”统筹下增加诸如信访、非公企业和社会组织党建、基层政权建设支持、矛盾调解等实务内容，这也就意味着专业实务领域的进一步细分，这对于目前的社会工作专业和学科知识体系以及行业发展都将是全新的挑战。但同时，这种格局一旦形成，将意味着中国特色社会工作在实践中进入了一个里程碑式的阶段，当然，也就意味着理论研究亟须跟上。

---

① 王思斌．社会工作实践权的获得与发展：以地震救灾学校社会工作的展开为例［J］．学海，2012（1）：82-89.

Practicality and Strong or Weak Connection: Research on the Path of Social Work Assisting Grassroots Governance —Process Analysis Based on the "Five-community Linkage"

LIN Shunli, CAI Jinghao, HE Xinlang

Abstract: Social work assisting grassroots governance is an important development direction for the modernization of social governance with Chinese characteristics in the new era. The "Five-community Linkage" is a new pattern and innovative work model that has gradually formed under the leadership of the Communist Party of China since the participation of professional social work forces in grassroots governance. It is a beneficial exploration and relatively mature practical experience in the modernization development of grassroots governance. Therefore, based on the operation process of the "five-community linkage" as the core background, and the "system-life" effected by the ecological system theory as the institutional foundation, this study attempts to analyze the core significance and practical process of social work helping grass-roots governance, so as to provide theoretical experience for the modernization of grass-roots governance. Research has found that there are five types of operational mechanisms for social work to play a role in grassroots governance systems, corresponding to different directions such as party and government integration, social cooperation, collaborative feedback, governance costs, and technological drive. However, there are two different paths for social work to assist grassroots governance, namely strong and weak means of participation. The practicality of social work in assisting grassroots governance responds to the type, characteristics, and construction direction of grassroots governance communities.

Keywords: social work, grassroots governance, "five-community linkage", governance community

中国社会工作学刊　第五辑
第 106~131 页

需求回应：现代化过程中农村内生型组织建设的动力激发探析*

梁　良**

【摘要】农村内生型组织对基层治理现代化具有重要作用。资源整合下如何激发建设动力成为促进农村内生型组织可持续发展不可忽视的问题。因此，本文重新梳理农村内生型组织建设需求的历史变化，采用个案研究法实地对比分析两个自然村不同的内生型组织培育实践。研究发现，村民与组织的需求回应是农村内生型组织建设动力的源头。“由内出发”和“由外出发”成为资源依赖下内生型组织回应需求的两种方式，且“由外出发”的组织培育者视角与“由内出发”的组织被培育者视角分别表现出技术外援与现实回应的优势，以及被动灌输与专业限度的不足。在此，以需求为导向，整合不同视角的优势，发挥各利益相关方的作用，提出农村内生型组织建设动力激发的单需满足、驱动外源、激内联外相结合的社会工作介入思路，以进一步推动农村基层治理现代化。

关键词：需求回应　农村内生型组织　本土培育　动力

---

* 本文为广州市哲学社会科学发展“十四五”规划项目“有限理性视角下本土志愿者服务的内驱力研究”（梁良主持，项目编号：2023GDGJ206）的阶段性成果；本文获得广东白云学院 2022 年度科研项目的支持与资助（梁良主持，项目编号：2022BYKY33）。

** 作者简介：梁良，广东白云学院工商管理学院助教，主要从事社区治理与志愿服务、社会工作专业化研究等。

一、问题提出：现代化过程中农村内生型组织建设的动力何来

需求是社会工作专业服务的基础，也是有效激发社会组织发展动力的重要方式[①]。在中国式的全体人民共同富裕的现代化过程中，如何回应和满足服务对象日益多元化的服务需求，推动社会化服务体系建设[②]，极大考验了社会工作的专业化，影响了社会组织建设的动力激发。不难发现，在中国特色社会体制和乡村熟人社会中，社会工作关于服务对象主体意识激发、主观能动性调动等目标的追求，对源于西方语境的社会工作的本土化服务提出了挑战。同时，对主体动力影响的行为科学，对社区内生型组织建设难以获得支持的反思，越加强调本土场域服务中的“需求回应”。

进入全面建成小康社会建设初期阶段，中国式现代化的乡村振兴服务实践对不平衡不充分发展下“三农”问题的多元化需求回应不断增加。在主体作用有效发挥的呼吁中，基于个体差异化发展需求的个体主体性和农户自下而上自组织形式的组织主体性并存。随着个体主体性增强，政府公共产品供给与农村社会多元化需求满足错位的增加，为农村内生型组织的发展创造了内外动力和空间[③]。因此，农村内生型组织作为一种农村范围内活动的，以维护、实现和发展农民利益为目的的政府和企业之外的社会组织，在此背景下得以迅速发展[④]。该类组织在立足村民直接现实利益和需求满足中，获得了更强的时效性和村民参与主动性，并成为现代化治理中的重要力量[⑤]。

需求回应一定程度上对应和成为现代化过程中农村内生型组织的建立

---

① 李鹏飞，范斌．发现需求：增强社会组织活力的策略选择［J］．求实，2015（8）：61-67.

② 邢占军，杨永伟．论中国式现代化进程中的乡村振兴［J］．中国高校社会科学，2022,（5）：47-56.

③ 谢舜，王天维．中国农村社会组织发展的内在动力和约束条件：基于2007—2014年31省面板数据的实证研究［J］．江汉论坛，2017（7）：122-128.

④ 姜流，叶宏．农村内生型民间组织生成机制研究：以“河村秧歌腰鼓队”为案例［J］．社会主义研究，2016（2）：109-116.

⑤ 刘晓雯，李琪．乡村振兴主体性内生动力及其激发路径的研究［J］．干旱区资源与环境，2020，34（8）：27-34.

初衷与发展动力。但农村内生型组织所潜在的运营能力不足、成员短视等问题限制了其可持续发展。过去脱贫攻坚时期，社会工作在村民个体自主能力培育方面发挥了重要作用，积累了一定的本土经验，且基于“助人自助”宗旨，以恢复服务对象弱化功能等为目标，对推动农村内生型组织建设具有专业性优势。但在不少介入服务中，社会工作者一边挖掘场域资源和优势，从“需要镜片”转向“资产镜片”，错将多元化需求等同于问题视角下的无尽问题而有意回避，另一边人为构建“优势”，在社区自组织建立和重建中很少结合本土自有特色，或直接无差别地引入外地组织①。这不仅挫伤了内生型组织原有的主动性，还削弱了需求满足对内生型组织建设动力激发的作用。

社会工作对内生型组织建设和培育的作用毋庸置疑，而在介入和作用发挥过程中，“需要镜片”的面对同样重要。在对村民直接现实利益或多元化需求回应下如何激发农村内生型组织建设的动力？这不仅是笔者一直思考和研究的重点，也是现代化过程中对社会工作介入农村内生型组织建设的本土化服务考验。

二、文献回顾：农村内生型组织建设的两种不同需求

动力作为一种社会现象，是社会事物运动和发展的各种力量，与人们的认知、价值观等紧密相连，对农村内生型组织的建设和可持续发展具有重要影响。不同学者就社会组织建设的影响因素展开探讨，如赖先进和王登礼基于2007—2014年31个省（自治区、直辖市）社会组织数据分析发现，经济发展水平、公益文化因素等是影响地区社会组织发展的积极宏观因素②。民办非企业单位则容易受到人力资本、物质资本和社会资本的共同影响③。对于农村精准扶贫中的社会组织，制度制约、资源依赖、自身

① 林移刚，张艳．社会质量视角下反贫困社会工作的困境与转型［J］．华东理工大学学报（社会科学版），2022，37（1）：25-34.

② 赖先进，王登礼．社会组织发展影响因素的实证研究：基于2007年—2014年31个省级面板数据的分析［J］．管理评论，2017，29（12）：226-237.

③ 陈天祥，王佳利．社会组织发展影响因素及其分层研究：基于空间溢出效应的中国省际面板分析［J］．华南师范大学学报（社会科学版），2019（6）：113-124.

能力不足和扶贫参与限制等成为主要障碍①。人才缺乏、资金短缺、能力不足和社会支持欠缺等也成为影响社会组织自身发展不可忽略的问题②。在此，可发现关于社会组织建设或发展的影响因素普遍集中在人力、经济和制度等宏观、中观层面，对于类似服务对象需求回应下动机激发的微观因素分析仍十分欠缺。故，笔者认为无论基于理论层面还是行动研究的回顾分析，需求都是影响农村内生型组织建设动力生成的至关重要因素。

（一）需求：农村内生型组织建设动力的来源

1. 需求理论回顾

关于“需求”的解释，普遍分为心理学和经济学两个角度。其中，以马斯洛为代表的人本心理学认为“需求”可以解释为“动机或驱动”，“在缺乏感下表现出的意向或意愿，最终使个体产生行为动机”③。巴克尔则认为“个体未满足的状态将驱使其为实现自身满足的目标而主动进行获取”④。经济学领域中的需求是在欲望驱动下人们的一种有条件、可行、最优的，并使欲望达到最大限度满足的选择⑤。且可将需求分为现实需求和潜在需求，在满足消费者的现实需求下挖掘消费者潜在需求。由此可见，无论是在心理学层面还是经济学层面，关于需求的解释均能揭示当个体面对某一方面未满足或缺乏时，为使自身意愿或欲望得到最大限度满足而产生特定的主动行为选择。

另外，关于需求分析中最常见的马斯洛需求层次理论、ERG 理论（ERG 理论是生存、相互关系、成长三核心需要理论的简称）以及着力于探讨个人与社会的需求与满足问题的人的需要理论（theory of human

① 张君．农村精准扶贫中社会组织的发展路径与制约因素分析［J］．农业经济，2019，(11)：78-79.

② 严振书．现阶段中国社会组织发展面临的机遇、挑战及促进思路［J］．北京社会科学，2010（1）：12-17

③ 马斯洛．动机与人格［M］．许金声，等，译，北京：华夏出版社，1987.

④ BARKER R L. The Social Work Dictionary（4th Ed.）［M］. Washington，D. C：NASW Press，1999.

⑤ 李雪松．谈市场开发中的创造需求与引导消费［J］．商业研究，1999，(11)：118-119.

needs)[①] 均对需求与行为动机作出了解释。马斯洛需求层次理论关注人类从低级需求满足后向高级需求努力的需求出场顺序。ERG 理论则以“受挫—满足”维度[②]弥补需求层次理论中关于需求间由低到高的“单向”演进，提出需求间的多元相互转化。即当高需求受挫将会降而求其次，相反低需求未得到满足时将会产生更大的欲望和诉求。人的需要理论在分析需求是否等同于言语表达内容过程中将需求分为“需要（need）”和“想要（want）”，但不管是需要还是想要都是为达到目的的行为选择。由此可见，尽管马斯洛需求层次理论、ERG 理论和人的需要理论对人类需求的分析各不相同，但都认为需求是对特定目标的动机，是行动选择的动力。

2. 需求服务研究回顾

农村内生型组织建设的行动研究甚多，关于组织生成机制[③]、制度模式创新[④]等分析比比皆是，而从组织建设需求类型切入的分析较少。中国式现代化道路的发展进程中，在决战决胜脱贫攻坚、全面建成小康社会努力下，党的十九届五中全会后，我国迈入全面建设社会主义现代化国家的新发展阶段，民生福祉达到新水平[⑤]，向第二个百年奋斗目标迈进[⑥]。而现代化进程中决战脱贫攻坚和全面建成小康社会初期两个相邻阶段里，农村内生型组织建设的需求类型呈现出单一需求（单需）和多元需求（多需）的明显区别。

（1）单需：脱贫攻坚阶段内生型组织建设的需求状态。

2015 年 11 月，中共中央、国务院印发《关于打赢脱贫攻坚战的决

---

① DOYAL L，GOUGH I. A theory of human needs［J］. British journal of sociology，1984，4（4）：6-38.

② ALDERFER C P. An empirical test of a new theory of human needs［J］. Organizational behavior & human performance，1969，4（2）：149.

③ 姜流，叶宏．农村内生型民间组织生成机制研究：以“河村秧歌腰鼓队”为案例［J］. 社会主义研究，2016（2）：109-116.

④ 侣传振，崔琳琳．外生型与内生型村民自治模式比较研究：兼论外生型向内生型村民自治转型的条件［J］．湖南农业大学学报（社会科学版），2016，17（1）：71-76.

⑤ 开启全面建设社会主义现代化国家新征程：从党的十九届五中全会看中国未来发展［EB/OL］．（2020－10－30）［2023－08－03］．https：//www.gov.cn/xinwen/2020－10/30/content_5555931.htm.

⑥ 王文章．三个历史决议与中国式现代化发展进程［J］．广州大学学报（社会科学版），2022，21（5）：6-10.

定》，我国进入脱贫攻坚阶段。保证生活收入，获取能维持基本生存的食品、衣服等物品，是乡村社会中村民最基本和最迫切的需求。生存需求成为影响农村内生型组织建设的重要因素。在一定社会生活、发展环境下，个人或家庭合法收入不足以维持生存所需最低物质条件的贫困状态①②③，此时对生存或生理的满足成为该阶段个人或家庭最大的行为动力，也是农村内生型组织服务提供的主要目标，2015 年 11 月，中共中央、国务院印发《关于打赢脱贫攻坚战的决定》，我国进入脱贫攻坚阶段，即竭力解决村民的生存或生理需求。

事实上，该阶段的农村内生型组织同样具有生存需求，需要面对政府资金和乡村社会经济支持不足下可持续发展的困境。但村民的需求和支持在一定程度上影响农村内生型组织的需求变化和建设发展④。所以，一方面，自下而上的自发性内生型组织在缺少政府稳定的资金支持下，自身维持和发展离不开组织成员及村民的支持。而在大部分村民因自身资本形成不足和收入分配不平等陷入低收入和贫困的积累性循环⑤时，仅凭内生型组织的组员一己之力也难以解决组织的生存性问题。另一方面，内生型组织活动中的人力支出或非固定工资的支付以及活动场所的租用，增大了组织经费的使用和需求。资金短缺的生存性问题已经成为农村内生型组织建设、维持和发展的"瓶颈"⑥。满足村民和自身生存需求，获取发展动力，

---

① 兰剑，慈勤英．后脱贫攻坚时期农村"争当低保户"现象的症结及其治理［J］．农村经济，2019（4）：64-70.

② 张青．相对贫困标准及相对贫困人口比率［J］．统计与决策，2012（6）：87-88.

③ 左停．脱贫攻坚与乡村振兴有效衔接的现实难题与应对策略［J］．贵州社会科学，2020（1）：7-10.

④ 陈洪涛，王名．社会组织在建设城市社区服务体系中的作用：基于居民参与型社区社会组织的视角［J］．行政论坛，2009，16（1）：67-70；夏建中．治理理论的特点与社区治理研究［J］．黑龙江社会科学，2010（2）：125-130；李雪萍，曹朝龙．社区社会组织与社区公共空间的生产［J］．城市问题，2013（6）：85-89.

⑤ "积累性循环"来源于 1957 年由著名经济学家缪尔达尔提出的循环累积因果论。其认为某一个社会经济因素的变化会引起另一个社会经济因素的变化，反过来后一个社会经济因素又会强化前一个引起自身变化的经济因素的变化，并导致社会经济过程沿着最初的那个经济因素变化的方向发展，从而形成累积性的循环发展趋势。参见：MYRDAL G. Economic theory and underdeveloped regions［M］. London：Methuen & Co Ltd，1957.

⑥ 乔运鸿，王凌雁．综合类农村民间组织经济内循环自助模式研究：以山西永济蒲韩乡村民间组织为例［J］．中国行政管理，2016（4）：47-53.

是该阶段内生型组织建设的最大目标和任务。

（2）多需：全面建成小康社会初期内生型组织建设的需求状态。

“绝对贫困”消除后，我国进入乡村振兴和全面建成小康社会初期，开启全面建设社会主义现代化国家新征程，生存性问题解决的单一需求已转变为全面、多元需求的满足。即农村内生型组织不再是单单解决村民的生存或生理方面的单一需求，还需解决村民在心理、归属与爱、尊重等方面的多元需求，以获得村民对组织发展的支持。同样，在社会主义现代化过程中，农村内生型组织不再单纯局限于资金短缺的生存性需要，而逐渐呈现出组织成员与领袖能力、社会捐助、制度支持和资源整合等多方面需求的新样态。一方面，农村内生型组织面对自身的草根性与公益性要求，无论在组织建设、管理和运营，还是管理者自身的能力等方面均体现出一定的提升渴望。另一方面，随着政府对社区组织的合作与关注越来越多，农村内生型组织的定位和发展不再仅仅局限于政府的指标和价值判断，还要兼顾保障社区居民的其他需求，实现从政府选择到社会选择的主体转换①。因此，乡村人民的需要日渐多样化、多元化，组织成员及其他人对于组织的服务需求和期望也日渐丰富，从而需要内生型组织在面对多元需求中倒逼自身的多层面发展，以满足组织成员和人民的需求。

（二）分析框架

众多需求理论均通过分析个体的期待、需求，并在期待、需求满足下激励个体以行动追求更高层次的需求满足或驱动更好的表现。该过程中对特定目标的内在动力逐渐形成，并驱动行为发生。无论是马斯洛需求层次理论中维持人类自身生存最基本的生理需要，还是ERG理论中的生存需要等，均是先追求某一个方面的需要，并在该需要满足后追求更高需要，且在追求更高需要过程中同样存在对低级需要满足的需求。

进入场域探索中，笔者发现，在脱贫攻坚阶段，农村内生型组织建设受乡村经济发展影响，组织的发展往往是先考虑有没有运营经费，参与组

① 杨贵华．社区民间组织“小政府、大社会”的组织细胞［N］．中国社会报，2004-03-03.

织运营或服务的村民能否有工资，仅该需要便能决定组织能否建立和得以发展。实际上这就是马斯洛需求层次理论的生理需要或ERG理论的生存需要。在全面建成小康社会初期，我国脱贫攻坚战取得了全面胜利，乡村经济得到快速发展。此时，村民不再单纯考虑物质需求，归属与爱、尊重和关系等需要也逐渐成为村民的追求，且村民感觉到农村内生型组织能为自身多元需要的满足提供良好平台，全面建成小康社会初期，对村民或自身多元需求的满足同时成为农村内生型组织建设的动力。

本文中，笔者将脱贫攻坚阶段生理或生存需要对农村内生型组织建设动力的影响因素概括为单一需要，将全面建成小康社会初期的物质需求、尊重、关系和能力等对农村内生型组织建设动力的影响因素概括为多元需要，从而将社会主义现代化进程中农村内生型组织建设的需求分为单一需要和多元需要两种。实际上，组织行为的背后更多的是依赖需要满足下所带来的动力，这离不开人与社会环境的影响，即需要的满足不仅需要个体努力，还需要社会环境中的资源支持。在两者同时具备的前提下，先从个人还是先从环境出发的两种不同单向发展所带来的需求满足成效也截然不同。实践证明，个人与环境资源的双向互动是满足全面建成小康社会，开启全面建设社会主义现代化进程中农村内生型组织建设多元需要的重要策略之一，并在此过程中为组织建设提供可持续发展的动力。具体的思路如图1所示。

（三）研究设计

为更好地分析农村内生型组织建设中如何从需要出发，经过内在与外在的条件作用推动需求满足下建设动力的生成，找到可借鉴的经验，本研究选取脱贫攻坚和全面建成小康社会初期阶段分别建设了农村内生型组织的两个乡村作为研究个案进行实地观察和访谈。其中一个乡村是位于广东省南部Z市西北部的某行政村下的小自然村B村。村内户籍人口约290人，常住人口约110人，以老年、中年妇女和儿童为主，大部分青壮年人口常年外出务工，是典型的“三留守”村庄。但B村村风淳朴，族人团结，荔枝等农作物和游神舞龙等传统文化习俗历史悠久，并拥有红色革命历史和革命纪念馆，乡村旅游资源丰富。在社会工作服务中心驻村社会工

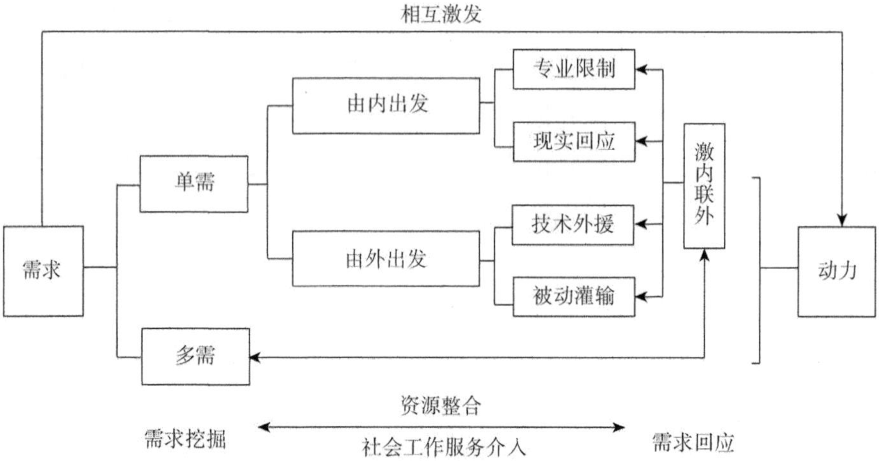

图 1　从需求挖掘到需求回应：现代化过程中农村内生型组织动力生成的分析框架

作者服务和引导下先后成立两期“农村妇女生计互助小组”（以下简称生计小组），开展社区建设服务。随着全面建成小康社会、全面建设社会主义现代化国家新征程开启，驻村社会工作者撤出后，B 村生计小组在资源不足的情况下解散。另一个研究个案位于广东省北部，广东省 21 个扶贫开发重点县下的行政村中的 W 村。村内约有户籍人口 550 人，常住人口约 280 人，主要由 3 个不同姓宗族的 6 族人构成，祠堂 3 个，各自供奉自己族的祖先。同样，W 村内留守老年人、中年妇女和儿童居多。村中农作物单一，传统习俗文化保留较少，村民整体素质普遍较低，但有一定的宗族互助情感。随着乡村扶贫项目开发、乡村产业发展，村集体经济收入越来越多。在筹款修建祠堂、道路等活动中，族人团结意识不断增强，乡风不断变好，在十里八村中的声望逐渐提高。乡贤与村中能人骨干逐渐形成“邻里互助组织”（以下简称互助组织），并为村中考取大学的子弟链接宗族、社会等助学金资源，在农历九月初九为村中 60 岁以上老人庆贺节日，弘扬尊老爱老美德，深得村民钦赞和支持。

B 村和 W 村两个自然村分别在脱贫攻坚和全面建成小康社会初期不同阶段建立社区社会组织。在此，笔者重点论述社区社会组织建设行动背后的需求满足内容、需求满足过程及需求满足下的动力，对社区社会组织的类型是否会对组织建设产生影响不作过多考察和论述。因此，在参与观察和半结构式访谈上，重点关注两个自然村的社区内生型组织建设在脱贫攻坚和全面建成小康社会初期的需求变化，具体如表1所示。

表1　B村与W村的实地观察和访谈规划

内容	研究对象	脱贫攻坚时期	全面建成小康社会初期
需求发现	B村	第一、二期生计小组建立背景（B1、B2）	生计小组解散后的新需求（B7）
	W村	互助组织成立的基础限制（W4）	互助组织建设的背后原因（W1）
需求满足	B村	第一、二期生计小组运营过程（B3、B4）	生计小组解散后的新需求满足影响（B8）
	W村	互助组织成立的基础需求（W5）	互助组织的管理运营（W2）
可持续动力	B村	第一、二期生计小组解散分析（B5、B6）	—
	W村	—	互助组织的维持发展（W3）

注：所访谈的对象为事件的主要参与者或知情者，编码B1～B8为B村主要被访谈者，编码W1～W5为W村主要被访谈者。

三、动力探索：组织建设中两种需求满足方式的实践

复杂的农村内生型组织建设背景下，不同乡村的组织建设策略不同，对组织建设背后的需求回应程度和方式也各有差别，主要分为“由内出发”和“由外出发”两种方式。但不管哪种实践方式，个体资源与社会环境资源均是需求满足过程中不可或缺的重要条件。资源整合成为现代化过程中农村内生型组织建设需求满足的基础。

（一）资源整合：现代化过程中农村内生型组织建设需求满足的基础

作为动力形成的表现之一，社会组织的自主行动如何形成？除受组织化方式影响外，还包括资源摄取的考虑①。资源的获取包含内部与外部两

① 刘凤萍，李海金．自主性与组织力：农村社会组织参与乡村治理的形态与效能研究——基于赣南F村4个社会组织的比较分析［J］．地方治理研究，2023（3）：51-63.

种方式[①]，一种是基本需要能在组织边界内通过资源自给满足，如组织或成员的自身资源或资源储备；另一种是无法在组织边界内满足的外部资源依赖，如政府政策、机制体制、环境因素等。但无论是从人类与社会环境的关系角度思考还是从复杂的农村内生型组织建设背景对综合资源的需求出发，单着眼于资源自给或资源依赖均无法实现组织自主动力激发和可持续发展。因此，资源整合成为现代化过程中农村内生型组织建设从需求发现到需求满足下动力激发的重要基础。

当然，资源整合并非个体资源与社会资源的简单相加，或资源自给与资源依赖的机械组合，而是一个对不同类型、内容、作用的资源进行选择、摄取、配置、激活以形成新的资源体系的复杂动态过程[②]。这意味着农村内生型组织建设中对资源的整合运用要求，首先要明确自身建设所具有的资源基础，对不同的内外部资源进行归纳、筛选后再摄取所需的资源，根据发展加以配置、激活和综合运用。最后，这些资源得以共同持续为社会主义现代化过程中的农村内生型组织建设的动力激发发挥综合作用。事实上，内生型组织建设的现实实践中资源整合的实现仍有很大难度，往往存在单一方面资源的运用，或仅从内部出发、外部出发的单向资源整合。

（二）由内出发与由外出发：两种不同的需求满足实践方式

根据农村内生型组织建设过程中的需要满足方式的区别，主要可以归纳为资源自给下由内出发和资源依赖下由外出发的两种需求满足实践，并在B村和W村的内生型组织建设过程中得到体现。

---

① 乔运鸿，龚志文，刘聪慧．资源依赖理论及其对我国乡村民间组织发展的解释［J］．山西农业大学学报（社会科学版），2017，16（2）：58-67.

② 董保宝，葛宝山，王侃．资源整合过程、动态能力与竞争优势：机理与路径［J］．管理世界，2011（3）：92-101.

1. 由内出发：资源自给下的需求满足实践

追求更好的生存和发展，是内部生物刺激下的本能体现①，并在不断实现自身多元需求满足中衍生行为选择动力②。自给自足地生产、生活和交往的生活逻辑所形成的循环往复节奏的乡村社会中，缺少外在资源的链接或嵌入，更加激发村民自力更生，以自主劳动付出追求更好生存和发展的认知形成。尤其是在经济相对落后的乡村社会中，“日出而作，日落而息”，小农思想增加了村民对外在资源嵌入意图的猜忌和担忧，甚至村中乡贤的自我奉献也常会被村民猜测是否另有所图。这不断地使村民在村内经济或组织等方面建设中固化地选择靠自己，集中力量办大事，靠固有的宗族、人情及邻里关系等非正式资源。事实上，现代化过程中，熟人社会作用逐渐减少，能支持的非正式资源也越来越有限，而村民的多元需求越来越复杂和多样化。在乡村社会排斥外部资源嵌入下，单从自身内部出发，通过乡贤资助、村中资金及村民你一分我一毛地支撑乡村组织建设和发展，虽不失为一种方法，甚至有利于村内机械团结的增强，但这并不能实现社会主义市场中农村内生型组织的持续建设和发展。

现在，考虑到村里老人较多，为了弘扬尊老爱老文化，每年重阳节时村委会会开展一次尊老爱老活动。60岁以上的村民可以参加宴席，拍照留念，并可获得一个红包，预祝老人身体健康。之前该活动经费主要由村里乡绅、爱心居民等自愿捐款，现在主要由村委会出资。(W1)

市场经济对乡村社会的冲击不仅在熟人社会关系和机械团结方面，还包括村民资本投资回报方面，即经济物质超越了固有宗族、人情等，当自身人力或金钱等作为资本投入乡村组织建设中时，能产生多大的投资回报和是否能满足自身的多元需求成为村民重点考虑的问题。若对内生型组织者失去信任，也无法从组织中获得资本投资回报，自然从内部出发的资源自给下的需求满足也无法实现。在缺少引导的情况下，单靠仅存的机械团结处理宗族、人情建设在当前尚可，但支持农村内生型组织建设仍然很

① 杨麟．社会心理学［M］．西安：陕西科学技术出版社，1990.

② 彭静雯，刘疏影．在“本能”与“认知”之间：学习内驱力提升的分野及融合［J］．高等工程教育研究，2022（5）：111-118.

难。在B村和W村，以前村干部呼吁村民一起义务打扫村内卫生尚有人参与，但近年来只能以支付工钱的形式让村民参与打扫村内卫生，甚至参与村内一点点事务都要以金钱衡量自身的人力资本投入回报。当然，红白喜事除外，因为这牵涉宗族血缘关系及互助问题，若别人家办红白喜事你不来，日后你家办红白喜事时你再有钱，大家也不会帮你。此外，笔者发现B村在社会工作者撤出、外部注入资本减少后依靠生计小组成员或村民运用自身资源难以维持小组发展，生计小组最后走向解散。由W村乡贤和村内骨干干部建立的互助组织所支持的村内重阳节活动也从初期的乡贤资助到后来逐渐依靠村集体资金支出来维持开展。

我们村虽然产业发展较慢，但也有一些山地出租，同时有一个由乡贤等人员组成的热心村事业发展的互助组织。虽然现在组织还在，但很多组织成员感觉自己的付出或投资并没有得到太多的回应，其参与性就越来越低了。(W1)

由此可见，由内出发的需求满足方式主要是依靠村民或内生型组织自身的资源以达到需求满足的目标。该方式虽能激发主体靠自己的动力形成，但面临力量单薄、难以满足多元需求和实现可持续发展的问题（见图2），并非理想的动力激发路径。

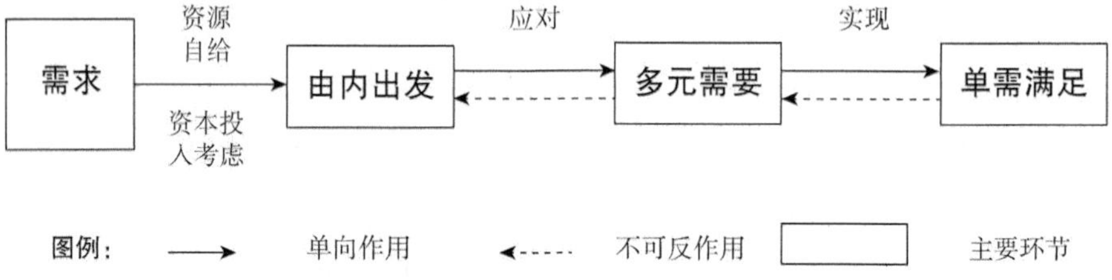

图2　资源自给下由内出发的资源满足方式逻辑

2. 由外出发：资源依赖下的需求满足实践

从资源自给下由内出发的需求满足实践中发现，该方式尽管能促进生物本能下的动力激发和有利于机械团结，但能真正满足的需求有限，且在经济社会变得越来越不现实。B村和W村的内生型组织建设不可避免地需要外部资源支持。正所谓，没有任何一个组织能完全自给自足，相反，所有的组织为了实现自身生存和发展，都需要外在环境资源的支持。[①] 尤其是在经济较为落后的乡村社会，脱贫攻坚时期，在缺少能力或条件的情况下，村民或村内组织的发展习惯依赖政策、社会力量等外部资源的支持。且当村民信任自身以外或村外部的某些外在资源后，则一直希望能够获取这些外在资源以满足自身的多元需求。

久而久之，村民和村内组织越来越难以走出资源依赖的舒适状态。当所依赖的外部资源有限时，资源撤出的危机感似乎能驱动村民或村组织链接更多可依赖的外部资源，但最初村内建设和发展的外部资源绝大部分是自己找上门的，村民或村组织也缺少资源链接的渠道和能力。甚至在资源依赖下，村民或村内组织缺少从中储存未来自身发展所需资源或与自身发展有利的资源建立关系的意识。因此，从外部出发，依赖外部资源确实能在一定阶段满足村民或村内组织的多元发展需求，但一旦外部资源撤出，可依赖资源减少，多元发展需求的满足也难以为继。如在 B 村，驻村社会工作者经过一段时间与村民建立了信任关系，出资支持生计小组发展，虽历经近 4 年两期小组活动的培育，小组在波折中得以成长和发展，但小组推出的农村游、农产品销售等生计资源仍一直依赖社会工作者。这难免会造成在社会工作者撤出后，小组在缺少外部资源支持下难以为继而走向解散。相反，W 村的乡贤曾努力链接外部资源支持村内发展，但村民并不信任乡贤及其所链接的外部资源，对于外部资源支持所提出的条件也不予同意。

幸好有社会工作者，你说我们哪知道怎么管理生计小组，要没有社会工作者帮忙穿针引线，我们小组辛苦养的鸡就有可能卖不出去了，如果没有社会工作者联络，我们去哪里能招到乡村游的游客，哪里有钱补贴小组发展和小组成员？（B3）

由此可见，村民或村内组织在对所信任的外部资源的过度摄取中容易产生依赖，甚至妨碍对内部优势资源、条件的重视和挖掘，难以激发村民

① 杰弗里·菲佛，杰勒尔德·R. 萨兰基克. 组织的外部控制：对组织资源依赖的分析[M]. 北京：东方出版社，2006.

或村内组织的主动和自主意识。当外部资源撤出后，村内组织难以为继的风险大大提高（见图3）。因此，资源依赖下由外出发的需求满足实践也不是农村内生型组织建设动力的理想激发路径。

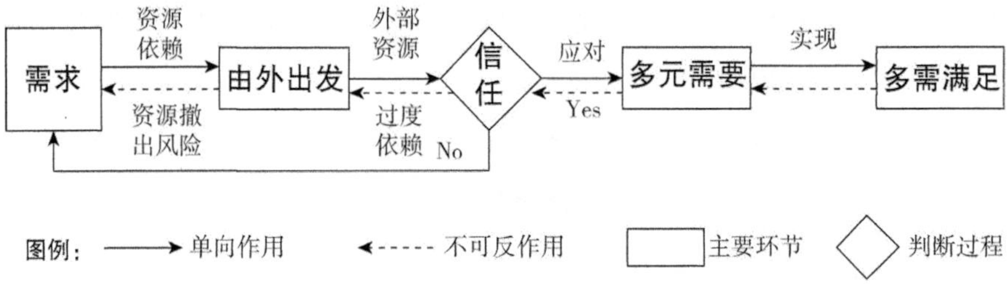

图3　资源依赖下由外出发的资源满足方式逻辑

3. 小结

由此可见，“由内出发”和“由外出发”作为内生型组织对需求回应的两种不同实践方式，反映出农村内生型组织建设支持资源的获取途径，两种需求满足方式均凭内部或外部一己之力促进组织建设发展。“由内出发”的方式充分激发村民本能动力以支持内生型组织建设，但在市场经济中变得越来越不现实。“由外出发”的方式通过直接的资源灌输推动内生型组织的弹射起步，但在村民对资源的高度依赖下难以提高村民的主动改变动力和能力，并在外部资源支持减少下增加了村民被打回原形的风险。因此，这两种需求满足方式都并非激发农村内生型组织建设动力最根本、有效的渠道。但两种方式各有利弊，取长补短，以内在激发改变动力，以外在为改变提供持续支持的方式值得深思和探索。

四、动力形成：多需满足下内生型组织建设的内外相连

事实证明，无论是由内出发还是由外出发的需求满足策略不但不能最大限度地回应内生型组织建设中的多元需求，还难以激发组织建设动力，使组织在内耗与失去主动性中走向解散。那么，由内出发与由外出发的结合能否成为多需满足下组织建设的理想策略？

（一）行动反思：由内出发与由外出发的需求满足方式区别

面对“由内出发”和“由外出发”的两种需求满足方式的利弊，进一

步探索两种方式运作策略和特征，以分析取长补短的可能或要求。笔者尝试分别从两种需求满足方式所处的组织培育者和组织被培育者的角度出发探索。在此，由内出发的需求满足更多是出于村民或村组织自身建设的需求，而由外出发的需求满足更多是站在资源提供者角度的行动。

1. 组织被培育者角度的由内出发的组织建设策略

（1）现实回应：组织被培育者自我发展的本土方法

村民作为农村内生型组织的最主要成员，与内生型组织共同作为组织被培育者，是组织建设的动力主体。自古以来，“面朝黄土背朝天”“不抢不骗靠自己”“入土为安”“规矩就在那儿，粮食交易少一个子都不行”等是对农民朴实、实在与现实性格的描述，是乡村社会在千年文化习俗、熟人社会根基下的特性，这在物质圆滑的现代化社会中已十分难得。该特性虽在经济社会中难免会被看成食古不化，但又激励了许多村民靠双手打拼实现更好生存和发展的目标，成为乡村社会里一种实现自我发展的内在优势。反过来，当农村内生型组织建设发展能充分回应村民的实际需求时，也会让村民产生和增强内生型组织能满足自身特定目标需求的认知，从而驱动自身对内生型组织建设的支持。

正如，W 村乡贤、村干部先前多次呼吁大家一起凑钱修路和修建祠堂。虽作为宗族子嗣，都希望村里发展得更好，但大家谈到钱时都非常现实，并不相信乡贤或村干部，会害怕所凑的钱最后不了了之。随着外出务工买车的年轻人越来越多，小车很难进入村内，村干部和乡贤千言万语，不如村民间一句议论“以后你家孩子不买车，不走路了？”就为这路我们都要走的现实需求，不少村民捐钱，甚至把修建道路所需占用自己的土地也捐出来。在这一现实回应得到落实后，清理倒塌泥土屋还美丽乡村、修建祠堂等现实需求也纷纷得到回应，其间还有不少村民主动参与和奉献自我。这些实事好事的作为，让乡贤和村干部在村民中的威望得以提升，也为后来“邻里互助组织”的建立奠定了基础。互助组织每年举办的重阳节敬老活动，实实在在地关心和爱护老人，村民对此称赞不绝，隔壁乡村也羡慕不已。这就是为什么乡村社会能够从自身出发，以资源自给的形式在满足实际需求下得到村民支持，使活动能够持续，使组织得以建立。所以，由农民自发、自愿组成，进行自我组织、自我管理、自我教育和互助合作，以维护合法权益，具有一定自主性和独立性的民间群众性组织①，在现实利益本能满足中更体现出一种内生性的动力。

作为互助组织的牵头人之一，我也是村里的一员，我很能理解大家确实比较现实，所以我们牵头修路、修祠堂、清理倒塌泥土屋和建设美丽乡村，还有重阳节活动，都是实实在在让村民幸福的事。刚开始做的时候大家都对我们半信半疑，后来我们真的回应了大家的现实利益需求，信任和支持我们的村民也越来越多了。(W1)

(2) 专业限制：现代化过程中多元需求满足的可持续问题

内生型组织的现实回应虽能满足村民某一方面的现实利益需求，但在全面小康社会建成，开启全面建设社会主义现代化国家新征程后，生存或生理满足不再作为唯一动力来源，多元需求的满足逐渐考验内生型组织和呼吁更多专业化服务。自身知识、方法和能力等不足成为内生型组织在现代化过程中对村民多元需求可持续满足与建设动力激发的限制。一方面源于基层政府目的、制度和规范等影响下，自组织产生科学化思维不足、决策主观化或私利化、供给缺位或监督缺位等失范行为②；另一方面源于现代化过程中，村民多样化需求满足对互助组织的服务要求越来越高，并不断考验组织成员的管理和运营能力。

W 村的邻里互助组织原本是村里乡贤和几位村干部出于为村里做点实事好事的目的，提升自我存在感和获得感，以志愿的形式为村民提供各种福利活动和帮助，由于他们都不是领薪人员，村委会也无法对互助组织成员提出过高的专业要求。因为组织服务为志愿服务，也很少有村民愿意加入该组织参与村民服务，互助组织能够开展的服务内容十分有限。互助组织的经费来源在乡贤捐赠逐渐减少的现状下，大部分依靠村中经济收入。互助组织成员也不懂得如何鼓励和引导村民参与志愿服务，或让村民自愿

---

① 胡泽勇．新农村建设中农民自组织的再生和发展研究［J］．湖北社会科学，2009（8）：38-41.

② 汪杰贵．农民自组织公共参与行为失范与改进路径［J］．兰州学刊，2018（7）：190-198.

募捐以支持组织的发展。同时，村民也质疑自己捐款后该组织成员能多大程度运用好这些善款提供有专业水平的服务或帮助。此外，若聘请人员，互助组织需解决许多家长里短的复杂琐碎事情，往往吃力不讨好，在工资有限的情况下也没有人愿意承接相应服务。更何况现在互助组织尚未形成完整的组织架构、组织管理制度和规范，相关服务要求也不明确，组织成员仅凭获得感，实则也难以运用好资金，真正做好为民服务。

说实在话，当初几个人一起是想把村里的路修一修，给村里做点好事，我们几个人也捐了点钱。但你说一直靠我们几个人捐钱也不实际，大家都要生活。虽然村民都支持，但让村民捐钱真的很难。另外，你说平时能不能搞些志愿者，这个更难，现在没钱没人愿意干活。你说服大家做志愿者，也要很多精力和口才。其实，我们也想做得更好，申请请人做，但都没人愿意来，我们有时也是有心无力。（W2）

2. 基于组织培育者角度的由外出发的组织建设策略

（1）技术外援：社会工作在组织培育中的服务提供

在农村内生型组织的快速建设和发展中社会工作的嵌入发挥了重要作用。王思斌从卡尔·波兰尼的经济活动与社会关系中正式分析“嵌入”，并提出和归纳本土社会工作进入现有的公共服务和社会管理框架中开展专业服务以获得嵌入性发展①。社会工作作为专业力量，以专业服务嵌入农村产业发展，促进村民生计问题解决②。除此之外，社会工作相比公益慈善具有更强的服务专业性、技术优越性，能为公益慈善和志愿服务发展提供指引。

B 村的生计小组能在非村民主动提出或认知驱动下，得以快速建立并维持运营，这很大程度上得益于 B 村驻村社会工作者团队的服务嵌入。团队由多名高校教师和一线社会工作者、实习生等组成，在某基金会近百万元项目支持下，团队以“资产为本”的服务模式，重新盘活 B 村土地、山场等社区资源。同时，团队以优势视角挖掘村民潜能，提高村民自信心，

① 王思斌．中国社会工作的嵌入性发展［J］．社会科学战线，2011（2）：206-222.

② 尚静，张和清．从脱贫攻坚到乡村振兴：社会工作的实践逻辑及策略——以广东 X 村的社区减贫项目为例［J］．中国农业大学学报（社会科学版），2021，38（4）：31-41.

并以专业者身份和全新专业理念获得村民肯定，与村民迅速建立了专业关系，为生计小组建设和村内经济发展奠定了基础。社会工作者引导生计小组将收入所得的20%捐出来作为公益金，支持村中基础设施建设和完善，得到了其他村民对生计小组的肯定和支持。此外，社会工作者盘活社区文化资源，带领生计小组成员一起参与和开展传统做社、舞狮、包鸭䴕粽等活动，并在周末、节假日为村民免费播放电影和组织节日庆祝活动。在社会工作者的专业理念、方法和主观引导下，生计小组不仅得到快速建设和成长，小组也更多地参与社区事务，发挥出社区社会组织的应有作用。

在社会工作者的带领下，我参加了第二期生计小组。经过第一期的试验和吸取相关经验，我觉得第二期会做得更好。我们相信社会工作者给我们链接的资源、支持和指导，会让我们成长得更快。现在，我们也会跟着社会工作者一起参加社区里的基础设施建设或维护，其他村民经常夸赞我们，我们确实很开心。(B4)

（2）被动灌输：资源被过度依附和离土化发展根源

社会资本成为贫困群体赖以生存的重要资本，且社会资本的获取有利于贫困群体摆脱贫困①和促进自组织的构建。② 因此，在现代化过程中，外部资源不断向村民和村内组织注入，在保证村民摆脱贫困的同时期待农村内生型组织快速发展。而非村民主动获取的资源或主动意愿下建设的社区社会组织，难以激发村民的主人翁意识和运用资源实现自主发展，反而易形成被动灌输下的反感和资源依赖。因为，一方面传统农业社会生产力较低，有限的空间中农民只能以血缘关系为纽带，并辅之地缘关系，尽管经过土地改革、人民公社化运动，直至市场经济，农民依然存在各种形式的依附关系和主体依赖性；另一方面，驻村社会工作者等组织培育者从自身的专业服务视角和服务指标出发，迅速推进相关工作难免对本土乡村熟人社会缺少充分的分析和了解。因此，再多的资源进驻也将被猜测是为了实

① 帕克．城市：有关城市环境中人类行为研究的建议［M］．杭苏红，译，北京：商务印书馆，2016.

② ALMOND G A，VERBA S. The civic culture：political attitudes and democracy in five nations［M］. Princeton：Princeton University Press，1963.

现组织培育者构想而非对服务对象眼前的实在需求或迫切问题的解决，使服务脱离了以服务对象为主体的宗旨。

正如社会工作者在B村建立生计小组后，以挖掘、盘活社区资源和注入外部资源等形式推动小组的养殖活动。但因为该小组是由社会工作者提议组建并完成组员招募，组员始终觉得这是社会工作者为完成自身工作任务，而不愿意全身心投入小组活动，更不愿意承担相关的市场风险。在养殖活动或小组日常运营过程中因组员意见不统一，时有争执和内部矛盾，组员则直接寻找社会工作者解决。虽然社会工作者一直努力引入资源和对生计小组的组员加以引导，但最后反而使组员过度依赖资源。在社会工作者减少资源注入下小组则逐渐无法再维持，并在社会工作者撤出后走向解散。此外，相对于本村村民，社会工作者很多时候仍是一种外来者身份，对于村内熟人社会了解程度并没有生于斯、长于斯的村里人熟悉。更何况社会工作者一周或两周来一次B村了解小组运营和服务开展，当社会工作者与村民关系建立还比较弱时，村民难免不会轻易与社会工作者表达真实想法，或担心表达真实想法后社会工作者不愿意再帮助他们。如果社会工作者单纯从小组组员或村民口中了解小组或村内情况，缺少密切的参与观察和梳理思考，在追求专业服务中，迫切使用专业方法，参照外在评估体系衡量本土发展，便难以避免主体外来性和服务设计移植性的影响。久而久之，社会工作服务难以从居民主体真实需求出发，服务内容逐渐陷入离土化困境[①]，更难以提及村民主动参与和建设发展农村内生型组织。

我们也是想坚持下去的，但没有社会工作者帮我们链接外部资源，我们就相当于没有了经济来源，现在养殖也很难，有社会工作者在的话我们还可能把养殖的鸡卖个好价钱，还有点盈余。另外，社会工作者走了，我们自己也没什么信心做下去了，所以大家就散了。(B6)

3. 小结

综上所述，站在组织被培育者需求角度，从自身出发以资源自给满足

① 石伟，王学梦．农村社会工作的实践困境与出路：基于“资源—需求”的分析框架[J]．广西社会科学，2021（10）：79-87.

需求的“由内出发”方式，能激发乡贤和村民集中力量参与社区事务的积极性，并以自身力量支持内生型组织建设。但该方式也受到了组织成员的知识、文化和能力等方面的专业性限制，所建设的组织难以规范化和持续运营。而站在组织培育者需求角度，按照培育者主导的规划，以外部资源迅速推动内生型组织的建立和发展，但难以在组织中激发组员的主人翁意识，始终一路依赖社会工作者链接外部资源，组员被动灌输。且在社会工作者未充分熟悉B村熟人关系下迫切使用专业方法，未免会加大离土化服务的风险（见图4）。而综合“由内出发”与“由外出发”的优势弥补彼此的不足，取长补短，实现内外联合，是否能够让内生型组织在激发起村民的主动性和在外部资源的支持下实现可持续发展？

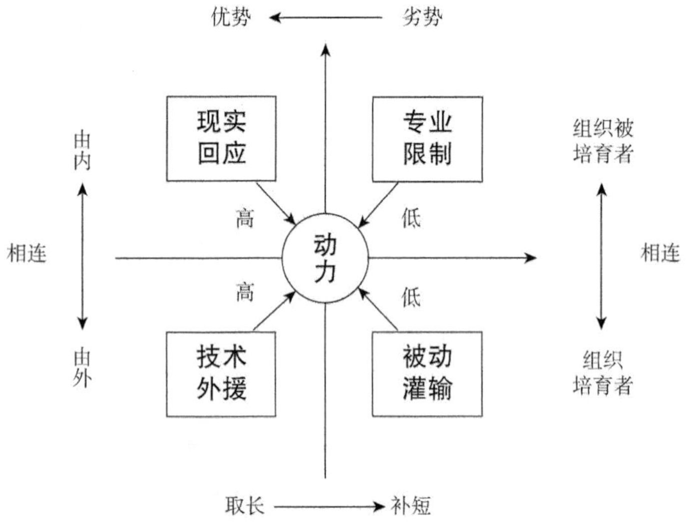

图4　“由内出发”与“由外出发”的需求满足方式区别

（二）内外相连：农村内生型组织建设动力激发的本土可能

由此可见，两种角度下的需求满足方式带来不同的组织建设动力，而内生动力明显更多来源于站在组织被培育者需求角度的“由内出发”方式，在技术外援等外部资源支持下，组织建设发展会更加快捷。因此，两者各有利弊，若能互补，在现代化过程中也不失为一种社会工作介入农村内生型组织建设动力激发的理想道路。

1. 单需满足：为内生型组织建设动力激发奠定基础

本能需求满足是行为改变和发展的初步动机。古典行为主义强调在本能向度“刺激—反应—强化”的方式上，社会工作者运用“已知刺激”[①]能获得应答性的行为反应[②]。这有利于内生型组织在满足村民最基本的生理或生存需求的刺激下，驱动村民作出支持内生型组织建设发展的行为反应，奠定内生型组织建设的动力激发基础。

虽然在社会工作者的支持下 B 村的生计小组成功解决了生理或生存的基本需求困难，但也因此难以借此激发小组成员的主人翁意识，作出主动行为表现。经反思后，社会工作者对第二期小组转变运营和管理策略，组员以资本投资入股小组，使组员产生更多的生存和生理需求，小组成员参与积极性明显提高，组内变得更加和谐团结。而 W 村的互助组织通过修路、重建祠堂、关爱老人等实事，让村民的生存或生理的实际需求得到一定回应，从而使村民转变对互助组织的看法并提供支持，以村集体资金支持互助组织的日常活动。

2. 驱动外源：主动获取下与资源支持的里应外合

不可否认，古典行为主义所强调的本能向度难以解释刺激下操作性行为的产生。因为在刺激和反应以及强化过程中，个体的认知和内化不可忽视，这往往也是受作用主体从应答性行为向操作性行为[③]转变的关键。所以，发挥新行为主义的驱动作用，一方面在服务对象行为发生后，社会工作者以服务对象的体会或反思判断是否值得强化，以使新行为产生效果；另一方面，行动者内化的过程中的认知引导，产生价值感或获得感，将有利于避免村民太过于在意短期的收益损失，避免过度性的现实需求满足，从而拥有成长性思维[④]。此外，在价值感提升中，社会工作者由组织者向

---

① 已知刺激是指使人激动或起反应。参见王晴锋．互动行为学：戈夫曼社会学的行为主义解读［J］．西北民族大学学报（哲学社会科学版），2019（1）：173-181.

② 应答性行为是指由已知的刺激引起的反应。参见郭斯萍，张晓冰．班杜拉的社会学习理论再评价：从文化心理学角度［J］．心理研究，2022，15（2）：99-104.

③ 操作性行为是指那种没有可觉察到的刺激的由有机体本身发出的自发的行为反应，也称为“发出的反应”。参见车文博. 心理咨询大百科全书［M］. 杭州：浙江科学技术出版社，2001.

④ 高丽娜，蒋伏心．“双循环”新发展格局与经济发展模式演进：承接与创新［J］．经济学家，2021（10）：71-80.

引导者转变，将决定村民能否获得最大的控制感，实现主人翁意识和自我责任感的增强。

初期，乡贤和村内能人骨干自主捐款组织重阳节敬老等活动，使W村村民对乡贤和村内骨干干部的信任度得以提升。这需要社会工作者及时让乡贤或村内能人骨干反馈这种受信任的感受，或体会村民对自己的支持，并肯定乡贤和村内能人骨干的这种行为，引导村民加以支持和肯定，使自主捐款行为得以强化。这不仅能有效避免乡贤或村内能人骨干退出捐款，让村民相信乡贤所链接的外部资源，还有利于带动更多村民参与其中。而B村的生计小组组员通过成功运营小组后能为社区建设提供20%的资金支持，直接为社区发展奉献了资本力量。而这种获得感与成就感不仅需要社会工作者先从组员的意识上内化，还需要让村民感受到组员的贡献，肯定组员的付出，从而避免组员之间过度在意分工时的短期收益损失。另外，在生计小组成立后，社会工作者应及时转变组织者角色，让组员感受到对小组的控制感，从而产生责任感和做出主人翁行动。这一转变在第二期互助小组中体现得较为明显，社会工作者通过树立组长威望，发挥小组组长的作用，团结组员，主持组内事务，主动参与社区建设。这不仅使组员在村民肯定下产生更大的责任感，也获得了更多的成就感，从而激发村民建设好内生型组织的动力。但无论是在第一期还是第二期的生计小组中，对组员在外部资源获取上的引导均较为缺乏，而实际上并非组员不愿意主动获取外部资源。这也是为何第二期小组虽然已经激发起一定的主人翁意识，但依然在社会工作者撤出后走向失败。

3. 激内联外：多元需求满足中内生型组织建设的动力保障

本能满足为激发服务对象内力奠定基础，社会工作者对组员内化引导使W村的外部资源获取成为可能。因此，仅满足单需或驱动外源均无法实现B村或W村内生型组织在动力激发下的可持续发展。这便需要社会工作者在进入社区后除了关注社区资源，还需切实关注村民需求，尤其是内生型组织对村民生存或生理方面需求的满足。因此，让村民自主选择是否建立内生型组织或者建立什么样的内生型组织，以使该组织在及时满足村民最基本的需求下获得村民和组员的支持。W村邻里互助组织主导的道路修建等直接作用于村民出行需求，事实上B村的生计小组也能作用于村内建设，但第一期小组最后成效甚微，对基本需求满足甚少，且又出于社会工作者主导，所以基本难以达到W村的单需满足效果，而第二期小组在成效提升和组员参与社区建设下，单需满足后获得村民支持的效果明显。

意识和认知在需求满足下的动力产生中具有不可忽视的作用。单单激发村民意识以资源自给支持内生型组织建设，在现代化过程中能够满足的需求仍十分有限，激发村民主动联动外部资源的认知就不可或缺。一方面需要发动组员运用自身力量链接外在资源，比如W村的乡贤和村骨干干部运用自身网络链接可支持村内活动可持续开展的资源。而B村的生计小组组员同样可以，比如在农村游、农产品销售上虽然不一定能像社会工作者一样链接到高质量的消费者，但并不代表组员不能运用自身资源链接可支持小组发展的其他消费者资源，恰恰是这一引导在两期小组中都体现甚微。另一方面，社会工作者发挥出应有的资源链接者作用时，应适当性补充而非直接性满足，发挥自治组织在个体责任感增强方面的作用，使村民通过社会工作者不断扩充自身资源网络，而非一直依赖社会工作者的联结。最终，社会工作者真正以激内联外方式满足村民和内生型组织建设需求，激发发展动力，助力社会主义现代化进程。

五、结语

动力是支撑农村内生型组织可持续发展的关键。需求满足刺激下所产生的行为反应所带来的动力可促使农村内生型组织建设。而这种需求在脱贫攻坚时期体现为生理或生存层面的单一需求，即在全面建成小康社会、开启全面建设社会主义现代化国家新征程后体现为对归属与爱、尊重和自我实现等多方面的需求。在B村和W村两个内生型组织中分别体现为“由外出发”和“由内出发”两种不同需求满足方式，其间所带来的组织建设动力也截然不同。最终，同时关注多需满足和驱动外源下的激内联外方式，契合中国本土乡村实际，有利于探索出一条需求回应的内生型组织培育道路，为我国基层治理和现代化发展发挥应有作用。

此外，随需求出发以及需求满足所带来的行为改变动力是不可忽视的。但要注意的是立足需求和问题本是两个完全不同的角度，因此需要社会工作者和研究者避免在立足需求中过度关注问题解决，而应着眼能够促进服务对象发展的需要，站在熟人社会中的现实性需求所带来的内生动力角度，探索和总结更多可借鉴和发展内生型组织培育的本土可能方式和经验。

Demand Responses：Analysis on the Dynamic Motivation of the Construction of Endogenetic Nongovernmental Organizations in Rural Areas in the Process of Modernization

LIANG Liang

Abstract：Rural endogenous organization plays an important role in the modernization of primary-level governance. How to stimulate construction power has become a problem that can not be ignored to promote the sustainable development of rural endogenous organizations under resource integration. Therefore，this paper reorganizes the historical change of rural endogenous organization construction demand，and adopts the case study method to compare and analyze the different endogenous organization cultivation practices in two natural villages. The study found that the demand response of villagers and organizations is the source of the power of endogenous organization construction in rural areas. "Starting from the inside" and "starting from the outside" have become two ways for endogenous organizations to respond to needs under resource dependence，and the "starting from the outside" perspective of the organization grower and the "starting from the inside" perspective of the organization nurtured show the advantages of technical external assistance and realistic response，and the shortcomings of passive indoctrination and professional limits respectively. In this regard，demand-oriented，integrating the advantages of different perspectives and giving play to the roles of various stakeholders，proposed the idea of social work intervention stimulated by the power of endogenous organization construction in rural areas to meet single needs， drive external, and stimulate internal and combine external, so as to further promote the modernization of primary-level governance.

Keywords: demand response, rural endogenous organization, local cultivation, power

中国社会工作学刊　第五辑
第 132~153 页

近二十年我国医务社会工作研究进展与趋势
——基于 CiteSpace 知识图谱分析

可肖肖　高献忠*

【摘要】 随着健康中国战略及改善医疗服务行动计划的深入推进，如何高质量发展医务社会工作受到广泛关注。自 2001 年以来，学术界对医务社会工作本土化的理论与实践进行了全面研究。运用 CiteSpace① 软件对中国知网（China National Knowledge Infrastructure，CNKI）数据库中医务社会工作相关题名研究进行文献可视化分析，研究结果表明：学者间以学缘合作为主并形成四组相对稳定的高产作者合作团队，机构间尚未形成广泛的合作网络；研究经历萌芽探索—衍新开拓—多元深化—高质量发展四个阶段；研究内容主要集中于医疗场域的服务需求、医务社会工作的干预实践与习近平新时代中国特色社会主义思想下的医务社会工作本土化发展三个层面；未来需要关注医务社会工作的体系构建、"专才"培养与队伍强化、实务探索与服务创新等。

关键词： 医务社会工作　CiteSpace　知识图谱

社会的结构转型与医患关系紧张打开了我国恢复和重建医务社会工作

* 作者简介：可肖肖，哈尔滨工业大学人文社科与法学学院研究生，研究方向为社会工作；高献忠，哈尔滨工业大学人文社科与法学学院副教授，硕士生导师，研究方向为社会学及其他学科。

① CiteSpace 是美国雷德赛尔大学信息科学与技术学院的陈超美博士与大连理工大学的 WISE 实验室联合开发的科学文献分析工具。主要是对特定领域文献进行计量，以呈现某一学科领域研究结构和发展趋势。

的突破口，医疗卫生事业深化改革和“心理—生理—社会”现代医学模式推广使医学人文关怀作用更加凸显，医务社会工作作为现代医疗体系的必要组成，在沟通医患和谐关系、缓解医护人员工作紧张等方面作用突出。健康中国战略的推进以及医养结合健康理念的社会普及，使医务社会工作大规模与大范围推进具备了良好的政策与社会支持环境，同时迎来新的发展机遇与挑战。此时，整理与回顾我国医务社会工作的发展脉络与阶段性研究热点，有助于在全面掌握我国医务社会工作发展历程的基础上，提出推动我国医务社会工作本土化的长效发展机制与服务创新策略。

一、研究方法与数据来源

以CNKI数据库为样本数据源，为提升文献分析可信性和精准掌握医务社会工作发展脉络，本研究选择期刊类文献进行分析处理。国内学界对医务社会工作名称界定不完全一致，为避免混杂其他数据造成研究中心不明确，界定检索“题名”为“医务社会工作”，或含“健康社会工作”或含“医疗社会工作”或含“医院社会工作”，时间跨度为2001—2021年，在剔除会议报道、无作者等与研究不符合的文章后，总计获得562条有效文献。采用CiteSpace5.8.R3c版本导入数据，对作者、发文机构、关键词等进行知识图谱可视化分析。

二、统计与分析

（一）核心作者与合作分析

表1是发文量前五位的作者。刘继同发文篇数最多，为25篇，其中7篇收入中文社会科学引文索引（Chinese Social Sciences Citation Index，CSSCI）来源的期刊，结合突现词探测数值2.48，突现周期2010—2012年，表示作者在这段时间内集中发文［见图1（a）］，作者在2008年出版的《医务社会工作导论》是当下社会工作高校教育教学的主要教材之一，该作者是我国医务社会工作研究领域具有核心影响力的关键学者之一。郭永松发文量次之，突现强度最高为8.66，结合作者发文历史曲线［见图1（b）］，作者在2009年发表文章15篇，其中有11篇为第一作者。张一奇发文时间相对均衡

分布在各年份，表示其对该领域持续关注。王志中在2017—2021年年均发文量稳定在2~4篇且突现率较高，是近年来医务社会工作研究领域较有突出影响作用的学者。张良吉与郭永松等合作发表的10篇论文积聚在2009年，相较于相同年份集中发表文章且表现高突现率的作者郭永松，张良吉发文在相同年段未被探测出显著突现强度是由于其为共著作者。

表1 医务社会工作最多发文数作者统计

发文量排序	发文量/篇	作者	突现率（年份）	机构
1	25	刘继同	2.48（2010—2012）	北京大学
2	21	郭永松	8.66（2009—2011）	全国高等医学教育研究所
3	16	张一奇	—	同济大学附属东方医院
4	13	王志中	4.02（2017—2021）	山西医科大学
5	10	张良吉	—	杭州师范大学

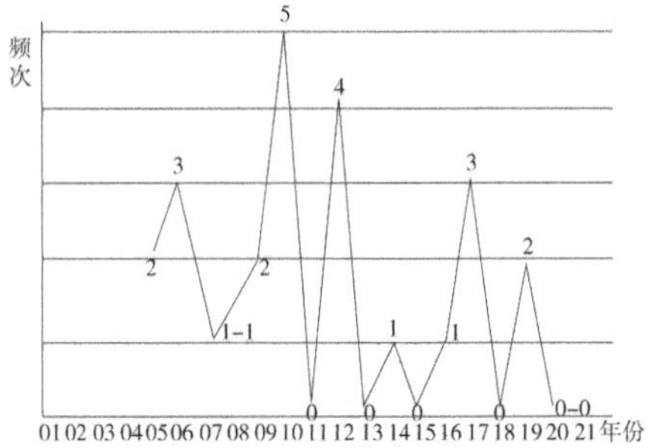

（a）刘继同

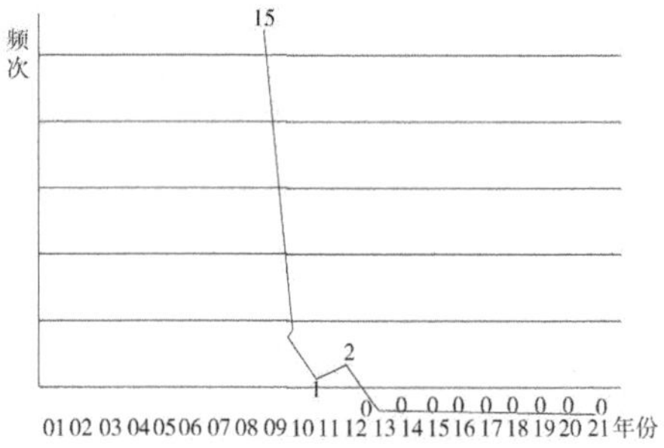

（b）郭永松

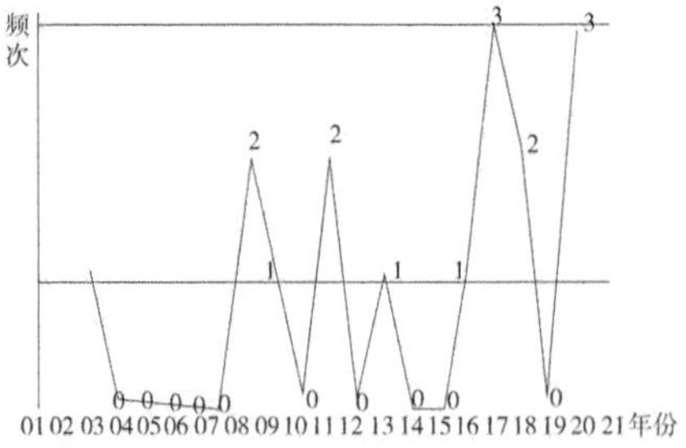

（c）张一奇

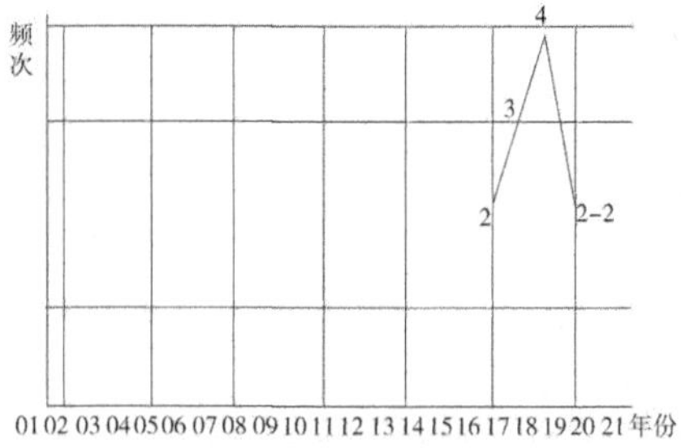

（d）王志中

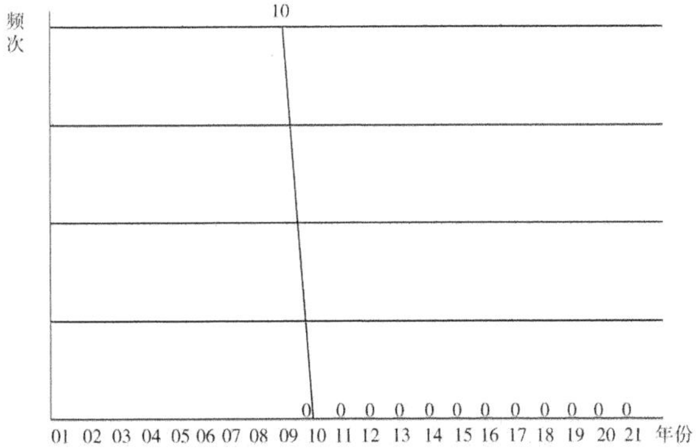

（d）张良吉

图1　核心作者2001—2021年发文历史曲线

作为科研研究的主体，发文作者构建的科研合作网络是共同生产新科学知识的研究主体间的合作关系，CiteSpace通过测度学者共同发表文章情况生成作者合作网络图谱。2001—2021年医务社会工作相关课题研究的作者合作网络图谱生成节点369个、连线294条，网络密度为0.0043，表明研究主体间独立性较高，联合性较弱。图2是发文数在3篇及以上的高产作者合作情况，其中作者发文数量越多，节点越大，连线显示学者间存在合作共著关系，连线粗细反映合作紧密程度即共同发表文章频数多少。

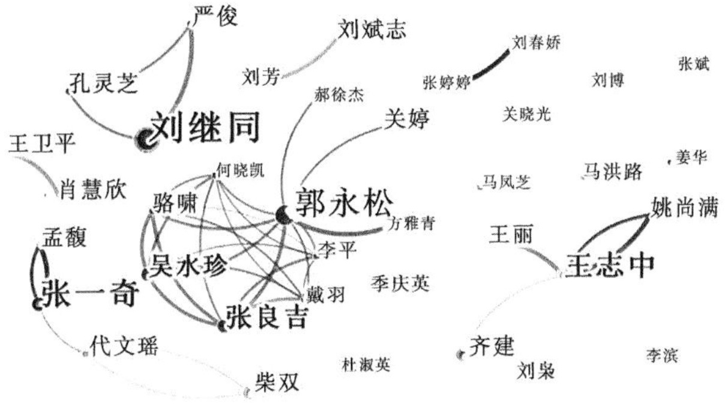

图2　2001—2021年医务社会工作研究高产作者合作网络图谱

由图2可知，网络中以核心作者为中介中心形成了四大多边合作团体。第一，以刘继同为核心联系孔灵芝、严俊等组成三角合作关系，研究站位高远，主要集中在四个方向：一是整理回顾我国医务社会工作发展历史与阶段性问题①；二是明确医务社会工作在国家医疗卫生事业整体布局中的战略作用②；三是研究医务社会工作发展制度建设、实务模式构建优先等领域以及医务社会工作使命与角色定位③④⑤⑥；四是总结其他国家或地区医院社会工作发展的历史经验与实务模式，以期为我国医务社会工作本土化发展提供借鉴⑦⑧。第二，以郭永松为中介中心联系吴水珍、张良吉、骆啸等形成多方合作关系，方向聚焦医务社会工作宏观政策环境改善、中观医院机制设置以及微观层面上医患纠纷中的医务社工介入。第三，张一奇、孟馥、代文瑶等人构成链式合作关系，依托上海市地缘优势、医疗行业业缘关系实现跨机构合作，在近5年发文较多，合作密切。第四，以王志中为中心联系王丽、齐建、姚尚满呈现辐散型合作关系，2018年以来发表文章较多，密切关注到了医务社会工作教育的本土化与实践教学改革⑨⑩，其中王志中、齐建、姚尚满依托山西医科大学实现同事间紧密的学缘合作。

（二）合作机构与分布特征

机构共现可视化图谱（见图3）生成节点323个、连线148条，网络密度为0.0028，由此可知机构间的合作强度低，整体上尚未形成关系紧密与覆盖全面的合作网络。现有的重要合作网络有北京大学—国家疾病预防

---

① 刘继同．改革开放30年以来中国医务社会工作的历史回顾、现状与前瞻［J］．社会工作，2012（4）：19-25.

② 刘继同，严俊，孔灵芝．中国医药卫生体制改革蓝图与医务社会工作的战略地位［J］．医学与社会，2010，23（5）：4-6.

③ 刘继同，严俊，孔灵芝．中国医学人文内涵结构与医务社会工作制度建设［J］．医学与社会，2010，23（7）：11-13.

④ 刘继同，严俊，孔灵芝．中国医疗救助政策框架分析与医务社会工作实务战略重点［J］．社会保障研究（北京），2009（1）：139-157.

⑤ 刘继同．转型期中国医务社会工作服务范围与优先介入领域研究［J］．北京科技大学学报（社会科学版），2006（1）：6-12.

⑥ 刘继同．医院管理的层次结构与医务社会工作的角色［J］．卫生经济研究，2006（12）．

⑦ 刘继同．美国医院社会工作的历史发展过程与历史经验［J］．中国医院管理，2007（11）：36-38.

⑧ 刘继同，严俊，赖丽娜．中国台湾地区精神健康社会工作服务体系与实务模式［J］．中华健康管理学杂志，2009（5）：315-317.

⑨ 王丽．当前医务社会工作教育的思考［J］．山西医科大学学报（基础医学教育版），2010，12（12）：1230-1233.

⑩ 齐建．对医务社会工作实习教学的几点思考［J］．基础医学教育，2011，13（4）：376-378.

控制局、北京大学—华东理工大学—上海市徐汇区中心医院、同济大学—福建医科大学、杭州师范大学—浙江大学等。从机构的背景来看，高等院校占绝大多数比例，其次为医院，而后为卫生与疾病防控相关单位和社工机构；从具体二级机构来看，主要分布在高等院校的社会学院、政策与管理学院和医学院，从细化三级机构来看，主要集中在社会学专业、社会工作系和医院社会工作部门。从机构的地理分布来看，医务社会工作主要研究机构的分布结构与地区经济发展水平呈一定程度的正相关，东部沿海以上海、浙江为关键核心，中部以北京和山西两地为显要突出，南部以广东为代表中心，经济欠发达地区相关研究机构发展脆弱。

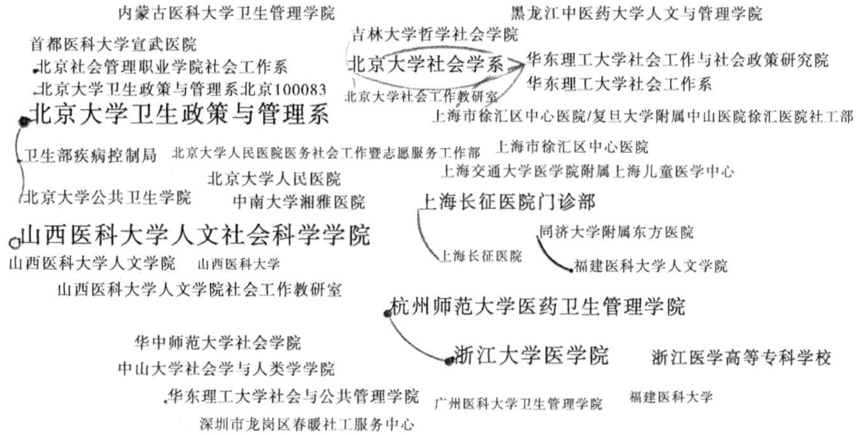

图3　研究机构合作网络图谱

依据普赖斯定律计算医务社会工作研究领域的核心研究机构，$M \approx 0.749\sqrt{N_{max}}$（其中，$M$ 为发表论文篇数，N 为统计时间内最高产机构的发文数）。将二级和三级部门整合入一级机构（见表2），计算得出山西医科大学发文量最高，为43篇，因此 $M \approx 5$，即发文量达到5篇的28个机构确定为该领域的核心机构。发表论文数超过10篇的8个机构合计发文量约占检索文献数量的30%，奠定了该领域的研究基础。山西医科大学依托医学院校平台先天教学资源和环境的优势，触及医务社会工作理论与实践教学，培养面向医务社会工作方向的“专才”学生①，保障社会工作专业医务社会工作方向研究的专业化和精细化：一是在社会工作基础上整合发展医学人文，讨论医务社会工作实务对和谐医患关系、癌症与肿瘤等患者群体、临终关怀的介入，提出医务社会工作的发展愿景与构想；二是澄清并明确医务社会工作者在医疗场域中的角色与职能定位，为解决医务社会工作嵌入医疗体系的现实困境提出参考方案。另外，以北京大学和华东理工大学为合作双中心，组织起较为紧密的机构合作网；福建医科大学立足医科院校背景，主要涉及医务社会工作方向，在该领域研究成果突出。

表 2　发文量最多的研究机构列表

排名	发文量/篇	机构
1	43	山西医科大学
2	40	北京大学
3	16	福建医科大学
4	15	浙江大学
5	15	华东理工大学
6	14	上海长征医院
7	12	上海市徐汇区中心医院
8	10	杭州师范大学

综上，结合表 1、图 2、图 3 和表 2 可知，当下的合作研究主要以机构内作者合作发文为主，学院合作关系相对比较突出，存在少量跨单位合作现象，跨地区合作情况偏少。所以，该领域学者间跨地区、跨单位、跨学科的沟通、交流与合作应引起重视。

（三）发文时间分布与研究脉络分析

近 20 年来医务社会工作相关题名期刊论文发表情况如图 4 所示。图 5

① 齐建．对医务社会工作实习教学的几点思考［J］．基础医学教育，2011，13（4）：376-378.

是由关键词生成的时区图，连线表示关键词在文章中的共现关联，关键词节点对应横坐标是该关键词在统计时间内首次出现的年份，相同关键词在后续时间出现采用累计叠加到首现年份节点的计算方法，节点的大小表示该关键词出现的频率，但关键词节点越大并不等同于其是该年研究瞄准的研究热词，需要结合关键词历史曲线情况才能清晰观测。结合年度发文量折线图（见图 4）与关键词聚类时区图（见图 5）可以推演出医务社会工作研究的整体发展状况与衍化进程，大体可划分为萌芽探索期、衍新开拓期、多元深化期和高质量发展期四个阶段。

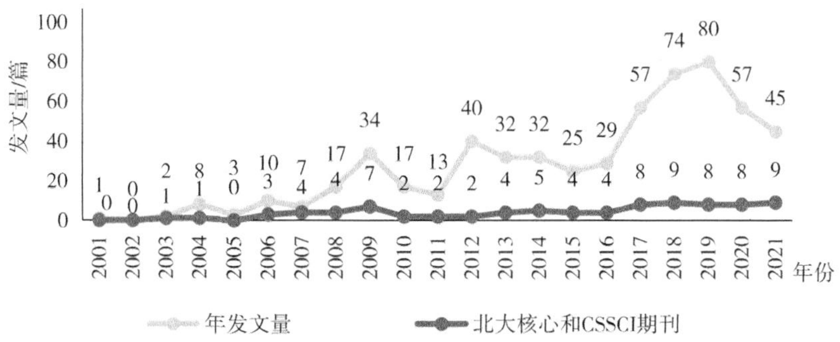

图 4　2001—2021 年国内医务社会工作研究年度发文统计

1. 缓慢起步的萌芽探索期（2001—2007 年）

自 2001 年末开始，医务社会工作逐渐被国内学者关注。此阶段，开展医务社会工作研究的学者学科背景复杂，主要由临床医学或者医院边缘学科、社会学、行政与管理学、心理学与教育学等背景学者引领组成早期学术群。该阶段，医务社会工作研究力度有限，文献数量较少。2000—2006 年，中国医务社会工作首先在京、津、沪等地大医院展开①，早期研究同步呈现出以个案研究为主、辅之从缓和医患关系角度讨论发展医务社会工

① 中国医院社会工作制度建设现状与政策开发研究报告（摘要）［J］. 中国医院管理，2007（11）：1-3.

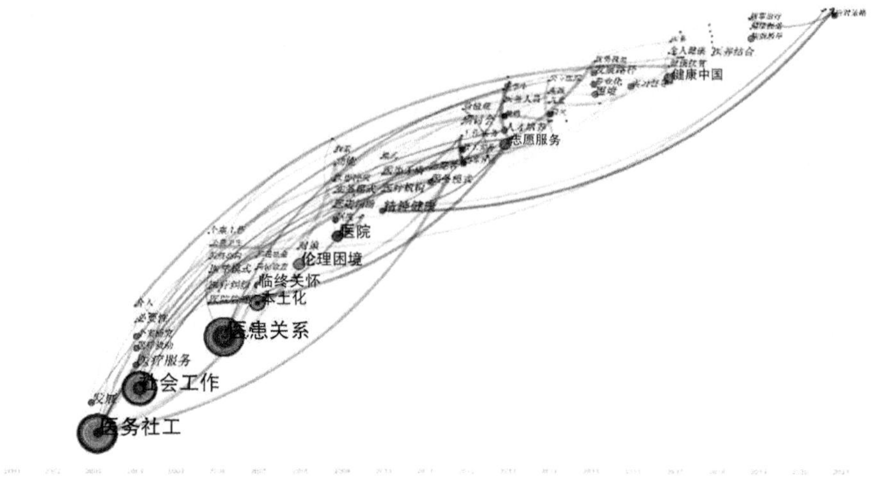

图 5　医务社会工作研究关键词聚类时区图谱

作必要性的内容特征①②③④，整体上处于缓慢的萌芽探索时期。

2. 发展话题的衍新开拓期（2008—2016 年）

阶段前期（2008—2012 年）发文数量呈波动起伏增长态势，阶段后期（2012—2016 年）年均发文数稳定维持在 25 篇以上。分析可知，2006 年党的十六届六中全会指出“造就一支结构合理、素质优良的社会工作人才队伍，是构建社会主义和谐社会的迫切需要”，并提出发展“医务社会服务”；2007 年民政部印发《关于加强社会工作人才队伍建设的意见（试行）》，2008 年 6 月国内首次组织全国社会工作者职业水平考试，关于建立国内医院社会工作专业团队的问题引起了广泛关注。2009 年《中共中央国务院关于深化医药卫生体制改革的意见》中明确提出“开展医务社会工作，完善医疗纠纷处理体制，增进医患沟通”，萌芽期的研究结论即医

① 张一奇，黄庆恒，王志文，等．在现代化医院中开展医务社会工作的探讨［J］．中华医院管理杂志，2003（2）：24-26.

② 吴任慰．现阶段我国发展医务社会工作的探讨［J］．福建医科大学学报（社会科学版），2003（2）：38-40.

③ 吴任慰．关于我国发展医务社会工作的几点思考［J］．社会工作，2004（1）：20-23.

④ 李茹锦．我国医务社会工作发展初探［J］．社会工作，2004（4）：18-20.

务社会工作介入医患关系纠纷的积极作用正式得到政策认同，所以出于缓和医疗纠纷、医患矛盾和构建和谐社会的根本需要，医务社会工作开始在政策上被正式提上发展日程，所以2007—2009年有关医务社会工作研究的发文数量明显增加。2011年福建医科大学举办“中国医务社会工作研究：教育培训体系和实务模式建构”研讨会，关于医务社会工作人才培养与教育研究逐步得到重视。

医务社会工作实务实践项目不断丰富，政策环境趋向良好，发文内容传承早期内容延伸新方向，一是随着实务服务推进，引发对实务困境如价值冲突、伦理困境的讨论①②③；二是为促进医务社会工作本土化与专业化发展引起对高校人才培养模式如课程设置、实习教学、实践教学等的探索④⑤⑥⑦⑧；三是发挥医务社会工作功能，满足医疗领域服务需求，增加对医务社会工作实务模式及其实践效果的研究深度⑨⑩⑪⑫⑬；四是研究医务社

① 孙建丽．论医务社会工作中的价值观冲突和伦理困境［J］．医学与哲学（人文社会医学版），2008（9）：36-38.

② 崔娟，王云岭．论医务社会工作本土化过程中的伦理困境及对策：以“案主自决”原则与中国本土价值观冲突为例［J］．中国医学伦理学，2014，27（5）：670-672.

③ 白莲．医务社会工作在实践中遇到的伦理困境［J］．科教导刊（中旬刊），2015（29）．

④ 肖慧欣，黄子杰．医患关系现状对医务社会工作教学模式改革的启示［J］．医学教育研究与实践，2008（4）：632-633.

⑤ 王丽．当前医务社会工作教育的思考［J］．山西医科大学学报（基础医学教育版），2010，12（12）：1230-1233.

⑥ 齐建．对医务社会工作实习教学的几点思考［J］．基础医学教育，2011，13（4）：376-378.

⑦ 石礼华．医务社会工作专业实践教学效果评价机制构建［J］．中国医学伦理学，2012，25（5）：677-679.

⑧ 姜华．医务社会工作专业现状及教学实践模块：以北京社会管理职业学院社工系为例［J］．社会福利（理论版），2013（3）：54-57.

⑨ 张一奇，陈朵多．“MMT321”方法在医务社会工作实务中的运用：以脑卒中患者及照护者压力干预为例［J］．中国社会工作，2018（30）：35-42.

⑩ 刘岚，孟群．当前我国几种医务社会工作实务模式比较［J］．医学与社会，2010，23（2）：36-38.

⑪ 张一奇．上海市综合性医院医务社会工作模式的建立与评价：以同济大学附属东方医院为例［J］．现代医院管理，2010，8（2）：9-11.

⑫ 刘继同，孔灵芝，严俊．心理学与社会工作的本质区别及其对构建中国精神健康社会工作实务模式的启示［J］．社会科学研究，2010（3）：14-20.

⑬ 唐咏，魏惠兰．个案管理模式兴起及其在医务社会工作中的启示：以癌末病患照顾者为例［J］．社会工作（学术版），2011（6）：46-50.

会工作与志愿服务的充分必要联动机制[①②③④⑤]；五是总结医务社会工作的实践经验与研究成果，涉及该领域的发展趋势及倡导建议[⑥⑦⑧⑨⑩]。总体上该阶段研究在前一个阶段研究的基础上衍生发散出更多议题，开拓、形成并奠定了医务社会工作大致的基本研究方向。

3. 政策友好的多元深化期（2017—2019 年）

2015 年，党的第十二届全国人民代表大会第三次会议上政府工作报告首次提出“健康中国”概念。2016 年，全国卫生与健康大会召开。2017 年，党的十九大报告正式提出“实施健康中国战略”，明确指出“要完善国民健康政策，为人民群众提供全方位全周期健康服务”。2017 年底，国家卫生计生委和国家中医药局制定的《进一步改善医疗服务行动计划（2018—2020 年）》）中指出“医务社工和志愿者制度”发展为医院工作制度之一，该制度明确规定“医疗机构设立医务社工岗位，负责协助开展医患沟通，提供诊疗、生活、法务、援助等患者支持等服务。有条件的三级医院可以设立医务社工部门，配备专职医务社工，开通患者服务呼叫中心，统筹协调解决患者相关需求”，明晰了医务社会工作大体的工作方向与职责要求，为各地医院设立医务社工提供方针指引，因此，2017 年国内

① 沈志明，刘萍萍．新医改背景下医务社会工作与志愿者服务：以上海市第一人民医院为例［J］．中国医学伦理学，2012，25（2）：186-188.

② 张晓辉．医院社会工作和志愿服务［J］．中国医院，2013，17（4）：12.

③ 许廉，朱建民，赵桂绒，等．构建医务社会工作和志愿服务的联动发展模式［J］．中国医院，2014，18（6）：3-5.

④ 王远美．医院社会工作与志愿服务［J］．中国医院，2014，18（6）：15.

⑤ 黄秋，周榕，杨鑫，等．本土化医务社会工作志愿服务联动机制研究［J］．卫生软科学，2016，30（10）：24-26.

⑥ 王莹，谭晓东．近十年我国医务社会工作研究进展：基于 CNKI 的统计分析（2004—2013）［J］．社会工作，2014（2）：137-143，156.

⑦ 盖小荣，彭华，王秋俐，等．北京协和医院医务社会工作的实践［J］．中国医院，2008（5）：4-5.

⑧ 陈红，郝徐杰，关婷，等．北京大学人民医院医务社会工作的实践与探索［J］．中国医院，2013，17（4）：1-4.

⑨ 马凤芝．北京市医务社会工作人才队伍研究：历史、现状与发展［J］．南京医科大学学报（社会科学版），2015，15（4）：251-255.

⑩ 谭刚，陈敏菲，梁飞．“类医生”：医务社会工作的发展趋向［J］．中国医学创新，2013，10（7）：154-155.

开始涌现医务社会工作的研究热潮。2018年，国家卫生健康委员会为继续落实新一轮改善医疗服务，印发《进一步改善医疗服务行动计划（2018—2020年）绩效考核指标》，其中确定医务社会工作制度为一级考核指标，广泛有力地推动医院配置医务社会工作岗位。在不断出台的政策影响下，2017—2019年学界对医务社会工作的重视度与关注力度激增，发文数量增幅显著，并在2019年达到近20年内年度发文量的峰值。

同时，在研究内容上也相应产生新变化，一方面开始出现研讨医务社会工作参与健康中国建构与整合路径的文章①②③；另一方面探究医务社会工作融入医院体系框架的具体可行方案，主要从医院社会工作者角色定位与职能发现的基础研究向关系嵌入的复杂研究迈进④⑤⑥。总体研究内容在既有方向上进一步加深，第一，开放医务社会工作服务场域的限制，延伸向非典型场域，下沉社区居家养老、慢性病养护等服务⑦⑧；第二，在人才培养方面开启了对医务社会工作实践教学的深度探索和实证评估⑨⑩⑪；第

① 谢春艳．健康中国背景下医务社会工作参与构建整合型健康服务的探讨［J］．中国社会工作，2017（27）：7-11.

② 柴双．医务社会工作参与“健康中国”建设的探讨：分析十九大报告提出的“实施健康中国战略”［J］．中国社会工作，2017（36）：4-7，15.

③ 齐建，周文姣．“大健康中国”背景下医务社会工作的现状及对策［J］．卫生软科学，2018，32（12）：22-26.

④ 周月蓉．医疗救助项目助力医务社会工作嵌入医院体系［J］．智库时代，2018（23）：45-46.

⑤ 徐顽强，肖宇．医务社会工作关系性嵌入发展研究［J］．中华医院管理杂志，2018，34（7）：593-596.

⑥ 彭飞，柴双，王世英．医务社会工作嵌入医疗服务新路径探讨：以上海长征医院“关爱使者”特色服务项目为例［J］．中国社会工作，2018（34）：28-32.

⑦ 肖泽东．浅析医务社会工作介入居家养老服务：以都江堰市××镇居家养老服务个案为例［J］．社会与公益，2018（9）：39-41.

⑧ 孙培云，刘宏，王振涛，等．医务社会工作服务对社区高血压患者生活质量及心理生理指标的影响研究［J］．中国全科医学，2018，21（6）：719-723.

⑨ 杜婷，贾婷婷．医务社会工作实践教学的成效及建议［J］．基础医学教育，2017，19（7）.

⑩ 萨如拉．医学院校医务社会工作专业实践教学探索［J］．卫生职业教育，2018，36（13）：7-8.

⑪ 田小彪．社会工作专业特色化实践教学体系的构建研究：以医务社会工作课程教学为例［J］．教育现代化，2019，6（11）.

三，研究从总结实务模型向探索成效评估模式递迁①；第四，形成精准扶贫政策下医务社会工作干预健康扶贫及促进构建社会支持网络的新课题②③。总之，该阶段的研究内容在政策引领下呈现出多元探索、全面发展和持续深化的特征。

4. 持续推进的高质量发展期（2020 年至今）

2020 年至今为研究的第四个阶段，2020 年与 2021 年发文数量维持一个高位平台期，2020—2021 年中文核心期刊与 CSSCI 期刊所收录的论文数与迅猛发展年份（2017—2019 年）持平，研究的精粹度与浓缩性趋向更佳。此阶段研究的内容挖掘与方向探索已趋于一定程度的饱和，研究的整体构架已经趋近成熟，开始向细节与全局多维向立体铺展：在横向上，社会工作实务介入服务的提供根据患者症状、患者病群、医疗环节等不同而更有针对性；在纵向上，回顾与发展并重，总结梳理区域性医务社会工作发展状况与经验④⑤，重视医务社会工作干预服务创新和医务社会工作高质量发展⑥⑦⑧⑨；在形势需求上，随着新冠疫情肆虐，医务社会工作介入公

---

① 张梦情，任晓丽．健康中国背景下医务社会工作的评估模式探索：基于 ICF 的全健康理念［J］．中国卫生产业，2019，16（10）．

② 耿道颖．健康扶贫中的医务社会工作［J］．中国社会工作，2017（27）：4-6.

③ 熊怡，王友华，李玥．健康扶贫的医务社会工作介入与社会支持网络构建［J］．保健医学研究与实践，2019，16（5）：1-6.

④ 郭小发，童秋婷，孙刚，等．广东省医务社会工作发展现状、问题及建议［J］．中国社会工作，2021（36）：4-8.

⑤ 刘枭．成都市医务社会工作发展现状、问题及建议［J］．中国社会工作，2021（18）：16-19.

⑥ 陈玲，刘泽伟．精神健康社会工作服务的创新实践：复元理论下的案例研究［J］．社会工作与管理，2021，21（6）：44-49.

⑦ 本刊编辑部．医务社会工作线上服务的创新与挑战［J］．中国社会工作，2020（18）：1.

⑧ 马凤芝，范斌，张一奇．携手奋进　为实现我国医务社会工作高质量发展不懈努力：中国社会工作教育协会医务社会工作专业委员会 2021 年年会综述［J］．社会福利（理论版），2021（11）：59-61.

⑨ 张一奇．论我国医务社会工作的高质量发展［J］．中国社会工作，2021（18）：13-15，19.

共卫生危机事件可行方案的研究频现①②③④⑤。该时期研究紧密结合社会环境变化、紧跟医务社会工作专业与行业扎根及转型的内在要求，呈现出高质量、高水准与前瞻化的特点。

（四）研究主题识别

研究采用对数似然比（Log-Likelihood Ratio，LLR）算法生成高频关键词聚类知识图谱，总计生成110个聚类，节点数为347，连线数为350，聚模块值（Modularity Q）是0.8541，加权平均轮廓值（Weighted Mean Silhouette S）是0.967，表明关键词聚类网络结构化程度良好，聚类轮廓清晰。前十大聚类（见图6）所含关键词个数均超过10，且加权平均轮廓值均在0.890以上（超过0.7），说明前十大聚类的聚类效果显著，可为实现关键词有效解读提供可信底本。其中聚类序号越大，聚类所含关键词个数越少。结合图6，医务社会工作的研究主题大致可分为以下三个层面。

1. 医务社会工作的重点聚焦问题

该层面研究涵盖临终关怀、医患关系、对策三个聚类（见图6），集中于医务社会工作服务对接，以及回应医疗场域中亟待解决的问题。其一，和谐医患关系是和谐社会的重要构成部分，我国医务社会工作的恢复与重建发轫于社会的结构转型与医患关系的结构性紧张，因此医务社会工作的优先服务领域应在缓和医患矛盾的迫切命题下迅速集合⑥。医务社会工作者承担“安全阀”与人文关怀角色，对患者及其家属、医护群体等给予心理疏导、支持与照顾，在医生与患者、医疗体系与民众之间架起沟通桥

---

① 代文瑶，罗俐敏．重大突发公共卫生事件对医务社会工作的影响：《关于加强应对新冠肺炎疫情工作中心理援助与社会工作服务的通知》解读［J］．中国社会工作，2020（36）：4-6.

② 陈洋，翟倚雪．公共卫生危机后期医务社会工作的介入路径研究［J］．中国社会工作，2021（9）：10-13.

③ 李红飞，曾守锤，莫健．互嵌与共生：健康社会工作与公共卫生应急管理的理想关系模式建构［J］．中国卫生事业管理，2021，38（10）：724-727，731.

④ 张璠，张蕾，艾超．疫情防控中的医务社会工作开展分析［J］．当代医学，2021，27（18）：125-126.

⑤ 李颖，陈哲，费汝倩，等．新冠肺炎疫情下医务社会工作介入的思考与建议［J］．中国医学伦理学，2021，34（8）：959-965.

⑥ 刘继同．构建和谐医患关系与医务社会工作的专业使命［J］．中国医院管理，2006（3）：15-18.

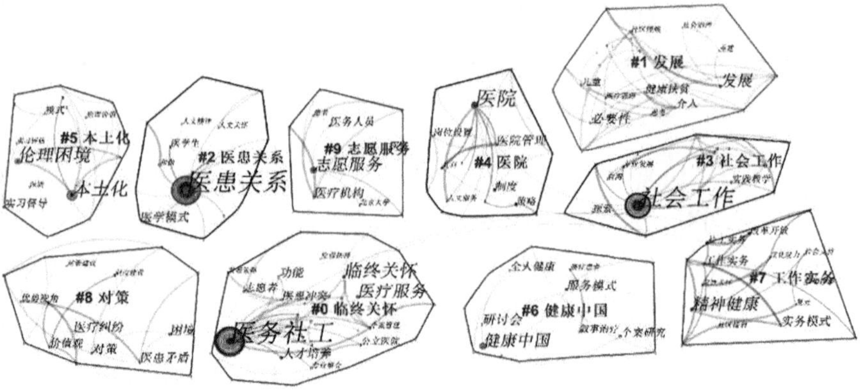

图 6　高频关键词聚类图谱

梁，以第三方中立角色在调和化解医患冲突中发挥重要作用①。其二，中国人口老龄化趋势日益加剧，临终关怀可以为生命时间有限的患者提供综合服务以缓解病人身心痛苦，提高临终生命质量。医务社会工作介入临终关怀照护服务与现代医学模式注重全人观念的客观要求相一致，但在实际服务中面临介入合法化的伦理困境与价值冲突②③④⑤⑥⑦，亟须构建起与本土文化内在要求和深层结构相适应的、整合性的专业价值伦理。其三，全人照顾模式下患者及家属的就医需求、医疗机构的服务形式与社会的健康理念均发生转变升级，医务社会工作在医疗领域以及社会层面仍有相当巨

① 张斌．构建和谐医患关系的探讨：基于医务社会工作视角［J］．社会科学家，2011（7）：127-129.

② 李安琪．医务社会工作领域的临终关怀伦理问题探究［J］．当代经济，2017（17）：136-137.

③ 刘卓晓，王志中，姚尚满．医务社会工作在晚期癌症临终关怀中的全人照顾研究：基于山西省某宁养院的实践［J］．中国卫生产业，2017，14（25）.

④ 刘博，芦恒．医务社会工作介入老年临终关怀的伦理困境及重塑路径［J］．华东理工大学学报（社会科学版），2019，34（1）：65-73.

⑤ 刘博，关晓光．悖论与张力：医务社会工作介入老年临终关怀服务的伦理再思考［J］．医学与哲学，2019，40（8）：33-36.

⑥ 黄晶．医务社会工作介入临终关怀的角色分析与探究［J］．中国社会工作，2019（12）：11-14.

⑦ 孙轶群，阮烨娇，朱春斌，等．医务社会工作在临终关怀中的实践与思考［J］．医学信息，2019，32（20）：17-18，22.

大的服务开放和拓展创新空间①。

2. 社会工作视角下的介入探索

介入探索层面包含社会工作、医院、工作实务、志愿服务四个聚类（见图6）。此研究方向立足社会工作专业视角，一是探讨医务社会工作整合纳入医疗卫生场所与医疗卫生体系的角色定位与机制架构。二是研究医务社会工作发展模式的三个维度，宏观上中国特色医务社会工作的构建与发展；中观上不同种类医院发展医务社会工作的模式探索，如综合性医院医务、精神病医院等；微观上专门针对患病群体的个案服务模式实践，如社会支持理论与流浪儿童、癌症患者等。三是探究医务社会工作与志愿者的联动机制。志愿服务与社会工作服务均具有公益背景，我国志愿者发展历史较长、经验丰富、服务领域广泛，医务社会工作联动志愿者统筹志愿资源、开展联合培训、扩大服务覆盖面，志愿者联动医务社会工作整合专业视野、提升服务质量、实现制度化与规范化的转型，双方联合优势互补，能够开启新时期医疗人文服务探索的新格局②。总之，医务社会工作坚持以病人为中心和以健康为主导的专业化、规范化服务发展理念，社会工作融合并参与医院相关工作有助于提升服务质量，打造医院服务品牌，营造现代医学人文关怀氛围与社会支持环境。

3. 中国特色下的医务社会工作发展

中国特色下的医务社会工作发展包括发展、健康中国、本土化三个聚类（见图6），面向医务社会工作的本土适应与发展开展研究。医务社会工作在大多数西方发达国家已经形成成熟的运作模式，并构成其医疗体制的重要组成部分。本土化意指外来东西进入并适应另一社会文化环境且在其中生存和发挥作用的变化过程③，早期有学者提出找寻一条体现“社会关

① 齐建，王素明，李文言．医务社会工作对医疗场域需求的回应分析［J］．解放军医院管理杂志，2020，27（6）．

② 本刊编辑部．医务社会工作联动志愿服务发展的必要性［J］．中国社会工作，2020（27）：1．

③ 王思斌．试论我国社会工作的本土化［J］．浙江学刊，2001（2）．

照、社会保护”兼具“效率、竞争”特点的中国特色发展道路①。我国医务社会工作本土化发展中机遇与挑战并存：其一，随着我国医疗卫生的深度改革与健康理念的转变升级，我国本土医务社会工作发展已然具备了良好的政策支持背景与待满足的巨大市场需求；其二，专业内外的伦理困境和价值观冲突问题较为尖锐，亟待完善相关职业定位、专业角色、专业教育、专业绩效等的综合融合体系机制②。当下医疗体系深化改革、全民就医服务需求与健康理念升级、健康中国战略实施等多重历史机遇汇集，医务社会工作要牢牢把握机会实现自身本土化扎根与高质量发展。因此，医务社会工作整合入健康中国发展战略需要进一步细化明确顶层设计与制度建设，建立起行业服务规范与价值伦理守则，完善专业人才的教育培养体系、准入门槛制度和管理评价机制。

（五）研究前沿探析

笔者借助 CiteSpace，通过探测关键词在一定时间段内频率急速增加的状况，识别出医务社会工作研究领域的前沿与热点术词，即医务社会工作研究领域的关键词突现（见表 3）。

第一，从突现率的强度来看，“伦理困境”在 2018—2019 年突现明显，表明研究界在此时间范围内对该话题集中关注；“健康中国”能够在一定程度上引领 2017—2021 年研究动态；“志愿服务”与医务社工联动机制的研究占据 2014—2017 年的热度。

第二，从关键词的突现周期来看，“医患关系”与“医学模式”突现周期最广，且都在 2006—2012 年，结合突现率的差异表现以及其他突现词，可知此周期内的研究重点为现代医学模式下要求医务社会工作介入调解医患冲突与医疗纠纷、构建和谐社会。

第三，从突现词探析研究前沿看，关键词“健康中国”、“医养结合”与“健康促进”突现时间延续至今，表示近年来“健康中国战略”政策影

① 吴任慰．现阶段我国发展医务社会工作的探讨［J］．福建医科大学学报（社会科学版），2003（2）：38-40.

② 齐建，张建俊，郭莉．医务社会工作发展机遇与困境分析［J］．劳动保障世界，2018（29）：47-48.

响下的研究趋向。

第四，从关键词的更迭与更新来看，不同关键词在相同年份集中涌现且突现率相当，表明该时间段内研究关注范围广泛且内容多元；突现词随时间变化产生新研究热词，如 2012—2017 年“研讨会”与“志愿服务”的研究热词迅速替代 2006—2012 年“医患关系”等的研究动向。

表 3 前 13 位关键词突现表（按突现年份顺序）

关键词	突现率	突现周期/年	2001—2021 年
医患关系	2. 66	2006—2012	
医疗纠纷	1. 98	2006—2009	
医学模式	1. 95	2006—2012	
和谐社会	1. 58	2007—2010	
研讨会	1. 90	2012—2013	
志愿服务	3. 07	2014—2017	
实习督导	1. 81	2016—2018	
健康中国	3. 27	2017—2021	
伦理困境	3. 92	2018—2019	
本土化	2. 50	2018—2019	
人才培养	1. 68	2018—2019	
医养结合	1. 67	2018—2021	
健康促进	1. 55	2019—2021	

三、研究结论与展望

本文以 2001—2021 年中国知网期刊类文献为数据支撑，以 CiteSpace 文献计量软件作为工具支持，对我国医务社会工作相关题名研究进行可视化分析。研究结论如下：①从研究主体来看，刘继同、郭永松、张一奇、王志中、张良吉等人是我国医务社会工作研究领域的重要学者。从合作团队来看，形成了以刘继同、郭永松、张一奇和王志中四位核心作者为中介中心的四组高产作者合作团队。②从发文机构来看，主要集中在高校，其次分布于医院和社会工作机构，其中山西医科大学、北京大学和福建医科大学发文量位居前三。研究机构集中在上海市、北京市、浙江省、广东省等地的核心城市，整体上机构间独立性强，合作联系较少。③从发文时间与研究脉络来看，发文量呈上升趋势，经历了缓慢起步的萌芽探索期（2001—2007 年）、发展话题的衍新开拓期（2008—2016 年）、政策友好的多元深化期（2017—2019 年）、持续推进的高质量发展期（2020 年至今）。研究内容呈现出持续深化、多元演进、高质量发展的脉络特征。④从关键词聚类图谱来看，前十大聚类词结构清晰，聚类效果良好，呈现为医务社会工作重点聚焦问题、社会工作视角下的介入探索与中国特色医务社会工作发展三大方向。⑤从研究前沿来看，医务社会工作整合介入健康中国战略推进与实施的可行路径，发挥其在医养结合、健康促进方面的作用是当下研究的关注热点。需要澄清的是，CiteSpace 作为一种分析工具主要识别文献中频次较高且频数变化显著的关键词，可能会忽视一些特殊视角、最新发表的关键重要文献；解读主体存在有意与无意等的认知注意差异，对图谱的关注焦点与分析方向也不尽全面，容易出现错解、误解、漏解和选择性分析等问题。上述问题在一定程度上影响分析结果的全面性和精准度，后续研究需要增强 CiteSpace 理论方法与操作应用的严谨度和规范化程度。

2020 年 10 月，北京市卫生健康委员会等 5 部门联合印发的《关于发展医务社会工作的实施意见》明确指出“发展医务社会工作是贯彻落实健康中国战略的客观要求，是推进国家治理体系和治理能力现代化的具体体现，是改善医疗服务、彰显医学人文、促进医患和谐、实现医学模式转型的务实举措”。医务社会工作专业与行业发展已得到政策支持，这对研究提出了新课题和新要求，未来研究需关注以下几个方面。

（一）深化医务社会工作体系建构的研究

自 2000 年以来，我国医务社会工作研究已取得相应进展，医疗领域内嵌医务社会工作也有了一定的成果。总体来看，我国不同区域、不同医疗机构不同程度地尝试与开展了医务社会工作。北京市发布的《关于发展医务社会工作的实施意见》在一定程度上弥补了医务社会工作的薪酬待遇和晋升激励渠道的政策空白，但宏观上仍存在医务社会工作部门归属不清楚的问题。参照该意见，按照医疗机构特色和需求合理设置医务社会工作岗位，医院和医疗诊所对医务社会工作者的角色定位、部门设置等仍存在多元化认识，所以，医务社会工作者要充分嵌入医疗体系整体架构并发挥作用须通过自身由下及上的逐步探索实现。换言之，何以实现医院体系和医疗团队中医务社会工作者职能与角色的规范化统一认定仍是当下专业进步、行业发展与研究突破面临的首要制约性难题。因此，当下及未来研究需要全面论证与总结医务社会工作嵌入医院以及医疗体系的具体可行路径与范式，为政策和法律法规明确定义医务社会工作在医疗卫生体制中的合法地位与规范化角色准备研究基础。

（二）强化医务社会工作专业队伍的研究

医务社会工作队伍的专业程度决定医院体制对专业价值的认定、社会对行业价值的认可。目前，社会工作专业“通才式”培养，以致学生缺乏对医疗政策与基础医学知识等医疗领域基本内容的系统掌握，脱节于医院社会工作对其岗位能力的硬性要求；此外，设立医务社会工作方向的高校数量十分有限，医疗场域内的医务社会工作相当一部分是由护士、行政人员转岗而来①。因此，医务社会工作“专才教育”如何合理扩大教育面与如何实现高效培养两大问题是实现医务社会工作团队专业化建设与发展的突破口。所以，在加快组建一批适应卫生与健康工作要求、认可社会工作专业价值理念的医务社会工作队伍的现实需要面前，医务社会工作教育培养方案和实践培养机制、督导培养及管理体系等的实证研究需要继续进行。

（三）探索与创新医务社会工作服务模式的研究

医务社会工作研究最终指向一个根本目标，即促进医务社会工作本土化进程，发展医学人文关怀与促进社会和谐。医务社会工作实务是医学人

---

① 齐建，周文姣．“大健康中国”背景下医务社会工作的现状及对策［J］．卫生软科学，2018，32（12）：22-26.

文关怀的重要承托与实践路径，实务模式具体是指医务社会工作者在医疗机构和医疗照顾处境中，就某些领域或某类病人社会服务形成一套相对规范化的专业服务模式、服务流程和工作方法①。学术界对医务社会工作服务模式进行了全面多向视角的研究，如医患关系冲突解决、健康照顾、疾病康复、社区健康促进、突发公共卫生事件应对等。针对医务社会工作的工作内容，这些走向能够较为全面地覆盖服务需求空间，但是在具体的介入实践中，出现不同医疗场域中医务社会工作“合理性”的困境②，如存在特定方向服务模式普适性不足、专业性与规范化欠缺等问题，区域间、院所间服务创新与岗位初设或尚未设立的发展不均衡现状。面对这种情况，仍需要由点及面地探索与开展服务实践，加大经验总结性研究。针对特定患病群体及相近类型医院，构建起充满医学人文关怀兼具普适性、特色性、创新性的本土发展模式，使服务提供更具专业化、规范化与高质量化，增进医院、患者及其家属和社会各层面对医务社会工作的认可，全面改善就医环境，提升民众就医体验。

Research Progress and Trends of Medical Social Work in China in Recent Twenty Years

—The Visualization Analysis Based on CiteSpace Knowledge Graph

KE Xiaoxiao, GAO Xianzhong

Abstract: With the promotion of the Healthy Strategy in China and Plan of Action for the improvement of medical services, high-quality development of medical social work has been concerned widely. Since 2001, academia have had a comprehensive study on practice and theory of medical social work. CiteSpace is a bibliometric software, which can analyze the papers visually. Research results are as follows: (1) Academic cooperation is the main form of cooperation and produc-

① 刘继同．医务社会工作导论［M］．北京：高等教育出版社，2008.

② 芦恒，胡真一．“合法性”之后的“合理性”建设：不同医疗场域医务社会工作创新思考［J］．社会建设，2017，4（3）：55-65.

tive authors forms four relatively stable collaboration teams. It has not found an extensive network of cooperation among research institute. (2) The development of domestic goes through four phases. (3) The content concentrates on three parts that are responding to the service of hospital, exploring intervention mode and localization development of medical social work with Chinese characteristics. (4) The future study in this field needs to focus on three issues that are system construction, professional training and service innovation.

Keywords: medical social work, CiteSpace, knowledge graph

中国社会工作学刊　第五辑
第 154~171 页

健康老龄化视域下社会工作专业参与医养结合服务的路径探索

陈海萍*

【摘要】 当前我国医养结合服务工作面临的主要困境可归纳为多方管理权责不清、支持保障力度不足、医保支付对接困难、专业护理人才短缺、供给需求难以对接。本文主要围绕这五大发展困境，基于健康老龄化理念的两大维度——全生命周期和全系统整合，探索社会工作应当如何发挥专业优势，弥补已有服务不足，拓展已有服务外延，从而助力医养结合政策的真正落地，切实满足我国老年人的健康养老需求。

关键词： 社会工作　医养结合　健康老龄化

一、问题的提出

作为世界人口大国，中国人口老龄化问题不容忽视。早在 20 世纪末期，中国就已步入老龄化社会。根据第七次全国人口普查数据，2020 年我国 60 岁及以上人口达到 2.64 亿，占总人口的 18.70%。据预测，2050 年我国 60 岁及以上人口将达到 5 亿，占总人口的 35%。届时，中国将步入重度老龄化社会。随着人口老龄化进程的不断加快，我国高龄、失能、患病老年人口数量也在持续增加。2020 年我国 80 岁及以上人口增至 3580.08 万，占老年总人口的 13.56%。同年，我国老年人口失能率为 2.34%，以

* 作者简介：陈海萍，博士，北京大学社会学系助理教授，研究方向为老年社会工作、医务社会工作。

此推算当年全国失能老年人口约为618.71万①。另外，随着中国居民疾病谱的变化，与人口老龄化密切相关的另一问题就是慢性疾病负担随之加重。根据国家卫生健康委员会等部门于2022年2月联合印发的《"十四五"健康老龄化规划》，我国约有78%的老年人至少患有一种慢性疾病，多病共存的情况在老年人群中较为普遍。面对我国数量日益庞大的老年群体，尤其是高龄、失能、患病老年人口，如何提高他们的健康水平，满足他们的养老需求，提高他们的生命质量成为社会各界关注的焦点。基于人口快速老龄化这一基本国情，我国政府已将积极应对人口老龄化上升为国家战略，把不断满足老年人需求与解决人口老龄化问题相结合，力求激发全年龄全人群活力，使老年人口也成为支撑中国式现代化的坚实力量。对老年人而言，他们在步入晚年后最为关心的两大问题一是医疗问题，二是养老问题。因此，我国政府将推进医养结合作为优化老年健康和养老服务的重要举措，旨在不断增强老年人的获得感、幸福感和安全感，使他们既能安享晚年生活，也能继续参与社会事务。

2011年9月，国务院印发了《中国老龄事业发展"十二五"规划》，提出政府重点投资兴建和鼓励社会资本兴办具有长期医疗护理、康复促进、临终关怀等功能的养老机构。这一规划体现了我国政府尝试将"医"的要素嵌入"养"的服务中。2013年9月，国务院发布了《关于加快发展养老服务业的若干意见》，首次正式提出积极推进医疗卫生与养老服务相结合，以更好地保障老年群体的健康养老需求。同年9月，国务院下发的《关于促进健康服务业发展的若干意见》强调要在养老服务中充分融入健康理念，建立起覆盖全生命周期的健康养老服务体系。2015年11月，国家卫生计生委等部门共同发布《关于推进医疗卫生与养老服务相结合的指导意见》，进一步明确了医养结合的基本原则、发展目标和重点任务。2016年10月，中共中央、国务院发布了《"健康中国2030"规划纲要》，尝试从国家战略层面统筹解决我国居民的健康问题，包括老年人的健康问

① 国务院第七次全国人口普查领导小组办公室.2020中国人口普查年鉴［EB/OL］.（2021-05-11）［2023-06-29］.http：//www.stats.gov.cn/sj/pcsj/rkpc/7rp/zk/indexch.htm.

题。这一纲要强调推进医养结合是我国实现健康老龄化目标的重要手段。2021年12月，国务院印发的《“十四五”国家老龄事业发展和养老服务体系规划》提出从丰富服务模式、增加服务供给和提升服务质量三个方面深入推进医养结合。近年来，全国各省市积极开展医养结合试点工作并已初具成效，但如何在“十四五”期间继续建设和完善居家社区机构相协调、医养康养相结合的养老服务体系仍是我国老龄事业的重中之重以及老年研究领域的关键议题。

自党的十八大以来，我国政府就如何推进医养结合作出了一系列战略性部署。在国家政策的引导下，国内学界也尝试在理论和实践两个层面对这一重要政策作出解释和回应，包括医养结合的概念澄清、政策研究、实践模式、服务现状、主要困境、未来走向等。到目前为止，我国医养结合的政策体系不断完备，服务能力不断增强，实践模式不断多元，取得了一定的成绩，但也存在不少问题。例如，作为我国健康老龄化战略的重要组成部分，现行的医养结合推进工作应当如何融入新时代背景下的健康老龄化理念（例如生命全周期、立足全人群等）？政府部门和国内学界对医养结合养老服务体系建设都有着美好的构想，但如何才能加快这些顶层设计的政策落地，以更好地满足老年人多层次、高品质的健康养老需求？国内学者尤其是社会服务领域学者应当注重研以致用，紧扣国家大政方针，深入探索如何有效推进顶层设计的政策落地，逐步构建起以健康老龄化理念为导向，以老年人真实需求为中心的医养结合养老服务体系。其中，作为扶助困弱群体、解决社会问题、提供社会服务的助人专业，社会工作一直致力于改善老年群体的生存状况，提高他们的生命质量，增强他们的社会福祉。社会工作专业在促进老年健康行动（包括医养结合工作）中应该也能够发挥重要作用①。但是，目前关于社会工作服务如何参与并促进医养结合工作的研究还比较有限。因此，本文围绕当前我国医养结合服务的主要现状和发展困境，尝试引入健康老龄化视角，探索社会工作应当如何发挥专业优势，弥补已有服务不足，拓展已有服务外延，从而助力医养结合

① 唐钧．社会工作促进健康老龄化［J］．中国社会工作，2018（10）：23.

政策的真正落地，切实满足我国老年人的健康养老需求。

二、医养结合服务的主要现状和发展困境

“医养结合”这一术语可被视为西方“老年整合照护”在中国的实质含义，其核心是通过整合养老和医疗服务资源以达到减少政府开支、提高照护效率、增进老年福祉的目标。目前国内学界对医养结合的概念界定尚未形成普遍共识。从狭义上讲，医养结合是在“对老年人进行基本生活照料的同时，关注老年人基本保健需求与医疗护理”①，强调养老机构与医疗机构间的服务资源整合。从广义来看，原新和金牛将“医”界定为一个涵盖了前端（例如健康教育、健康检查、预防保健等）、中端（例如疾病诊疗、医药救治、急诊救护等）和后端（例如康复护理、长期照护、安宁疗护等）服务的连续统一；将“养”理解成一个包含基础型（例如助老服务、生活照护、精神关怀等）、提升型（例如医疗辅助、中医药辅助等）和专业型（例如康复护理、失智服务等）服务的分级体系②。现在越来越多的国内学者认同医养结合应当打破疾病与健康的二元对立，将更多的老年人纳入健康养老服务体系中，从而在真正意义上满足绝大多数中国老年人的健康养老需求③。但在实际应用中，医养结合常被狭义地理解为通过养老机构开设医疗机构、医疗机构开设养老机构或养老机构与医疗机构合作等方式来为衰弱、失能、失智或残疾老年人提供健康养老服务。④

自 2013 年我国政府开始正式倡导医养结合理念以来，在国家和地方层面相关政策的强力推动下，我国医养结合养老服务体系快速发展。目前我国医养结合工作主要关注三个议题：一是完善普惠化、均等化的医养结合服务体系；二是探索智慧化、便捷化的医养结合服务模式；三是推动医养

① 耿爱生．养老模式的变革取向：“医养结合”及其实现［J］．贵州社会科学，2021（9）：101-107.

② 原新，金牛．中国医养结合模式治理的基点、焦点和要点［J］．河海大学学报（哲学社会科学版），2021（2）：71-78.

③ 邓大松，李玉娇．医养结合养老模式：制度理性、供需困境与模式创新［J］．新疆师范大学学报（哲学社会科学版），2018（1）：107-114.

④ 吴宏洛．论医疗保险制度设计对失能老人的救助功能：基于医养结合长期照护模式的考察［J］．福建师范大学学报（哲学社会科学版），2014（2）：23-29.

结合服务质量优质化、高效化发展①。近年来，基于全国各省市的医养结合实践经验，一些学者从不同角度总结了我国医养结合的主要模式。例如，根据医养结合的实施路径，医养结合实践模式可分为四类，包括养老机构开设医疗机构（以北京市第一社会福利院、青岛市福山老年公寓等为典型代表）、医疗机构开设养老机构（以重庆医科大学附属第一医院、河北医科大学第二医院等为典型代表）、养老机构和医疗机构合作（以中南大学湘雅三医院和湖南康乃馨养老机构的合作、北京康泰医院和颐乐之家敬老院的合作等为典型代表）、医疗卫生服务延伸至社区或家庭②③。按照城市规模大小，武玉和张航空聚焦大城市养老问题，将医养结合实践模式分为四类，包括超大城市模式、特大城市模式、Ⅰ型大城市模式、Ⅱ型大城市模式④。另外，依托我国现行的养老服务体系，医养结合实践模式还可分为居家医养结合、社区医养结合和机构医养结合三种模式⑤。这三种模式与我国业已形成的居家、社区和机构相衔接的养老服务体系一一对应。

从医养结合服务需求方的角度来看，考虑到医养结合工作在我国推行时间不长，许多老年人对医养结合服务的认知程度不高，对医养结合养老机构尤其缺乏认同，更加愿意选择以社区、居家为依托的医养结合服务，最为关心的是医养结合服务费用和质量问题。老年人的性别、收入水平、文化程度、子女数量、退休前的职业类型、社区有无提供医疗服务等因素

① 曹佳雨，张海波，赵俊．基于共词分析的医养结合政策策略研究［J］．中国医院，2022（6）：45-47.

② 赵晓芳．健康老龄化背景下“医养结合”养老服务模式研究［J］．兰州学刊，2014（9）：129-136.

③ 中国老年学和老年医学学会．积极应对人口老龄化研究报告 2020［M］．北京：社会科学文献出版社，2020.

④ 武玉，张航空．我国大城市医养结合的实践模式及发展路径［J］．中州学刊，2021（4）：78-84.

⑤ 原新，金牛．中国医养结合模式治理的基点、焦点和要点［J］．河海大学学报（哲学社会科学版），2021（2）：71-78.

均对他们的医养结合服务选择结果产生影响①②。目前我国老年人对医养结合服务的需求主要集中在五个方面，包括经济保障服务、日常照料服务、医疗保健服务、精神慰藉服务、社会参与服务。这些需求实际上反映了老年人对其晚年生活的普遍期许，但不同类型老年人对医养结合服务的需求侧重有所不同。例如，从年龄结构来看，低龄老人对医养结合服务的需求侧重精神慰藉、休闲娱乐、社会参与等内容；而高龄老人对医养结合服务的需求则更看重生活照料、医疗保健、家政服务等内容③。从健康状况来看，不同健康状况的老年人对医养结合服务的需求也有所差别。能力完好老人主要关注疾病预防、健康管理、养生保健、社会参与等方面的服务；能力衰退老人一般需要疾病干预、慢病治疗、保健康复、精神慰藉等方面的服务；而失能老人则需要更加精准专业的医疗服务和长期照护服务④。从城乡差异来看，农村医养结合服务与城市相比严重滞后，农村老人因经济收入低、就医条件差、农村空心化等问题更加关注经济收入保障、基础医疗诊治、精神文化娱乐等内容⑤。总体而言，我国老年人具有多样化、多层次的医养结合服务需求，基本涵盖了积极老龄化的三大支柱内容——健康、保障、参与。

从医养结合服务供给方的角度来看，我国医养结合服务供给涉及多个利益相关主体，包括政府、市场、家庭、社区、医养结合机构、其他社会组织等。目前我国医养结合服务供给主要遵循的是“自上而下”的实践逻辑，即按照国家和地方层面的相关政策要求设计医养结合服务清单。例如，2019 年 12 月，国家卫生健康委员会等部门联合制定并印发了《医养

---

① 丁淑娟．东莞市居民医养结合养老模式的意愿与需求调查分析［J］．中国医疗管理科学，2022（5）：74-78.

② 支梦佳，季佳林，胡琳琳．1389 名老年人对社区居家医养结合养老服务模式的选择意愿及影响因素分析［J］．护理学报，2021（4）：50-56.

③ 冯玉莹．“医养结合嵌入式”养老模式的必要性、困境与对策研究［J］．云南民族大学学报（哲学社会科学版），2022（2）：66-75.

④ 杜鹏，王雪辉．“医养结合”与健康养老服务体系建设［J］．兰州学刊，2016（11）：170-176.

⑤ 田雨同，张艳，刘珍，等．农村养老院老人医养结合服务需求现状及影响因素分析［J］．中国卫生事业管理，2021（4）：289-293.

结合机构服务指南（试行）》，希望规范我国医养结合机构服务内容，提高医养结合机构服务质量。我国医养结合机构正是以这一国家级的服务指南为政策标准来设计它们的医养结合服务内容，因而它们制定的医养结合服务清单大同小异，包括但不限于基本服务（例如生活照料、营养膳食、清洁卫生、洗涤服务等）、医疗服务（例如定期巡诊、疾病诊疗、急救服务、重症转诊、安宁疗护等）、中医药服务、护理服务、康复服务（例如物理治疗、作业治疗等）、辅助治疗（例如，观察老年人日常生活情况变化、协助老年人使用辅助器具、陪同老年人外出就医等）、心理精神支持服务、失智老年人服务等。为了达到上级部门政策要求，绝大多数医养结合机构会按照医养结合服务清单进行空间布局（例如医务室、护理室、洗衣房、安宁疗护室等），配置服务团队（例如医生、护士、护理员、社会工作者等），开展常规活动（例如理发、跳舞、巡诊、出游等）。需要注意的是，考虑到不同医养结合机构在运营能力、经费状况、人才配置、专业水平等方面存在差异，它们设计的医养结合服务清单不一定能被全部落实。许多中小型医养结合机构只能按照相关政策标准基本实现物理空间上的医养结合，但难以实现真正意义上的医养融合。例如，一些医养结合机构设置了安宁疗护室，但它仅供上级检查和参观所用，并未真正用于服务老年人及其重要他人。另外，由于医养结合配套政策兜底不足，老年照护人才队伍建设滞后，养老费用普遍过高以及医养结合服务内容层次较低，大量有医养需求但支付能力不足的老年人无法享受专业的医养结合服务，而有能力购买医养结合服务的老人常因统一的医养结合服务清单而无法享受更加多元化和高层次的服务①。

综合医养结合服务的供需状况，目前我国医养结合服务工作面临的主要困境可归纳为多方管理权责不清、支持保障力度不足、医保支付对接困难、专业护理人才短缺、供给需求难以对接等。第一，医养结合推进工作涉及多个行政管理部门，各部门职能有交叉但权责定位模糊，缺乏合作协

① 周霖，李莉，张颖，等．“医养结合”服务模式在医疗机构中的认识与探讨［J］．中国医院，2021（4）：45-47.

同机制。例如，考虑到养老机构归属民政部门，医疗机构归属卫健部门，医疗保险归属社保部门，若想建立一家医养结合机构需要同时在这三个部门办理养老机构准入、医疗资质审核、医保定点申请等事宜。三个部门互不隶属，各负其责，各司其职，使得它们之间的协同合作效率低下，难以形成推进医养结合工作的合力。孟颖颖指出，业务主管部门交叉重叠、责任边界不明晰是实施医养结合养老服务模式的最大困难①。王浦劬等基于博弈论理论逻辑，发现医养结合养老服务模式存在多种代理关系且隐含多重复杂博弈行为，由此导致协同治理关系难以构建②。第二，尽管国家和地方层面的相关政策都在为推动医养结合提供各种支持保障，包括用地审批、运营补贴、税费减免、床位补助等，但在实践中这些支持保障措施对大型医养结合机构而言确实锦上添花，却难以雪中送炭地真正惠及中小型医养结合机构。对中小型医养结合机构而言，按照国家和地方层面的政策标准设置医养空间、配备医护人员、聘用专职社会工作者等都需大量经费支持，但它们常因缺乏多元融资渠道而运营艰难，盈利微薄。第三，虽然近年来我国政府积极开展长期护理保险制度试点工作，但是目前这一险种的覆盖范围有限，基金筹资渠道单一，享受资格认定标准过高，因此医保支付对接困难依然是我国推进医养结合的一大阻碍。③ 第四，目前医养结合机构护理人员大多文化程度不高，未受过专业培训，难以为老年人提供专业护理服务。杨嘉莹认为医养结合服务的主要实践困境在于医疗卫生护理的不足④。第五，医养结合服务供给常与老年人的实际需求匹配错位，难以满足不同老年人的多元化健康养老服务需求。张雨婷等经研究发现目前在各类医养结合服务中，只有护理服务供需匹配度较好，而健康管理服务、医疗诊治服务、心理关怀服务、智慧化服务的供需匹配度等都存有一

① 孟颖颖．我国“医养结合”养老模式发展的难点及解决策略［J］．经济纵横，2016（7）：98-102.

② 王浦劬，雷雨若，吕普生．超越多重博弈的医养结合机制建构论析：我国医养结合型养老模式的困境与出路［J］．国家行政学院学报，2018（2）：40-51.

③ 李杰．青岛“医养结合”养老模式问题研究［J］．中国人力资源开发，2014（18）：74-80.

④ 杨嘉莹．结构性嵌入：医养结合在社区居家养老中的实践逻辑［J］．哈尔滨工业大学学报（社会科学版），2017（5）：60-65.

定偏差①。另外，目前医养结合服务供给主要覆盖失能半失能老人，对健康老人的医养服务需求关注力度不够。

三、健康老龄化视域下医养结合服务拓展

自 20 世纪 60 年代起，全球银发浪潮开始席卷世界各国。为了更加积极地应对人口老龄化带来的个人生命挑战（例如，既活得长又活得好）和社会发展挑战（例如，既能减轻社会负担又能作出社会贡献），健康老龄化问题成为各国学界研究的重要议题。作为与疾病相对的概念，健康本身就暗含了一个医学视角，因此，关于健康老龄化问题的早期理论和临床研究主要集中在医学领域。"健康老龄化"（Healthy Aging）这一术语最早可能是由美国老年医学家爱德华·鲍茨（Edward Bortz）于 1963 年在密歇根州医学协会期刊（Journal of Michigan State Medical Society）上提出②。20 世纪 90 年代初，健康老龄化理念由西方传入我国。长期以来，老年健康照护的传统路径遵循生物医学模式，主要关注老年人的疾病状况，将疾病诊疗和管理置于老年健康照护的中心，忽略了老年人内在机能的正常衰退和外在社会环境因素对其健康状况和生命质量的影响。2015 年，世界卫生组织提出了健康老龄化的全球行动纲领，将健康老龄化界定为"发展和维护老年健康生活所需功能发挥的过程"③。这一功能发挥的过程包含了老年人内在机能与外在环境之间的交互作用。2017 年 3 月，我国卫生计生委等部门联合印发的《"十三五"健康老龄化规划》从将健康老龄化界定为生命全过程的角度，从生命早期开始，对所有影响健康的因素进行综合、系统的干预，营造有利于老年健康的社会支持和生活环境，以延长健康预期寿命，维护老年人的健康功能，提高老年人的健康水平。健康老龄化理念包含了生态系统和生命历程两个理论视角，将老年人的内在能力发挥与外在

① 张雨婷，罗秀，谭梅，等．供需匹配视角下社区医疗卫生机构医养结合服务模式优化研究［J］．卫生软科学，2023（2）：46-51.

② BORTZ，E L. Healthy aging［J］. Journal of michigan state medical society，1963，62：664-666.

③ World Health Organization. World report on ageing and health［EB/OL］. Retrieved from https：//apps. who. int/iris/bitstream/handle/10665/186463/9789240694811_ eng. pdf? sequence=1. 2015.

环境系统联结起来，并且这种联结关系贯穿老年人的整个生命历程①。从这个意义来说，老年健康照护不能仅限于对患病老年人的疾病诊疗和管理，还应扩展至对所有老年人正常机能的养护及其健康生活的保障。

近年来，在健康老龄化理念的影响下，老年健康照护越发强调医养并重，以医促养，以养助医，希望通过整合医疗卫生和养老服务资源来更好地为不同老年群体提供全方位全周期的健康养老服务。其实，这种医养并重的老年整合照护实践早从20世纪70年代起就在欧美国家出现，包括英国的个人化整合照护模式（Personalized Integrated Care Model）②、美国的老年全面照护项目（Program of All-Inclusive Care for the Elderly）③、加拿大的老年整合照护系统（System of Integrated Care for Older Persons）等。④ 自21世纪初期起，尤其是党的十八大以来，我国政府高度重视老年整合照护问题，并紧扣其核心要义，旗帜鲜明地提出推行医养结合的政策方针。因此，医养结合可被视为西方老年整合照护在中国的本土化应用。美国著名老年学家沃尔特·洛伊茨（Walter Leutz）指出，老年整合照护的核心要义正是通过“医”（例如紧急医护、疾病诊疗、初级护理等）与“养”（例如生活照护、休闲娱乐、住房服务等）的有机整合来增强老年健康养老服务效果（例如临床干预效果、老年人满意度、系统运作效率等）⑤。从微观的临床照护角度出发，医养结合可被视为基于多学科团队合作（包括医生、护士、物理治疗师、社会工作者、心理咨询师等）的老年病患诊疗护理服务。从中观的组织协作和宏观的系统环境角度出发，医养结合是指老年健

① 马凤芝，陈海萍. 基于时空视角的健康老龄化与社会工作服务［J］. 社会建设，2020（1）：1-15.

② GEORGHIOU T，KEEBLE E. Age UK's personalised integrated care programme：evaluation of impact on hospital activity［EB/OL］. https：//www. nuffieldtrust. org. uk/sites/default/files/2019-01/nutj6871-age-uk-care-190130-web. pdf.

③ SHAW L. Program of all-inclusive care for the elderly：a comprehensive，cost-effective alternative for frail elderly individuals［J］. North carolina medical journal，75（5）：344-345.

④ BÉLAND F，BERGMAN H，LEBEL P，et al. A system of integrated care for older persons with disabilities in Canada：results from a randomized controlled trial［J］. Journal of gerontology：medical sciences，2006，61A（4）：367-373.

⑤ LEUTZ W. Five laws for integrating medical and social services：lessons from the United States and the United Kingdom［J］. The milbank quarterly，1999，77（1）：77-110.

康服务场域内外不同医养部门之间通过联结、协调和合作的方式来更好地满足老年人的健康养老需求。现在许多学者倾向于从生命历程和生态系统两大视角来综合理解医养结合理念。因此，本文认为，医养结合既是一个服务组织和管理的系统，也是一个服务投入和供给的过程，旨在通过协调卫生健康领域内外不同层级各类场域的照护资源，使老年人在全生命周期中能够根据自身需求获取连续的健康养老服务，包括健康促进、疾病预防、疾病诊疗、健康管理、康复护理、长期照护、安宁疗护等，从而确保老年健康生活所需功能得以发挥。

不难看出，健康老龄化视域下的医养结合服务打破了早先生物医学模式下的以疾病治疗为中心的老年健康照护路径。我国正在开展的健康老龄化行动也体现了从以疾病治疗为中心向以健康促进为中心的转变。作为健康老龄化行动的重要组成部分，医养结合服务将医疗资源嵌入养老服务中，有助于提升老年人的健康水平和自主能力，促进他们通过所积累的知识技能和生活经验为家庭和社区作出贡献，从而能为社会节省大量的照料成本和医疗开支①。目前医养结合常被狭义地理解为养老机构开设医疗机构、医疗机构开设养老机构或养老机构与医疗机构合作，它的服务对象多为衰弱、失能、失智或残疾老年人。一些学者受健康老龄化理念启发，已经意识到医养结合服务应当着眼于全人群、全周期和全系统。例如，杜鹏和王雪辉从健康老龄化的全生命周期和全人群视角出发，认为医养结合服务不能只关注健康状况较差或生活不能自理的老年人，而应将处于不同生命阶段的所有老年人都纳入医养结合服务范畴，并针对不同健康状况的老年人提供不同类型的医养结合服务。他们明确指出推行医养结合的总目标正是实现健康老龄化，而医养结合的服务对象应是全体老年人②。孙鹃娟和田佳音基于健康老龄化理念，将人的生命后半期划分为能力完好、能力

① 赵晓芳．健康老龄化背景下“医养结合”养老服务模式研究［J］．兰州学刊，2014(9)：129-136.

② 杜鹏，王雪辉．“医养结合”与健康养老服务体系建设［J］．兰州学刊，2016（11）：170-176.

衰退和失能三个阶段[①]。对于能力完好阶段的老年人，医养结合服务主要发挥疾病预防、保健养生的作用。对于能力衰弱阶段的老年人，医养结合服务主要起到延缓老年人能力衰退，为他们提供慢病诊治、康复训练的作用。对于失能阶段的老年人，医养结合服务主要发挥专业治疗、长期照料、临终关怀的作用。在这三个阶段中，环境支持系统均起到了提升老年人维持健康生活的能力并消除他们参与社会的障碍的作用。

综上所述，健康老龄化视域下的医养结合服务应当面向全体老年人，要对影响老年健康生活所需功能发挥的各种因素进行综合干预，逐步构建起能不断满足老年人多元医养需求的环境支持系统，以切实增强所有老年人的健康养老福祉。考虑到健康老龄化理念包含全生命周期和全系统整合两个维度，本文认为当前我国医养结合服务的外延应当有所拓展（见图1）。首先，在全生命周期维度上，医养结合服务应当惠及处于不同生命阶段的所有老年人，既包括当下我国医养结合服务主要覆盖的高龄、衰弱、患病、失能、半失能老人，也应将健康老人纳入其服务范畴，尤其是那些能力完好且居家生活的健康老人。这些健康老人被视为功能完好的正常人，因而极易在医养结合养老服务体系中成为被忽视的服务对象。健康老龄化理念强调健康功能的维护和发展贯穿一个人的生命始终，他（她）在生命前期的健康状况会影响其在生命后期的健康功能。因此，立足全生命周期的医养结合服务应将健康养老服务关口前移，在老年人健康功能完好的阶段甚至在由中年转老年阶段就开始提供相关服务，以确保他们未来的健康状况不会受制于过往的健康负债，尽可能地延长他们的健康期和生活自理期。其次，受全生命周期理念启发，本文认为医养结合服务并非如有些学者所说是一种“有病治病、无病康养”的养老服务模式。这种说法实际上已经将“医”与“养”的服务割裂开来了。真正的医养结合服务应是一个具有核心功能分区的连续服务系统。这一连续服务系统以“医”作为外围保障，为“养”奠定功能发挥的基础，力求实现“医”与“养”的

① 孙鹏娟，田佳音．新健康老龄化视域下的中国医养结合政策分析［J］．中国体育科技，2020（9）：58-65.

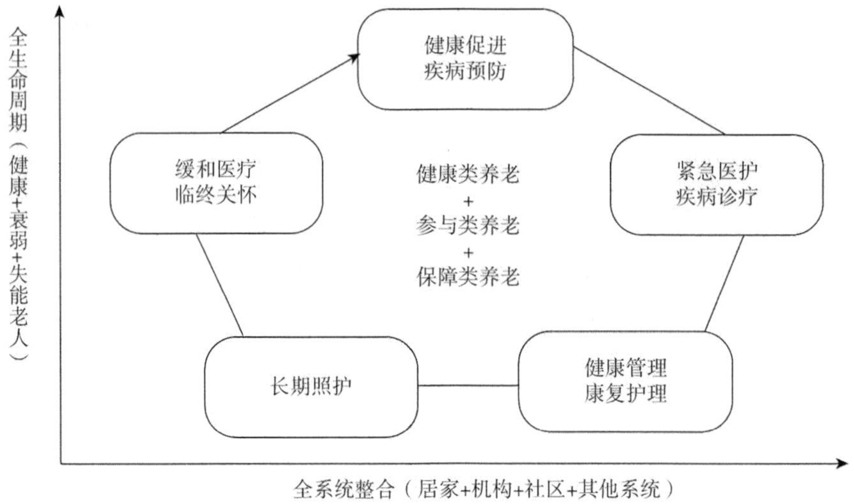

图 1　健康老龄化视域下的医养结合服务

有机整合。参考一般性的病程发展特点，“医”的连续服务系统应当涵盖预防性服务（例如健康促进、疾病预防）、诊疗性服务（例如紧急医护、疾病诊疗等）、维护性服务（例如健康管理、康复护理等）、照护性服务（例如长期照护等）以及姑息性服务（例如缓和医疗、临终关怀等）。无论老年人健康与否，这五种服务应当始终嵌入他们的全生命周期中，使他们能根据其在不同生命阶段的具体状况自主选择和组合使用这些服务。关于“养”的服务，有些学者将其描述成一个包含基础型服务、提升型服务和专业型服务的分级服务体系。但是，这种服务体系因其分级标准不明可能会使“养”的服务外延边界不清，服务目标导向不强。因此，本文基于积极老龄化的三大支柱内容，将“养”的服务主要分为健康类养老服务（例如膳食服务、洗浴服务、精神慰藉等）、参与类养老服务（例如文体活动组织、老年义工培育等）以及保障类养老服务（例如老年人补贴申领等）。这种服务类型划分有助于目标明确地涵盖尽可能多的养老服务。最后，在全系统整合的维度上，医养结合服务应当整合不同系统中的医养资源，包括家庭、机构、社区以及其他系统。目前医养结合服务实践大多在机构层面开展，缺乏对家庭和社区资源的有效整合。已有研究表明中国老年人更倾向于居家或依托社区使用医养结合服务，而非入住医养结合养老机构。

因此，未来医养结合服务应当着重挖掘并整合老年人家庭及其所在社区的医养资源，从而使医养结合服务能覆盖到更多老年人，尤其是能力完好且居家生活的健康老人。

四、社会工作专业参与医养结合服务路径

作为一门实践型的助人专业，社会工作在改进医养结合服务、推动健康养老行动中应该也能够发挥重要作用。如前文所述，目前我国医养结合服务面临的主要发展困境可归纳为五个“缺”：多元主体缺协同、保障不足缺经费、长期照护缺保险、专业服务缺人才以及供需双方缺对接。基于健康老龄化视角，当前的医养结合工作除了需针对已有服务不足进行改进，还应拓展已有服务外延，以更好地满足绝大多数中国老年人的健康养老需求。本文从增效和补白两个角度来探讨社会工作应当如何发挥专业优势，弥补已有服务不足，拓展已有服务内容。从增效的角度来看，考虑到医养结合服务供给涉及多个利益相关主体，由科层体制导致的主体间协作困境已成为推进我国医养结合发展的一大障碍，因此社会工作专业参与医养结合服务的重要任务之一就是在政策层面进行发声倡导，呼吁医养结合服务有关部门能够简政放权、明确权责、资源共享，逐渐形成推动医养结合工作的合力。我国一些试点省市已经成立了医养结合工作领导小组，将民政、卫健、社保等部门相关工作人员都纳入这一领导小组中，定期沟通并讨论医养结合服务推进工作以明确各部门的分工权责。本文认为，这种基于相关部门联动的医养结合工作机制值得推广，并且今后或许可将社工部门也纳入其中，充分发挥社会工作专业擅长进行团队建设、关系协调以及资源链接的优势，推动不同部门之间的信息和资源交换。关于保障不足缺经费这一问题，社会工作者应将服务重点放在中小型医养结合机构上，在政策层面倡导加大对中小型医养结合机构的扶持力度。目前许多中小型医养结合机构虽然配有社会工作者但并未充分发挥他们的专业优势。在这种情况下，社会工作者应当尤其注重自我增能，使这些机构意识到它们的“不可或缺”。社会工作者不仅可以通过个案、小组和社区三大专业方法有效处理入住老人的医养需求，还能将机构层面问题与养老公共议题连接起

来，提高这些机构从公共部门和私人组织获取支持的能力。例如，中小型医养结合机构中的社会工作者可以通过盘点机构资源，瞄准机构优势，开展特色项目，并向公众推广，从而为机构吸引投资主体。

关于长期照护缺保险这一问题，社会工作者首先应当清醒认识到我国长期护理保险制度建设无法一蹴而就，是一个渐进发展的过程。但是，考虑到长期护理保险制度发展对医养结合服务体系完善意义重大，社会工作专业也应当在政策层面积极倡导推进我国长期护理保险制度试点工作，尤其需要呼吁长期护理保险制度在更多省、自治区、直辖市推行开来并覆盖更多老年群体。由于当下我国长期护理保险覆盖人群毕竟有限，为了协助有健康养老需求但支付能力不足的老年人获得专业的医养结合服务，社会工作者更为实际的做法或许应是运用专业知识和技能厘清老年人的需求和资源清单，以此清单为基础尽可能地为他们链接相关资源并匹配相关服务。另外，专业老年照护人才短缺是制约我国医养结合服务体系发展的一大“瓶颈”。例如，目前许多医养结合机构中的护理人员文化程度不高，多为家政阿姨转业而来或是中老龄的城市流动人口。这些护理人员主要从事房间清扫、膳食配送、衣物洗涤、翻身洗背等日常生活照料服务，大多并不具备有关老年健康照护的专业知识和价值理念。一些护理人员并未意识到老年健康照护的基本价值之一就是将所有老年人视为有尊严的人，因而他们常常会带着“厌老”情绪开展护理服务。基于此，社会工作者可以扮演教育培训者的角色，为护理人员提供专业培训。一方面，社会工作者可以将专业价值和理念传递给护理人员，协助他们为老年人提供更具人文关怀的医养结合服务；另一方面，社会工作者也可以将自我照护技巧教给护理人员，协助他们处理在服务过程中遇到的各种困难和压力，从而减少护理人员在医养结合服务系统中的流失。关于医养结合服务供给和需求难以有效对接问题，这一问题之所以会出现的重要原因之一在于我国医养结合服务供给主要遵循的是“自上而下”的实践逻辑。医养结合机构按照国家和地方层面的相关政策标准设计医养结合服务清单，并非基于所服务的老年人的实际需求，因而极易出现服务供给与需求之间的不对口。社会工作专业服务始终是以服务对象为中心，遵循的是“自下而上”的实践逻辑，因而正好可以将老年人的实际需求带入已有的服务供给系统中。

从补白的角度来看，目前我国养老现状呈“9073”格局，即90%左右的老年人居住家中养老，7%左右的老年人依托社区养老，3%左右的老年人入住机构养老。已有医养结合实践和研究对社区医养结合和机构医养结合探讨颇多，但对居家医养结合关注不足，主要原因一是居家养老责任主要在家庭；二是许多居家老人生活能够自理，因而常被医养结合服务供给方忽视。鉴于我国的“9073”养老格局，未来医养结合工作的重点应放在为90%左右的居家老人拓展符合他们实际需求的医养结合服务。健康老龄化理念也启发我们应将医养结合服务有效辐射至能力完好且居家生活的健康老人。与依托社区养老和入住机构养老的老人相比，居住家中养老的老人对医养结合服务的需求可能有所差异，但已有文献对此研究不多。社会工作专业服务主要遵循的是“自下而上”的实践逻辑，因此需要首先摸排清楚居家老人的医养结合需求才能有针对性地设计相关服务项目。考虑到我国居家老人数量众多，社会工作者想要针对他们进行需求摸排并非易事，故应考虑基于已有养老服务项目借力使力地嵌入社会工作专业元素。例如，居民健康档案建立和管理已纳入我国基本公共卫生服务项目。其中，65岁及以上老年人是这一建档工作的重点人群。目前老年健康档案由医务人员建立，主要记录个人基本信息、主要健康问题、疾病用药情况等。显然，由医务人员开展的建档工作更为关注老年人的生理面向，缺乏对其作为人的其他面向（例如心理面向、社会面向、灵性面向等）的重视。社会工作专业服务向来强调“全人”视角，因而正好可以通过使用生理—心理—社会—灵性的多维评估工具来补足老年健康档案中所欠缺的“全人”信息，为老年人绘制出更为全面的健康图谱。这种基于“全人”视角的老年健康档案将为医养结合服务提供翔实可靠的介入依据。

需要注意的是，并非所有居家老人都适合在家中养老。受中国传统养老文化的影响，大多老年人更愿意选择以居家或社区为依托的医养结合服务，即便有些老年人的健康状况、生活环境、社交网络以及其他条件并不支持他们居家养老。已有研究表明我国老年人对以机构为载体的医养结合服务认可度和接受度不高。许多老年人经常迫于健康压力、子女要求等现实原因不得不入住医养结合机构，但这种不情愿的态度极大地影响了他们的入住体验和生活质量，有些老年人甚至因此陷入抑郁状态。当前我国医养结合服务体系缺乏“转介”环节来协助老年人在不同生活场景之间实现顺利切换和过渡。因此，社会工作者可以通过开展以环境适应为导向的转介服务，协助有需要的老年人由熟悉的家庭环境顺利过渡到新的机构环境。反之，有些老年人在久居机构后返回家庭和社区生活可能也会需要社会工作者的转介服务。本文认为，在现行的医养结合服务体系中嵌入社会工作专业的“转介”环节能更有效地连接老年人的居家社区机构系统，从而帮助他们更好地适应新的生活环境，确保他们的健康功能在新的环境中也能正常发挥。强调全系统整合的健康老龄化理念也启发我们应当格外注意不同系统之间的结构性漏洞问题。社会工作者经常扮演的资源链接者角色恰恰可以使他们发挥不同结构性漏洞之间的“桥接”作用。例如，上述社会工作专业转介服务正是这种“桥接”作用的一种体现。最后，考虑到医养结合服务牵涉多个利益主体、复杂权力关系和各类系统资源，社会工作者以何种身份或角色嵌入医养结合服务体系将是一个难点。社会工作者想要成为不同系统之间的桥接者需要一个合法且有权重的身份角色。这就涉及了在不同医养结合服务情境中为社会工作者设岗并赋权的问题。例如，按照国家和地方层面的相关政策规定，医养结合型养老机构需要配备一定数量的专职或兼职社会工作者，但在许多中小型养老机构中这些社会工作者虽有岗位但角色边缘化，他们被聘用的主要原因是养老机构需要对标上级政策设岗而非真的需要他们开展专业服务。在这种情况下，社会工作者处于“无权或少权”状态，难以在医养结合服务中发挥出专业优势。因此，未来社会工作专业参与医养结合服务除了要考虑设岗问题更要注重“增权”问题。

五、结语

随着人口老龄化程度的不断加深，我国老年人的健康养老需求也日益增加。老年人在步入晚年后最为关心的是医疗和养老两大问题，因此我国积极推进医养结合服务体系建设具有重要的现实意义。近 10 多年来，我国医养结合研究和实践已初有成效，但也存在不少问题。其中，如何在新时期的健康老龄化战略背景下推动我国医养结合工作朝纵深发展是摆在社会各界面前的一道难题。本文从社会工作专业的角度出发，基于健康老龄化理念的两大维度——全生命周期和全系统整合，提出社会工作专业参与医养结合服务的可能路径，以期助力医养结合政策的真正落地，切实满足我国老年人的健康养老需求。

Path Exploration of Social Work Involved in the Integrated Medical and Elderly Care Services from a Healthy Aging Perspective

CHEN Haiping

Abstract: The main difficulties now faced by China in the current integrated medical and elderly care services include unclear allocation of responsibilities among multiple stakeholders, insufficient social and financial support, inadequate health insurance coverage, a shortage of professional caregivers, and unmatched demand and supply for medical and elder care services. To address these five problems, this article adopts a healthy aging perspective which emphasizes the life course approach and multi-system integration and explores how social work can leverage its professional advantages in the integrated medical and elderly care services, make up for the shortcomings of existing services, and expand the scope of existing services. Thus, social work helps the real implementation of the policy of integrated medical and elderly care services, effectively meeting the health and elderly care needs of the elderly in China.

Keywords: social work, integrated medical and elderly care services, healthy aging

中国社会工作学刊　第五辑
第 172~197 页

社会工作参与对口帮扶的行动主体互动机制研究
——以“沪滇牵手计划”为例*

陈岩燕**

【摘要】 本研究以“沪滇牵手计划”为例，聚焦于社会工作参与对口帮扶背景下两地行动主体的互动机制，由此考察社会工作在对口帮扶中的在地化过程。基于政策转移的视角，对参与该政策的10家援派机构、6家受援机构进行访谈，对政策和机构文档进行分析，结合参与式观察，发现：(1) 各主体间经历了寻找目标耦合、形成协同网络、进行资源互置的互动过程；(2) 各利益相关方围绕政策目标来评判自身参与该计划的成效，其体验到外溢效应的同时，政策效果因时间、资源投入等也存在局限性。建议向欠发达地区倾斜资源，发展社会工作助力乡村振兴；循序渐进迁移先发经验；加强社会工作对口帮扶的顶层设计。

关键词：牵手计划　社会工作在地化　对口帮扶

* 本文为中国社会工作学会2022年社会工作专题研究课题“从脱贫攻坚到乡村振兴：社会工作参与对口帮扶的政策转移路径研究”的成果，项目批准号为SGXHYJK2022-1。

** 作者简介：陈岩燕，复旦大学社会发展与公共政策学院副教授，社会福利学博士，主要从事贫困治理、健康与老年社会工作、社会工作项目的递送与评估研究。

一、引言

东西部扶贫协作是对口帮扶的一种典型模式①②，是东西部在国家区域发展总体战略布局下进行的涵盖资金、产业、就业、文化等维度的相互合作和共同发展模式③。随着社会经济的发展与经验积累，东西部协作不再局限于单纯的东部“输血式”资源支持，而是以更加多元的政府、市场和社会力量参与机制，迈向东西部两地的“协同发展、共同发展”。在该政策背景下，民政部于2017—2020年实施社会工作服务机构“牵手计划”，引导先发地区社会工作服务机构结对帮扶贫困地区社会工作服务机构。上海市民政局自2017年与云南省“牵手”，从全市遴选了20家社会工作服务机构，一对一帮扶云南省贫困地区。通过培育发展社会工作服务机构、培养社会工作专业人才，以及开展社会工作服务项目的方式，将先发地区的社会工作经验迁移到贫困地区。由于“沪滇牵手计划”社会反响良好，上海市民政局进一步实施2021—2022年“牵手计划”，在乡村振兴阶段继续发挥社会工作对口帮扶的积极作用。社会工作参与对口帮扶，是区域间社会政策迁移的典型范例。

与社会工作相关的社会政策在区域间的迁移较少被关注。由西方引进的社会工作已在我国东部地区发展20余年，围绕“本土化”路径长期存在“嵌入性”和“专业性”之间的论争④。在东西部协作、对口帮扶的政策背景下，在相对较短的时间内推动社会工作在我国欠发达地区的“在地化”，这一过程相较于原有的“本土化”论争涉及一系列复杂因素。在同一政治制度框架下，社会工作参与对口帮扶涉及两地政府部门、社会服务机构等多元主体，探讨社会工作在欠发达地区“在地化”的过程和结果具有重要的学术价值和应用价值。本研究以“沪滇牵手计划”为例，聚焦于

① 严云鹤，高万红．对口支援中的社会工作参与［J］．贵州民族研究，2022（4）：89-95.

② 2021年2月，在全国脱贫攻坚总结表彰大会上，习近平总书记庄严宣告，我国脱贫攻坚取得了全面胜利。自此，“东西部扶贫协作”改称“东西部协作”。

③ 陆汉文．东西部扶贫协作与中国道路［J］．学术前沿，2019（21）：62-68.

④ 郭伟和．转型社会工作再探讨：超越当前中国社会工作发展策略之争的新思路［J］．社会工作，2022（3）：19-27.

东西部协作背景下社会工作参与对口帮扶的政策迁移经验。

本研究具有重要的理论意义和实践意义。21世纪以来，中国社会工作的发展经历了从西方引进国内，在中国沿海地区“本土化”的过程。随着东西部协作和对口帮扶政策的实施，国内先发地区“牵手”欠发达地区，推动社会工作在欠发达地区的社会工作“在地化”。本研究从政策迁移的视角考察在东西部协作、对口帮扶背景下各行动主体不断互动从而促进社会工作“在地化”过程，将增进社会政策在区域间迁移的知识积累，拓展发展中国家社会工作专业服务和制度发展的政策路径。以“沪滇牵手计划”为例，总结社会工作发展的政策迁移路径，有利于减少社会工作后发地区摸索制度建设的时间和经济成本，减少政策迁移过程中发生的冲突，从而促进社会工作在全国各地基层社区的健康发展。

二、文献综述

（一）社会工作参与对口帮扶

对口帮扶是具有中国特色的一项制度，旨在通过整合全国资源，针对欠发达地区特别是少数民族地区在经济、社会发展等方面落后的现状，提供先发地区的帮扶，以期提高在地的社会发展水平，达到全国的均衡性发展①。东西部协作属于对口帮扶的一种典型模式②③，是东西部在国家区域发展总体战略布局下进行的涵盖资金、产业、就业、文化等维度的相互合作和共同发展模式。1994年《国家八七扶贫攻坚计划》第一次较为正式地定义了东西部协作的内涵，提出“在全国范围内开展有组织、有计划、大规模的扶贫工作，实现从救济式扶贫向开发式扶贫的转变。东部较为发达的省市都要对口帮助西部的一两个贫困省、区发展经济。利用自身优势，通过经济合作、技术服务、吸收劳务、产品扩散、交流干部等多种途径，发展与贫困地区在互惠互利的基础上的合作”。目前，东西部地区的对口帮

① 严云鹤，高万红．对口支援中的社会工作参与［J］．贵州民族研究，2022（4）：89-95.

② 同①.

③ 姚尚建，梅杰．对口支援的城市出场：政策、空间与行动［J］．安徽师范大学学报（人文社会科学版），2022（5）：47-57.

扶领域从最初的经济、技术、教育、干部交流等逐渐扩大到产业、基本公共服务、就业、社会服务等多元维度。随着社会经济的发展与经验积累，东西部协作有了更加丰富的内涵，不再局限于单纯的东部“输血式”资源支持，以更加多元的政府、市场和社会力量参与机制，向着东西部两地“协同发展、共同发展”的目标迈进。

相较于其他帮扶形式，社会工作参与对口帮扶，在理念、内容与方法上都是一种创新。一些学者认为①②，鼓励非政府组织等社会力量参与贫困治理工作，可以有效地增加可利用的资源，同时社会组织本身的行动基于兴趣、情怀和价值观，更具内驱动力③。社会工作在精准扶贫、脱贫攻坚时期参与对口帮扶工作，能够在一定程度上弥补传统救济式扶贫的不足，并通过社会工作的方法和理念提升扶贫对象能力④，还能使社会组织弥补政府与市场之间尚未关注到的空白领域，使社会治理得到进一步的发展。

在精准扶贫的政策基础上，2017 年民政部发布《社会工作服务机构“牵手计划”实施方案》，指出“民政部将从社会工作先发地区遴选 100 家社会工作服务机构一对一牵手帮扶贫困地区，培育发展 100 家社会工作服务机构，培养 100 名社会工作专业人才，支持贫困地区为特殊、困难群众提供 100 个社会工作服务项目，提高社会工作服务水平，搭建社会工作服务东西协作平台，推动社会工作专业力量在打赢脱贫攻坚战中发挥更大作用”。2021 年，民政部、国家乡村振兴局联合印发《“十四五”时期社会工作服务机构“牵手计划”实施方案》，在前一阶段的基础上旨在“实现受援地区县域乡镇（街道）社会工作服务站全覆盖，培育一批政治可靠、成效突出、管理规范的社会工作服务机构，培养一批扎根乡村、能力突出的社会工作专业人才，协助受援地区建立完善社会工作服务制度，提高社

① 张莉．我国东西部扶贫协作的推进机制研究［J］．天津行政学院学报，2015（4）：46-51.

② 吴国宝．东西部扶贫协作困境及其破解［J］．改革，2017（8）：57-61.

③ 文雷，李若飞，张淑惠．乡村振兴与脱贫攻坚衔接背景下对口支援的双边匹配机制研究［J］．学习与探索，2022（8）：153-160.

④ 向德平，姚霞．社会工作介入我国反贫困实践的空间与途径［J］．教学与研究，2009（6）：22-26.

会工作服务水平，搭建社会工作服务东西部协作、城乡融合平台，推动社会工作专业人才在巩固拓展脱贫攻坚成果同乡村振兴有效衔接中发挥更大作用”。

在该政策背景下，2017 年，上海市民政局与云南省“牵手”，从全市遴选了 20 家社会工作服务机构，一对一帮扶云南省贫困地区。通过培育发展社会工作服务机构、培养社会工作专业人才以及开展社会工作服务项目的方式，将先发地区的社会工作经验迁移到贫困地区。由于“沪滇牵手计划”社会反响良好，上海市民政局进一步实施 2021—2022 年“牵手计划”，在乡村振兴阶段继续发挥社会工作对口帮扶的积极作用。社会工作在东西部协作政策框架下的对口帮扶，是区域间社会政策迁移的典型范例。

（二）政策迁移

Dolowitz 和 Marsh 用“政策迁移”（policy transfer）这个术语来指代一个过程，即一个政治体系（过去或现在）中关于政策、行政安排、制度和思想的知识被用于另一种制度情境中的政策制定与行政安排①。这一界定明确表达了政策迁移中的多维动态内涵，首先，政策迁移发生在跨越时间或空间的状态之中；其次，政策跨时空的迁移与运用是一个复杂的、动态变化的过程；再次，政策迁移涉及多样内容，既包含具体政策工具和行政制度的“硬”迁移，也有理念和模式的“软”迁移；最后，政策迁移发生在多样主体之间，既包括国际层面和国内层面的迁移，也包括政府层面和组织层面的迁移。在政策迁移理论中，两位学者将政策迁移的对象分为政策目标和内容、政策报酬、行政技术、机构、态度想法和概念、消极教训六大类，从而使政策迁移的内容不局限于具体的政策工具与方案。他们提出了一个政策迁移的分析框架，该框架的结构分为六个问题，包括：在迁移的过程中谁是关键行动者？他们参与的动机是什么？政策迁移的要素是什么？迁移的程度如何？迁移的范围是什么？政策迁移的过程与政策“成

---

① DOLOWITZ R，REVISITED M. What have we learned from policy transfer research?［J］. Political studies review，2011，9（3）.

功”或“失败”之间存在怎样的联系？

政策迁移是一个复杂的过程，在此过程中涉及许多利益相关者，在政策迁移的每个阶段，行动者的类型和角色也不尽相同。Glaser 等通过回顾近 10 年交通领域政策迁移文献后认为，政策迁移发生的环境、参与主体之间的互动、组织以及制度因素成为政策迁移的驱动与阻碍因素①。尤其是参与主体之间的合作程度②、沟通③、信任情况等也会对迁移效果产生影响。同时，“强有力的参与型领导”在其中一种伙伴关系中带来了成功的结果，而在另一种伙伴关系中，模糊、脱离和不支持型领导则构成了障碍。此外，在地的文化情境也成为影响政策迁移效果的重要因素。国内也有研究发现，地方的发展水平、官员行为偏好和文化因素均会对府际间政策迁移过程中的路径与方向产生影响，这些因素也决定了政策迁移的成败④⑤。政策迁移成功的关键在于迁移的内容是否与当地的政治、经济、社会、文化结构“结合”，使之与输入地形成更多的“重叠知识”⑥⑦。但政策的在地化又受到行政压力、资源、社会力量及其互动关系的影响⑧。

（三）研究问题

国外研究政策迁移的学者⑨承认，文献中缺乏发展中国家的案例研究，

---

① GLASER M，BERTOLINI L，BRÖMMELSTROST M T，et al. Learning through policy transfer? Reviewing a decade of scholarship for the field of transport［J］. Transport reviews，2022，42（5）：626-644.

② HYSING E，ISAKSSON K. Building acceptance for congestion charges-the Swedish experiences compared［J］. Journal of transport geography，2015，49（DEC.）：52-60.

③ THOMAS R，POJANI D，LENFERINK S，et al. Is Transit-oriented Development（TOD）an internationally transferable policy concept?［J］. Regional studies，2018，52（9）：1201-1213.

④ 陈琳．府际政策转移各阶段的影响因素分析［J］．中南大学学报（社会科学版），2014（1）：57-62.

⑤ 魏淑艳．国外政策转移理论研究述评［J］．上海行政学院学报，2009（5）：100-108.

⑥ 程灵．论高等教育政策的国际迁移［J］．福建师范大学学报（哲学社会科学版），2008（5）：127-131，144.

⑦ 何二毛．地方政府教育政策转移的动力机制、问题类型与行动策略［J］．当代教育科学，2017（7）：76-80.

⑧ 熊烨，周建国．政策转移中的政策再生产：影响因素与模式概化——基于江苏省“河长制”的 QCA 分析［J］．甘肃行政学院学报，2017（1）：37-47，126-127.

⑨ DOLOWITZ R，REVISITED M. What have we learned from policy transfer research?［J］. Political studies review，2011，9（3）.

并认为发展中国家的体制结构不同，在政策迁移方面可能存在与发达国家不同的问题。近年来，同一国家内部区域间政策迁移的失灵现象得到关注①。尽管如此，与社会工作相关的社会政策实践在区域间的迁移较少被关注。由西方引进的社会工作已在我国东部地区发展20余年，围绕“本土化”路径长期存在“嵌入性”和“专业性”之间的论争②。在东西部协作、对口帮扶的政策背景下，于相对较短的时间内推动社会工作在我国欠发达地区的“在地化”，这一过程相较于原有的“本土化”论争涉及一系列复杂因素。在同一政治制度框架下，社会工作参与对口帮扶涉及两地政府部门、社会服务机构等多元主体，政策迁移不是已有经验制度的简单照搬，而是需要转入方在迁移过程中进行大量的政策行为调适与修正。因此，本研究以“沪滇牵手计划”为例，聚焦于东西部协作背景下社会工作参与对口帮扶的政策迁移经验。

基于 Dolowitz 和 Marsh 的政策迁移分析框架，本研究重点考察两地机构之间、两地政府之间、机构与政府之间的互动关系，由此总结社会工作在东西部协作中的在地化过程。两地“牵手”机构之间、机构与各自基层政府之间持续互动，推动了社会工作服务经验、社会工作制度建设的迁移，在各行动主体看来，政策迁移的结果可能是成功或失败。本研究试图回答以下两个研究问题：（1）在社会工作参与对口帮扶过程中，各主体是如何互动的？（2）在各利益相关方看来，判断政策迁移成功的标准是什么？

三、研究方法

本研究采用案例研究的质性研究取向，以“沪滇牵手计划”为例，深入剖析沪滇两地在社会工作领域进行政策迁移的过程，资料收集方法如下。

---

① 陈琳．地方间政策转移失灵的审视与反思［J］．法制与社会（旬刊），2011（35）：211.

② 郭伟和．转型社会工作再探讨：超越当前中国社会工作发展策略之争的新思路［J］．社会工作，2022（3）：19-27.

（一）文档分析

通过查阅与收集关于东西部协作、对口帮扶以及社会工作开展“牵手计划”的相关政策文件，“沪滇牵手计划”会议资料，如民政部下发的《“十四五”时期社会工作服务机构“牵手计划”实施方案》等，从宏观层面梳理政府对社会工作参与对口帮扶过程的顶层设计，具体包括帮扶过程参与的主体、帮扶内容形式以及帮扶期望达到的效果。通过两地社会工作者协会、民政局/厅以及受访机构的官方微信公众号等渠道，收集两地政府部门以及两地社会工作机构的相关新闻稿。通过与两地机构工作人员沟通，在知情同意以及自愿的原则下获取机构在参与对口帮扶过程中的相关报告文书，如机构的自评报告、典型案例、督导会议记录等。了解社会工作机构在参与对口帮扶过程中的具体帮扶内容以及帮扶方式，从而对社会工作服务经验、制度建设的迁移过程以及迁移效果进行梳理总结。

（二）参与式观察

研究团队深入跟进其中 2 对沪滇牵手机构的实践，并记录相关笔记，深入观察其在“沪滇牵手计划”实施过程中与各利益相关方的互动过程和行动策略。

（三）访谈法

通过目的抽样的方法，选取参与“牵手计划”的援派组织、受援组织的负责人及工作人员，以及两地的民政系统工作人员进行访谈。受访对象主要为曾参与“牵手计划”的 10 家援派社会服务机构、6 家受援社会服务机构、援派地民政局相关负责人以及受援地县民政局相关条线负责人。共访谈 29 人，其中援派机构受访者 20 人，受援机构受访者 7 人，援派地民政局相关负责人以及受援地县民政局相关条线负责人各 1 名，这些被访对象均深度参与了“牵手计划”。

在定性访谈内容收集的基础上，借助质性研究分析软件 Nvivo12.0 整理数据资料，并采用主题分析法，对收集到的访谈数据进行开放性编码、分组、分类、抽象等意义提炼与分析，提炼反复出现或共同的主题，以实现对研究问题的充分回应。

在执行过程中研究者遵循相关的伦理要求，以保障研究对象的权益。在访谈前征求相关人员的同意后，进行访谈与资料收集。遵循自愿参与和知情同意原则，访谈前充分告知访谈对象与本研究相关的研究内容、目的等，同时对本研究资料的使用等情况进行说明。除此之外，告知研究对象访谈过程中需要全程录音留存访谈资料，以保障其基本权利不受损害。同时为了保障受访者充分知情的权利，必要时也会及时反馈研究结果。同时，在访谈资料整理过程中对受访对象的相关信息进行匿名化处理，不出现易辨识受访者身份的资料，从而避免其因参与研究而产生困扰。

四、研究发现

（一）政策指导下主体间的互动关系

通过梳理“牵手计划”相关政策文件，将其互动主体及帮扶任务总结如图 1 所示，通过该图可从宏观层面了解各主体在“牵手计划”中的角色与分工。研究发现，援派地区级民政局在“牵手计划”中并不直接进行沟通对接工作，而是由受援地县级民政局直接与援派社会工作机构进行沟通对接，以及提供相应的保障。从帮扶任务部分可以看出，在“十四五”时期“牵手计划”的帮扶任务有所转向，即帮扶任务转向发展和巩固已有社会工作服务内容，同时新增了“支持建立乡镇（街道）社会工作服务站”的任务，这一任务在实地中一般是以援派机构开展直接服务项目或提供督导的方式实现。

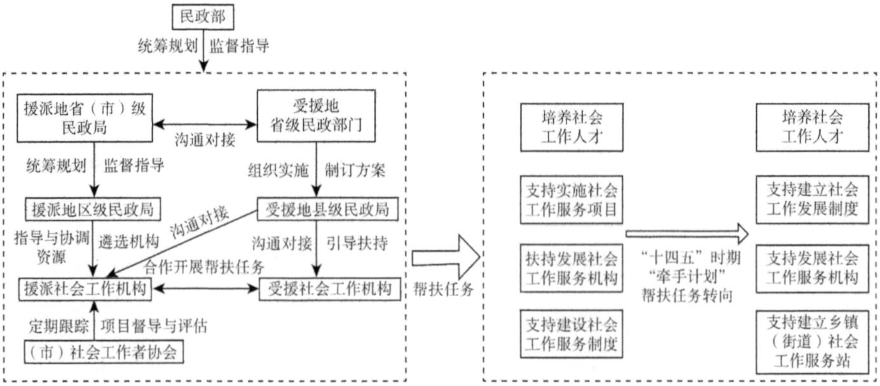

图 1 “牵手计划”互动主体以及帮扶任务框架

（二）援派机构、受援机构、当地政府间的在地互动机制

在社会工作参与东西部协作的过程中，其行动主体主要涉及两地政府或相关部门，以及两地社会工作机构，各行动主体都有自己的角色和任务，各方良性互动方能确保政策实践的迁移取得成效。

1. 寻求目标耦合

在对口帮扶的过程中，多方主体在其中都有自己的目标。对于援派机构来说，参与对口帮扶是出于机构使命和社会责任，同时希望提升自身影响力；受援机构则视此为增加生存空间和社会资本的机会，希望能够在此过程中获得更多的政治合法性；对当地政府来讲，“牵手计划”能够带来政绩亮点。

（1）援派机构：社会责任+影响力。

援派社会组织在参与对口帮扶的过程中承担着“引路人”的角色，其拥有东部先发地区的社会工作先进经验，负责将社会工作的服务与制度建设经验迁移到西部地区。对于援派机构来说，承担社会责任是参与“牵手计划”的初衷。

我想既然我们是5A（机构），肯定要承担社会责任，为行业承担责任。（YJ-20）

“牵手计划”在民政部的政策指导下推进，成为援派机构有一定的门槛，因此对能够参与其中的援派机构来说，这是彰显机构实力的机会。而且，参与国家的脱贫攻坚计划是宝贵的机会，能够在上海市和云南省两地提升机构的影响力。正如援派机构YJ负责人所言，“我们当时其实也是有野心的，我们代表上海市到云南省去做这样的服务，一定要做出上海的专业水平。”（YJ-20）

（2）受援机构：组织生存+行政压力。

基于生存压力，受援机构希望增加在当地的生存空间和扩展社会资本，故需要借助援派机构的资源及其背后的政治关系为其背书，获得政府各部门的信任和支持。例如，援派机构YA的工作人员说道：“（受援机构）希望让我们带着他们去多见领导，他们可以在领导面前增加露脸的机会，机构可以获得更多的支持。”（YA-06）

除了增强和政府的关系，受援机构也希望能够获得更多的社会资本，比如与红十字会等组织的合作。正如受援机构 SL 的负责人所言，正是由于和沪方援派机构合作之后，有了更多外出学习的机会，受援机构 SL 也得到了曝光，进入大众的视野，从而能够获得更多的资源。还有一部分受援机构因为自身比较适合接受帮扶，行政命令直接下达至机构后，机构在这样的行政压力下参与“牵手计划”。

从民政支持角度来说，援派机构支持力度大，福利院里的员工和儿童没有流动性，工作开展等方面比较顺利。福利院设置了社工部，有一定社工人才的基础，来引导和执行“牵手计划”会比较方便。(SL-03)

(3) 当地政府：政绩亮点+政策要求。

当地政府的政治生态模式在一定程度上影响着援派社会组织开展工作的方法。当地民政看重政绩亮点，希望见到短期成效，且工作内容、工作目标要与自身条线工作相契合，例如“从经费出发”“做加法”（YD-14）等。正如援派机构 YJ 所述，当地领导对“牵手计划”的理解出于对其政绩的考量，认为软性的教育服务能够区别于硬性的基建，从而提升脱贫攻坚的层次，获得上级及公众的认可。

脱贫攻坚任务的表达有很多基建工作，任务非常单一。如果有一个很软性的、做文化的、做培训的、做未来发展的项目介入，一下子就提升了整个脱贫攻坚工作的层次，这个不是修条路或者卖一点东西能比的。软性的教育，孩子的改变，家庭的改变，这些东西是不一样的东西，是长久的东西。鉴于此，政府部门对项目的重视度相对会高一些，这也是为什么今年央视的农业农村频道寻找采访对象时，政府部门第一时间推荐了我们。(YJ-20)

(4) 求同存异，力求共赢。

多方主体在其中都有自己的价值观念和利益诉求，但各主体间都有一个朴素的目标，即根据政策文件的要求把事做好。因此，各主体大多选择曲线沟通、相互妥协、折中处理的办法在互动中寻找彼此共同的目标。

我们还是想站在更高的层面，大家是共赢的、相对平等合作的，当然我也能体谅你各种忙，但是我一定会带给你想要的东西，交付你托底的东

西，也交付一些能够共赢的东西。（YH-18）

我们就用社会工作的优势视角去表达一些事情，这件事情一定是多方共赢，我才会去表达。（YJ-20）

值得注意的是，在帮扶的过程中援派机构并非因为前期的“带资入场”，就在互动中处于绝对主导地位，真正可持续的发展是基于双方平等主体下的合作共赢，援派机构需要重视受援地与援建地的不同关注点，寻求双方在需求上的契合点。例如，援派机构 YB 在进入在地场域时，选择在服务开展前期与各方主体进行交流，并运用社会工作的技巧和方法，如需求评估、同理心等对各方的利益诉求进行评估，之后对双方能够为帮扶行动提供的资源以及获得的成果进行逐一分析，以此提升对方的参与积极性并获得对方的支持。

在这个项目当中你能参与到什么部分，你能撬动哪些资源，我能够为你提供什么资源，我们坐下来一起谈，然后也告诉他可以获得什么，他参与了以后对他有什么好处，那么他就比较愿意积极地参与项目。然后我们再就双方各自所有的资源、所遇到的困难一起进行讨论，成为合作伙伴去做这个项目。（YB-10）

2. 建立协同网络

各行动主体的良性互动有赖于建立协同网络，而这需要通过各种正式和非正式的渠道建立信任关系。

（1）获得政治合法性。

协同网络的建立是以获得政治合法性为前提的。援派机构在进入对口帮扶地区时，需要获得受援地政府、受援机构以及服务对象的认可。

①政策文本提供合法性。

“沪滇牵手计划”的执行离不开政策文本为其合法性背书，这种合法性在援建过程开启时，被援派机构加以巩固，形成加强版的政治支持，具体表现为横向援建和纵向贯彻。从横向援建来看，“沪滇牵手计划”是上海市和云南省基于民政部的政策文件进行的对接帮扶项目，基于政策文本的明确规定是沪滇双方合作的基础，基于此，双方对“牵手计划”有较为统一的共识。

在援助过程中，更高一级的公函有助于叩开两地合作的大门，从而使得帮扶计划能够贯彻实施。实践发现，被援助地希望其对应的援派机构运用所依靠的优势资源背景出具具有权威和公信力的公函，这个公函要求当地县政府对下属不同级别的政府，包括镇政府、乡政府以及项目开展所在地积极配合援派机构的行动。

比如在YP（一些）人生地不熟的地方，如果政府不参与，当地机构不理你怎么办？你怎么去做（服务），怎么到学校里面开展工作？我们一行七八个人来到学校大门口，要进到学校里面，学校里的人如果看到文件，就会积极配合，有了公函文件大家会把工作一层接一层往下安排，如果没有文件我就不知道去找谁，事情就不好办了。(SK-01)

②“政府关键人”提供支持。

在地政府在社会工作参与东西部协作的过程中，主要提供三个方面的支持，一是“负责对受援社会组织日常的监督、管理，以及财务和人员方面的指导”（YG-17），二是提供项目支持，三是提供资金支持，“必须机构做了这个事情，民政才给拨付人员和经费”（YD-14）。

在“牵手计划”自上而下的推动过程中，把握着社会组织所需资源的角色通常为政府部门中的领导，如“他可能不一定是职位很高，但也不低了，可能是一个副局长或者副科长之类的”（YH-18），其对社会工作价值和理念的认可十分重要。“政府关键人”能够向上传递对于社会工作价值的认可，也能帮助援派机构提升相关服务，延续帮扶工作的可持续性。

那些关键人能认同你的工作理念，认同社会工作的价值，愿意花时间陪你一起开展项目，这些人特别重要，他可以去跟更高层的领导传递这些信息，也可以陪伴你一起去找，在这个过程中把工作做得更好，所以关键人蛮可贵的。(YH-18)

③ 援派机构获得地方信任。

首先，援派机构通过主动透明的报备机制以及工作汇报，使受援地政府的权威在一定程度上得到强化，进而巩固了双方在合作中的信任。大部分援派社会组织进入当地开展服务前，都会与在地政府部门进行联络报备，“报备我在这里做了什么事情……包括下一次要做什么，我也会跟当地政府报备”（YD-14）。援派机构在制订方案的过程中也会了解在地政府的困难，并与其进行沟通协调，寻找替代的解决方案，以此建立较为稳固的信任关系。在服务的开展过程中，援派机构也会通过邀请政府工作人员与受援机构人员一同到上海进行参访交流，或是邀请其参与在地开展的社区活动等，通过“不断地宣传倡导去影响当地政府官员的一些思路和理念”（YI-19）。

其次，受援机构利用援派机构的官方背书，能够较为快速地获取当地政府和人民的信任。例如，与援派机构 YH 对接的受援社会组织常常会利用其来自上海的背景“去跟各种官方部门作沟通，因为‘外来的和尚好念经’”（YH-18）。

在参与“牵手计划”的援派机构中，有些机构的工作人员是在高校中任职的社会工作专业教师，他们依托高校背景注册成立的社会工作机构不是通常意义上的民间组织，且该机构骨干成员的体制内身份也让基层政府无法将其归为“草根”。同时，该高校本身也与受援地有着结对帮扶的关系。来自上海以及与高校对口帮扶的双重背景使得该机构在进入受援地前就获得了政府与在地机构的双重认可与支持。

④ 受援机构成为“政府代言人”。

大部分受援机构是由在地政府或其相关部门扶持成立的，带有一定的政府背景。如 X 公益服务中心是由在地团委发起成立的机构，其成员由团委的工作人员和政府条线的工作人员组成，“这个机构就是一个壳子，其实没有人也没有具体的服务”（YE-15）；ZX 机构的工作人员同样也由政府工作人员兼任，“他们成立了一个机构，但不是全职的，一半时间在行政机关工作，一半是在机构里任职，他们应该是没有公务员编制，但是在政府机关工作”（YG-17）。基于此，在地社区中的居民自然而然地会将受援机构视为政府的代表。

也有社会组织在开展实务的过程中，在服务对象自觉的伦理原则与政府立场的抉择中选择了后者。原因是其把自己定位成政府代言人，这也从另一个角度说明在政策迁移的过程中，“政府”是其能否顺利迁移社会工作服务的重要因素之一。

由于云南省社会工作的发展尚处于起步阶段，当地社会工作组织的生存和发展绝大部分依赖于政府的购买服务，民政部门也希望在地组织能“把民政的有些业务条线的工作在机构里面完成”（YD-14），因此，在实践的过程中，受援机构成为民政工作的延伸，“只要提到社会工作的‘社’，儿童的‘儿’，我们等于是民政。做完工作，等于说我们是民政人……我对接的主要业务部门就是民政”（SK-01），受援机构承担了部分民政部门的工作，这在一定程度上也巩固和加深了外界对其“政府代言人”的认知。

但在实际服务开展过程中，也有社会组织在组织服务对象开展活动的过程中有意与政府拉开距离，注意其与政府的边界。受援机构 SK 的负责人在访谈中提到第一次去见服务对象的时候有政府的人跟着，因此不能从社会工作的角度出发，其原因在于社会组织不能在政策福利方面轻易为政府发声，如果实现不了，容易失去服务对象的信任，阻碍后续服务的开展。

（2）挂职干部助力援派机构“进场”

在结对帮扶的关系下，上海市先后派出政府党政干部、专业技术人才等前往云南省各县机关、学校、医院等岗位进行挂职交流。部分援派机构为了能尽快赢得在地政府的认可，选择与同为来自上海挂职交流的干部进行联结，以获得在地开展服务的“入场券”。援派社会组织进入在地场域时拥有一位相对权威的“领路人”，可帮助援派机构节省沟通成本，也能在较短的时间内与在地的政府、受援组织建立初步融洽的合作关系。这种信任关系来自援派机构和“领路人”基于地缘形成的非正式关系。如上海民政部门的工作人员在与云南省扶贫办对接时，与正在云南省挂职的干部恰好是党校同学，基于“半私人的”（YG-17）联系，能够帮助两地政府提高对接帮扶工作的效率。而援派机构 YJ 的顺利“进场”得益于和挂职干部密切的地缘关系，通过同一个区的领导作对接，能够极大地提高受援地的配合度。

3. 进行资源互置

在社会工作参与对口帮扶的过程中，虽然东部社会组织作为迁移知识和经验的一方，在专业知识和理念、专业社会工作人员、经济资源等方面具有先发优势，但在将东部发达经验迁移到西部地区的过程中，不少组织发现，受援地政府及社会组织也拥有着其所不具备的在地优势，如在地文化知识、空间优势、人情关系优势等。在此过程中，多方主体基于有利于帮扶开展的方向理性选择，进行资源互换。

其一在于经验技术与在地文化知识的互换。"牵手计划"的初衷是一个优势互补的过程。受援机构 SK 的负责人就表示其能向援派机构的老师学习专业理论知识，但老师也需要向其请教在地开展工作的"门道"（方法），双方在对口帮扶的过程当中相互学习，"这几年相互学习的太多了"（SK-01）。由此受援机构学习了来自东部发达地区的经验和技术，而援派机构也在当地习得了更多的"人情世故"和文化习俗，同时在受援社会组织的帮助下也能更快了解在地服务对象的需求。

我觉得"牵手"这种形式意味着参与脱贫的主体有两个，一个是当地的服务机构，它们对于当地的情境政策，或者说它们所生活的状态是比较了解的，而我们作为一个外来的机构，在理论方面或者说项目设计方面比较有优势，但如果没有对方提供一些支持和信息上的帮扶的话，我们可能很难了解到服务对象真正的需求是什么，我觉得这种"牵手"的方式就是双方优势互补的过程。（YA-05）

其二在于获取在地政府的资源支持。援派机构在进入在地场域时获取当地的政治合法性。例如，援派机构 YC 参与对口帮扶的策略是"以当地的政府为主"（YC-11），因为其认为"当地的上层力量有多通畅，我们可能往下走得就有多方便"（YC-11）；同时，援派机构 YF 也发现受援机构在地开展工作时会倾向于"跟政府部门搞好关系"（YF-16）。因此，选择自上而下的策略打通在地政府的资源渠道，可以帮助社会组织在开展对口帮扶的过程中更为方便地获取政府资源及基层力量的支持。

但由于不同地区政治生态的差异性，有的援派机构与政府建立沟通，获得政府支持需要通过受援机构作为"中介"搭建桥梁。如在援派机构 YA 与受援机构 SK 的帮扶关系中，受援机构 SK 掌握着与在地政府沟通的"门道"，即一些在地政府或相关部门的工作习惯及处事方式，这就意味着当援派机构 YA 进入在地场域后，需要向受援机构 SK 学习请教相关的

“门道”才能真正进入政府的互动场域。

其三在于不同场景下的话语体系选择。受援社会工作机构的员工大都缺乏社会工作专业知识体系的培养，在撰写相关书面报告和材料的过程中理论话语体系的运用较为欠缺。援派社会组织在方案设计、报告撰写等方面为受援组织提供专业的理论指导，受援社会组织也运用其提供的这套专业话语体系来获取对外的专业认可度。

这本身也是受援机构一个很特别的地方，因为它们觉得在文本上一定要写很多理论术语才会显得所谓的专业和被认可。(YA-03)

此外，自对口帮扶工作开展以来，由于受援组织更长期专耕于在地场域的社会工作服务，其对于在地的社会工作也形成了一套自己的实践体系。在理论、专业上受援社会组织接纳了援派社会组织的指导，但在实践的过程中则采用转化后的话语体系开展工作。

实际工作过程中受援组织融入了自己的理解，但是报告的时候，即对外宣传、和政府打交道的时候，用的是社会工作的专业话语体系。(YA-01)

(三) 各利益方视角下政策迁移成功的标准

政策层面对“牵手计划”提出明确的目标，即提供一项直接服务，培养出一支社会工作人才队伍，培育一家机构。各利益相关方主要是以这三个目标来检验参与“牵手计划”的效果，但也有各自理解的成功标准。

1. 援派机构：回应政策目标与机构使命

在机构培育方面，援派机构不仅需要完成机构持证专业人员的硬性指标，链接到资金等相关的资源，更要提高受援机构的专业标准。在数量上，受援地报考社会工作者职业水平考试的人数明显增多，机构持有社会工作者职业资格证的工作人员比例也得到很大提升。例如，受援机构 SL 在建院时设立了社工部，但当时并没有社会工作者，到现在院内已经有 7 名执证社会工作者；援派机构 YC 结对的受援机构工作人员的数量也从四五个增加到了两年后的 10 个，专业员工的人数占比和其专业水平都在提高。

在直接服务方面，援派机构大多表示，服务对象发生了积极的改变，并且试图查看改变的长期效果。例如，援派机构 YJ 的负责人表示："从服务对象孩子的改变来说，他的课程词汇量、内容都可以说是他成长的一个标准"（YJ-20）。同时他也计划接下来去追踪接受服务的孩子的后续情况。但几乎所有接受访谈的援派机构都表示，受限于政策资源的约束，无法追求服务对象的数量和规模。直接服务项目更大的意义在于，对受援机构的示范性，以及服务本身作为试点的标准化探索。

一些援派机构还谈到项目成功的其他副产品。例如，作为众多援派机构的枢纽型组织，援派机构 YD 认为，机构在"牵手计划"中链接了企业捐赠，为那些有心参与公益事业的企业提供了支持性服务，改变了企业对援派机构 YD 主要处理劳资纠纷的传统认知，这让援派机构 YD 回归了机构使命，和企业产生了联结。

2. 受援机构：以点带面跨越式发展

对于受援机构来说，提升工作专业性，实现机构独立运作和可持续发展是最终目标。以往机构的工作开展逻辑是单纯"输血式"的，虽然机构有着助人的动力和愿景，但是由于自身能力不足以及帮扶意识落后，较多的是给予现金的方式，难以发生实质性、可持续的改变。而在接受过援派机构的指导后，受援机构在工作理念方面从"输血"向"造血"发生了巨大变化。

今天你们帮我改变了脱贫工作的心理，现在我是"造血"，以前是"输血"的，如果没有 D（援派机构），我根本不知道什么是"造血""输血"。（SK-01）

在社会组织内部，援派机构通过协助受援机构建立相关社会机构制度，形成了较为清晰的组织管理办法，包含员工薪酬管理制度、人员培训、对外宣传、项目运作等多方面，让受援机构能更有条理、更有逻辑地对社会组织进行管理。受援机构 SM 在"牵手计划"之前机构规模较小，且社会组织管理能力较弱，项目和资金都比较零散，在与援派机构 YH"牵手"两年之后，受援机构形成了较为完整的社会组织管理框架，项目逻辑和资金使用也更有条理、更为清晰；受援机构主推的儿童项目也更加规范化和专业化，同时受援机构也在拓展老年人服务和社会治理等领域的相关工作。

在社会组织外部方面，因为援派机构的进入，受援机构的力量开始壮大起来，一方面社会组织开展服务的能力有了很大的提升，受援机构 SK 的负责人就很自豪地讲述了机构与洲际组织竞争拿到政府项目的故事，负责人表示这是政府看到了机构项目成效的原因，“我们机构的报价是 2 万元，他们是 45 万元，但是我们 2 万元的价格也能把项目做得特别好，评了 A 级，而他们洲际组织就过不了关”（SK-01）。另一方面，因为援派机构的进入，使得当地受援组织的社会名气和社会影响力逐渐增大，政府开始更愿意将项目和资金注入受援机构，受援机构也开始有能力去吸引一些外来机构的力量和外部资金，如受援机构 SK 目前承接了年 400 万元以上的政府服务项目，涉及助残、养老、儿童保护等领域。

受援机构的快速成长，也以点带面促进了当地社会工作和其他社会工作服务机构的发展。受援机构 SM 在自身成长起来之后，该组织的负责人就退出了机构的管理，开始担任当地社会工作服务机构促进会的主要负责人，希望能带动当地社会工作服务的提升和社会工作的发展。社会工作服务的领域也在逐渐扩大，从儿童领域到学校领域，再到青少年、老年人、社区治理、垃圾分类等领域。

3. 受援地政府：政绩亮点与工作减负

对受援地政府，尤其是当地民政局来说，“牵手计划”培育出来的社会工作服务机构帮助分担了当地扶贫乃至乡村振兴的部分工作，社会工作服务作为“软性政绩”成为当地政府的政绩增长点。当地政府也开始了解并重视社会工作服务。在受援机构参与“牵手计划”卓有成效的地方，当地政府开始认识到社会工作服务应更有针对性，政府乐意将服务外包出来，这就为当地社会组织的发展提供了空间。同时，在受援机构开展活动时，政府也更愿意提供协调。例如，受援机构 SK 在 2020 年承接当地“儿童之家”的建设项目、开展助残“阳光家园”活动时就经常需要政府出面与社区就服务对象、服务场地等进行协调，项目开展过程中民政、残联等部门给予了较多行政上的支持。

4. 援派地政府：服务品牌与队伍建设

对援派地政府来说，“牵手计划”派出的社会组织不仅帮扶了欠发达地区的机构和服务对象，还锻炼了上海的一批社会工作者，产出了一批品牌化的社会工作扶贫项目，这被上海市民政局的相关处室认为是“牵手计划”的成功之处。

按我们领导的话讲，我们要感谢被帮扶的地区，接纳我们，让我们在东西部扶贫的过程当中锻炼了队伍，培养了人才和发展的机构。如果我们对受援的社会工作服务机构再多支持一点的话，也能够壮大它们自身的实力。(YG-01)

5. 政策迁移的局限

回顾政策迁移的结果，两地机构也认识到效果不佳之处。首先，关于“培育一批社会工作者队伍”的目标，援派机构和受援机构或多或少都表示有难度。政策文本中关于职业资格的迁移对社会工作发展处于初始阶段的受援地来说是提出了过高的要求。对于受援机构来说，虽然感受到了自身能力的成长和机构环境的改善，但对一定数量的员工取得社会工作师职业资格证的政策要求仍倍感困难，“对于学历是专升本的社会工作者，考取社会工作师职业资格证对他来说还是挺难的，因为他没有原材料，我觉得这个肯定是需要一个过程的”(YJ-20)。例如，受援机构 SK 的负责人一直到“牵手计划”结束后，才通过了助理社会工作师的考试，在此之前连续 3 年参加考试均未通过。而整个受援机构 SK 十多名正式员工中，当时也仅有这名负责人取得了助理社会工作师资格证。而正是这个目前十多人团队的受援机构，已成长为 DL 州示范性社会工作服务机构，2022 年独立承担社会工作服务项目资金量超过 400 万元，成为当地有口皆碑的社会组织。更重要的是，机构的负责人和工作人员经历“牵手计划”之后，服务能力和专业素养有了显著提升。受援机构 SK 的负责人从最初热衷于物质帮扶，到深度认可“助人自助”，SK 从闲散的爱心志愿者协会成长为纪律严明、执行有素的规范化机构，它们在专业能力、独立承担服务项目、组织规范化程度方面的表现，更值得作为“牵手计划”的评价成效。

其次，受限于服务时间和政策的模糊性，有些援派机构认为自己做得很有限，“谈不上成果”。例如，援派机构 YC 在项目周期结束时仍不清楚验收形式和评判标准，因此有强烈的担心，“觉得我们可能反复在走弯路”

(YG-01)。援派机构YG认为，客观帮扶时间十分有限，“如果一个项目都在有全部支持的情况下，1~3年是需要的”（YG-01），负责人希望当地以后能建设在地的为老社区服务体系，但她觉得“我们做得还非常少”，“最好是在当地驻扎两三个月去帮忙做，再做一个更深层次的推动”。而且，受到疫情不确定性的影响，在线指导缺少了实地参与的真切感，从而影响了活动效果。例如，有的受援机构提出，“很多情况下援派机构的帮扶是在线的，在帮扶过程中，开展儿童服务时，如果旁边没有实时的指导，实际的活动效果会打一些折扣”（SL-02）。

在服务成效方面，社会工作的投入、产出具有模糊性，援派机构虽然能够感觉到服务对象的改变，但难以量化。例如，援派机构YJ提到服务中儿童的变化：“现在，在陌生人进入村寨之后，当地的孩子会和你有互动，会跟你简单地交流，在这之前，孩子们看到陌生人就跑了，这是当地人自己感觉到的改变。”而且，社会工作的在地服务需要一定时间才能看到服务对象行为方面的变化，难以在短期内看到效果，正如援派机构YE在服务过程中观察到的，“我们也会做一些前测和后测，项目结束之后大家可能会写一些心得体会，比如你学到了什么，或者是你的一些感受，但是我觉得还是很单薄，因为这些内容不是很深刻，很难说你通过这一两节活动就让他们都能学会自我保护了”（YE-15）。很多时候援助机构工作人员会有“埋头苦干没有水花”（YG-17）的感觉。

五、讨论

（一）多元主体互动形塑社会工作政策实践的迁移路径

社会工作在东西部协作政策框架下的对口帮扶，是区域间社会政策实践迁移的典型范例。以“牵手计划”为例，围绕社会工作在地化的社会政策实践的迁移涉及两地政府间与社会组织间的互动，是在多元主体互动过程中不断形塑的社会政策实践迁移路径。通过“牵手计划”，社会工作从东部地区进一步向中西部欠发达地区延伸。尽管是在同一政治制度、意识形态框架下，社会工作服务及制度经验在区域间的迁移是以各行动主体之间的互动关系为媒介的。周望认为，政府间纵向关系是政策迁移过程的基础性影响因素，整个政策迁移和扩散的过程都受到政府间关系的结构性约束和动态影响，呈现一个“吸纳—辐射”的发展轨迹[①]。而本研究中的社会工作在地化发生于东西部社会政策实践迁移的背景下，以科层制主导的权威型治理模式表现为行政压力不可避免地贯穿于社会工作在地化的始终。制度层面推动实质上是对纵向权力作用的考察。来自中央政府的政策导向，使得地方政府积极采纳和学习先进经验做法，以保持政治方向的正确性和一致性。上海市民政局和云南省民政厅作为省级政府单位，贯彻落实中央的部署要求，进行省内工作的具体统筹和省际的沟通对接，将任务分派到区镇级单位进行政策的具体执行。区镇级政府部门向上级政府部门负责，进行社会组织的招募和组织间对接的统筹工作。由此两地间开展东西部协作，进行地区间的政策迁移和组织学习，积极促进受援地社会工作的发展，推进社会组织参与基层治理模式的创新。

随着帮扶行动的推进，各主体之间经历了寻找目标耦合、形成协同网络、进行资源互置这三个阶段的互动过程。尽管政策文本为两地各利益相关方的互动关系提供了行动指南，但两地政府和机构参与“牵手计划”带有各自的诉求。除行政压力外，援派机构希望通过参与“牵手计划”承担组织的社会责任、发挥组织社会影响力，受援机构希望以此拓展组织生存空间，受援地政府则希望“牵手计划”成为当地的政绩亮点。各主体倾向选择曲线沟通、相互妥协、折中处理的办法在互动中寻找彼此的共同目标。建立协同网络的前提是两地机构，尤其是援派机构在当地获得政治合法性，稳固的信任关系成为后续工作的重要前提，而东西部协作中的干部交流机制，让援派机构通过当地挂职干部获得“进场”的便利。而且，表面上是援派机构前来帮扶，实际上各行动主体各有优势，“牵手计划”的实践是各方不断进行资源互置的过程。

有趣的是，“牵手计划”中各行动主体的互动关系，似乎重新塑造了社会组织的角色和地位。在国内的社会工作先发地区，政府权威借行政性

---

① 周望．政策扩散理论与中国“政策试验”研究：启示与调适［J］．四川行政学院学报，2012（4）：43-46.

社会工作不断渗透，导致专业社会工作者自主性不断减弱，服务行政化的后果是社会工作者的服务越来越多地反映地方政府的意志，以服务对象需求为本的专业使命受到威胁，比原有社区服务人员更能实现社会善治的专业承诺受到怀疑，社会工作服务机构没有成为地方政府的伙伴，而是变成了伙计①。当援派机构来到欠发达地区，其因在知识、技术上的引领性和所能链接资源的稀缺性，让当地政府看到传统物质帮扶和政府兜底之外的其他助人路径。相较于在上海，援派机构对于受援地社会工作服务发展和制度建设有了更多话语权，这很可能是提升当地社会工作的社会认可度和专业认同的重要机会。

（二）政策迁移的成功标准应结合地方性知识

参与“牵手计划”的各利益相关方基本是围绕政策文本的三个目标——“培育一家机构，培养一支社会工作者队伍，提供一个直接服务项目”来评判自身参与该计划的成效。其中，前两个目标存在一定程度的争议。受援地的社会工作基础非常薄弱，有的受援地完全没有社会组织，或只是“空壳”，在当地“培养谁”的问题让一些援派机构感到困惑。尽管某些援派机构采取了折中方式，从民政条线转换到教育条线，尝试培养当地的中小学教师以发展学校社会工作，但当地学校社会工作的发展缺乏基础的制度保障，不免令人担心接受培训的教师未必能真正运用社会工作的专业方法于日常工作中，更难以预期这些教师能够带动学校的其他教师群体。此外，作为政策文本的目标之一，职业资格的目标也对社会工作发展处于初始阶段的受援地提出过高的要求。如何确立欠发达地区社会工作在地化的政策目标或预期效果，应结合更多的地方性知识。例如，受援机构能否独立运作多少资金体量的项目，用什么方式服务了多少人群，或许是更值得关注和评价的。

除了政策文本的目标，援派机构着重关注参与“牵手计划”之后回应的政策目标和机构使命；受援机构参与该计划之后看重以点带面实现跨越

① 朱健刚，陈安娜．嵌入中的专业社会工作与街区权力关系：对一个政府购买服务项目的个案分析［J］．社会学研究，2013（1）：43-64，242.

式发展；受援地政府强调“牵手计划”带来的政绩亮点和对工作业务的“减负”；援派地政府则注重“牵手计划”建立起来的服务品牌和社会工作队伍的打造。尽管这些可以被认为是完成政策目标之余的外溢效应，但了解各利益相关方的参与体验和实际获得感也很重要，这将影响政策的执行效率和效果的可持续性。

应当看到，“牵手计划”的政策效果也存在局限性。受访机构表达了对“牵手计划”时间有限性的遗憾，这一定程度上影响了政策迁移的效果。受新冠疫情影响，很多机构表示线上开展对口帮扶的效果并不理想。一些对口帮扶的计划开展到一半时也因疫情而终止，这对援派机构和受援机构来说都过于突然，大家在未做好准备的情况下，不得不提前终止所有在地服务，大大影响了“牵手计划”的实际效果。

六、建议

（一）向欠发达地区倾斜资源，发展社会工作助力乡村振兴

政府部门应重视本土社会工作发展对于地区减贫和发展的长效性影响，将兜底保障服务、发展型服务与推进社会工作行业发展相结合，增强对于地区间“牵手”帮扶的资金支持，保障项目开展和组织运营。两地机构也应广泛链接资源，摆脱对于地方政府资金的单一依赖，在社会工作服务提供中引入更多社会力量，扩大项目资金来源，保障机构有序运行、社会工作服务持续提供。

（二）基于当地情境和需求，循序渐进迁移先发经验

政策迁移的实践应尊重当地原有的专业基础、文化特点、工作机制和行政习惯，循序渐进地迁移社会工作先发地区的发展经验。这需要援派机构深入了解受援地的特点和需求，根据扎实的需求评估决定干预的方向。双方机构在迁移过程中不应强行照搬经验，而是根据地区实际进行适度调试，发展符合地区特色与需求的社会工作服务与制度。在对口帮扶初期，应将社会工作人才培养的目标更多地聚焦于受援机构在本土情境中的实际服务能力和项目执行能力，而不是以考取证书作为单一标准。

（三）加强社会工作对口帮扶的顶层设计

建议对“牵手”程序进一步细化和规范化，在“配对”两地机构时，考虑双方的服务领域和机构特色，保证彼此需求与经验对口，促进相互认同和经验迁移。科学合理制定帮扶目标与帮扶机制，指导两地基层政府部门与社会机构合理安排帮扶节奏与帮扶形式，实现组织间学习效果的最大化。

为避免工作重复与资源浪费，应充分发挥两地社会工作者协会的平台作用，打通不同帮扶小组间的壁垒，整合并共享组织间资源。

长线支持社会工作参与对口帮扶，避免急于求成。应给予社会工作对口帮扶至少3~5年的政策周期，鼓励援派机构和受援机构在当地合作深耕，立足长期效果。

运用互联网优势，提高帮扶效率。线上线下两种渠道的帮扶内容需有所区分，如线上帮扶的内容可聚焦于社会工作专业知识的普及、文书撰写的指导，以及通过言语沟通能够达到效果的督导，线下帮扶内容则更多聚焦于实务技巧的运用及依据在地情况开展的制度调整。

A Study on the Interaction Mechanism of Social Work Involved in Targeted Assistance —Taking the Case of “Shanghai-Yunnan Hand-in-Hand Scheme”as an Example

CHEN Yanyan

Abstract: This study takes the “Shanghai - Yunnan Hand - in - Hand Scheme”as an example, focusing on the interaction mechanism of action subjects in the context of social work involved in targeted assistance, in order to examine the localization process of social work. Based on the perspective of policy transfer, interviews were conducted with 10 aid agencies and 6 recipient agencies participating in the policy, and policy and institutional documents were analyzed. Combined with participatory observation, it was found that: (1) Each subject experienced an interactive process of seeking target coupling, forming a collaborative network, and exchanging resources; (2) Various stakeholders evaluate the effectiveness of their participation in the plan based on policy objectives. While experiencing spillover effects, the policy effectiveness also has limitations due to factors such as time and resource investment. We suggest tilting resources towards underdeveloped areas and developing social work to assist rural revitalization; Gradually transfer first mover experience; Strengthen the top-level design of social work targeted assistance.

Keywords: hand-in-hand scheme, localization of social work, targeted assistance

中国社会工作学刊　第五辑
第 198~219 页

双重分析框架下社会工作机构专业化的实践策略研究

林雨欣[*]

【摘要】 社会工作机构是促进专业发展的重要主体。运用“社会工作专业化”的概念框架剖析其承载的专业特质，构筑以“生存需求—专业追求”的压力来源和“专业化—去专业化”的行动逻辑为二元维度的双重分析框架，分析二者共同作用下的组织策略与专业性结果，发现社会工作机构作出“妥协—变通”“顺让—操作”“沉淀—开源”“扩张—（被）深化”4 种策略，并呈现出 4 种不同的专业性结果，进一步发现社会工作机构的根本困境在于发展方向与行动取向“专业化”与“去专业化”之间的张力。通过对社会工作机构实践策略及其背后专业化困境的阐释，期望能够为探索内在困境的破局之道提供思路。

关键词： 本土社会工作　专业化　去专业化　实践策略　专业困境

从发展①、支持②、促进③社会工作、“促进专业社会工作健康发展”④

---

* 作者简介：林雨欣，南开大学周恩来政府管理学院硕士研究生，研究方向为社会工作专（职）业化、社会组织。

① 李克强 . 2015 年国务院政府工作报告［R］. 北京：中华人民共和国中央人民政府，2015.

② 李克强 . 2016 年国务院政府工作报告［R］. 北京：中华人民共和国中央人民政府，2016.

③ 李克强 . 2017 年国务院政府工作报告［R］. 北京：中华人民共和国中央人民政府，2017.

④ 李克强 . 2021 年国务院政府工作报告［R］. 北京：中华人民共和国中央人民政府，2021.

到“发展社会工作，支持社会组织健康发展”①②，自上而下的社会工作专业化发展不断推进。然而社会工作在我国高速发展10余年，相较于西方的后专业化发展阶段，我国仍处于专业化的初级发展阶段。社会工作机构作为促进专业发展的重要主体，结构性专业困境渗透其中产生内在专业化困境，亦使得其专业化与本土化进程缓慢。过往的学者研究对社会工作机构专业化内在困境的探讨还主要集中于机构内部管理与服务输送等“去专业化”的行为表现方面的问题，而缺少对社会工作机构“去专业化”行动与“专业化”价值取向的张力及其产生机制的系统讨论。而要深入解决社会工作机构专业化的内在困境，则应当去深刻洞察专业内外部的互动情况，即考察社会工作机构所面临的制度情境及采取的相应实践策略，剖析在自上而下的专业化倡导及社会工作机构本身专业化的价值追求下，社会工作机构内部如何发生的自下而上专业实践的“反叛”。

聚焦上述问题，笔者对四川省某地级市的社会工作机构展开实地调查。对机构负责人或管理人员、一线社会工作者、社区工作人员、民政工作人员分别展开深入访谈；同时以机构项目志愿者的身份参与观察，了解机构的价值取向与行动策略，以及民政、社区工作人员作为重要的合作方与机构的互动情况。通过分析社会工作机构在不同情境下的多元实践策略，由此深入分析其背后的内在专业化困境。

一、文献评述与概念框架

（一）文献评述：社会工作机构的制度情境与行动策略

对于我国社会工作所处制度情境的研究，不同学者主要在宏观结构与中观互动两个层次上展开政社关系的讨论。宏观层面主要以政社关系为焦点展开结构论辩，探讨政府职能与权力的转移及以社会组织为代表之一的社会主体的发育与兴起，展示了政社双方的力量博弈过程。结构论辩主要

① 李克强．2022年国务院政府工作报告［R］．北京：中华人民共和国中央人民政府，2021.

② 李克强．2023年国务院政府工作报告［R］．北京：中华人民共和国中央人民政府，2023.

围绕市民社会理论与法团主义、契约主义理论及社会治理理论展开。市民社会理论与法团主义从不平等的制衡关系出发，讨论政社关系的此消彼长。契约主义理论与社会治理理论则以平等的政社关系为基本假设，分析政社关系的协调形式。

对我国社会工作的实践策略研究，则是在微观层次上考察作为专业实践主体的社会组织在上述制度情境中如何选择行动策略。以往学者主要将我国社会组织的实践策略置于“强政府弱社会”的宏观体制，在合法性及资源约束的条件下进行考察，呈现出以顺应妥协性与非正式政治为特征的夹缝生存策略。对于与政府联系紧密的组织，社会组织主要采取遵循策略①②，或采取扩张性经营、连锁经营③；对于草根组织而言，在遵循顺从的同时结合采用非正式的策略④⑤⑥⑦；或将行动扩展至公益福利领域以寻求社会合法性⑧，或遵循“先社会，后政府”，促进社区居民获得感及拥有感，建立社会基础。同时有学者注意到随着政社关系的深化与变革，他们认为社会工作机构自身的专业能力与价值基础才是其生存发展之本，因此社会工作机构应以“服务绩效”逻辑满足民众多样化需求⑨，坚持组织理念与坚守社会责任⑩并扎根基层提供专业有效的服务。

---

① 崔月琴，母艳春．双重制度逻辑下公益组织的行动策略与发展张力：基于S公益组织与政府合作的实践分析［J］．浙江社会科学，2021（12）：68-76，157.

② 邓宁华．“寄居蟹的艺术”：体制内社会组织的环境适应策略——对天津市两个省级组织的个案研究［J］．公共管理学报，2011，8（3）：91-101，127.

③ 谢敏，吴中宇．资源依赖背景下社会工作机构发展策略研究［J］．理论月刊，2016（10）：153-159.

④ 张紧跟，庄文嘉．非正式政治：一个草根NGO的行动策略——以广州业主委员会联谊会筹备委员会为例［J］．社会学研究，2008（2）：133-150，245.

⑤ 赵秀梅．中国NGO对政府的策略：一个初步考察［J］．开放时代，2004（6）：5-23.

⑥ GUOBIN Y. Environmental NGOs and institutional dynamics in China［J］. The China quarterly, 2005（3）：46-66.

⑦ 许小玲．生存压力与行动理性：民办社会工作机构策略行为研究［J］．中州学刊，2016（3）：61-66.

⑧ 和经纬，黄培茹，黄慧．在资源与制度之间：农民工草根NGO的生存策略——以珠三角农民工维权NGO为例［J］．社会，2009，29（6）：1-21，222.

⑨ 崔月琴，母艳春．双重制度逻辑下公益组织的行动策略与发展张力：基于S公益组织与政府合作的实践分析［J］．浙江社会科学，2021（12）：68-76，157.

⑩ 姚华．NGO与政府合作中的自主性何以可能？以上海YMCA为个案［J］．社会学研究，2013，28（1）：21-42，241-242.

而要深入分析社会工作机构的内在困境，宏大的理论视角缺少对行动者的行动及主体间的互动关注，从而对内在困境渗透解释力不足，则应当将视野下沉到中观的制度环境及微观的实践策略透视视角。回顾以往研究发现，中观层面的研究展现了我国政府与社会组织互动的制度性特征：重视资源、制度对社会组织的影响，将政府置于强势的位置上，社会组织作为困弱方消极被动，使得制度情境具有排他竞争性。但同时应当注意到在现实实践中制度情境与行动策略的复杂性：社会工作理念价值与政府的"以民为本"具有内在契合性、社会工作机构互动主体的多元性、社会工作机构自身价值追求与利益诉求驱动下的能动性、制度情境因社会工作机构能动策略对组织环境产生影响而具有互构互建的结构化属性，新型社会治理格局推动政社关系快速变迁，以及机构承接项目的操作流程中组织面临行政层级变化使得制度情境具有时空权变性。

在此基础上，本文采用中观与微观研究视角复合的解释框架，结合动态视角进行全面深入分析，纳入制度情境的多元性、权变性、互构契合性、排他竞争性，考量专业实践的顺应妥协性与积极能动性，尝试构筑制度情境与行动逻辑的交叉作用框架，以"社会工作专业化"的概念框架剖析社会工作机构承载的专业特质，全面探析目前社会工作机构的实践策略及其导致的专业性呈现结果；进一步深入分析社会工作机构专业化的内在困境，并探寻破除内在困境的可能。

（二）"社会工作专业化"的概念框架

1. 专业

专业作为专业化的理论空间，是一个经由时空变化而不断被建构的概念，目前学界还没有统一的定义。但结合卡尔·桑德斯①、弗雷科斯纳②、

① CARR-SAUNDERS A M. Profession: their organization and place in society [M]. Oxford: The Clarendon Press, 1928.

② FLEXNER A. Is social work a profession? [C]. Proceedings of the national conference on charities, 1915.

格林伍德[①]、柴定红[②]、赵康[③]等学者对专业特征要素的界定，可以归纳得出专业的内涵包括知识—科学性、知识—可教育性、伦理—特定性、职业—正式性、服务定向—社会需要性、专业认同—社会认可性、专业影响—专业自治等属性，以此为依据可以判断一门专业的专业化程度。

2.（去）专业化

专业化是指一个专业内部的制度伦理先行，以科学、独特的价值与理论体系为核心，以正式的职业实践过程向社会提供满足特定社会需求的服务，由此开拓专业的生存与发展空间，进而自专业外部争取专业自治权力与地位的持续建构专业要素的动态发展过程[④]。“去专业化”则指以“专业化”内涵为依据，判断专业实践中发生的偏离专业化方向的行动逻辑，以及在此基础上进一步导致的行动逻辑背后专业特质的整体缺失。具体是指在专业外部的干预下产生的与专业价值本身背离的行动，进而导致专业角色异化[⑤]、专业边界模糊[⑥]、专业地位与自主权丧失[⑦]等专业性结果。

3. 社会工作的（去）专业化

社会工作专业化包括以下内涵：一是包含对个人的尊严与价值、服务与社会的公正[⑧]内涵的伦理价值，即利他性。二是由伦理价值、理论知识、实践理念、方法及技巧策略[⑨]组成的知识体系，即科学性，是专业独特性

---

① GREENWOOD E. Attributes of a profession［J］. Social work，1957，2（3）：45-55.

② 柴定红．中美社会工作专业化比较研究［M］．上海：华东理工大学出版社，2015.

③ 赵康．专业、专业属性及判断成熟专业的六条标准：一个社会学角度的分析［J］．社会学研究，2000（5）：30-39.

④ 文军，吕洁琼．社会工作专业化：何以可能，何以可为？［J］．河北学刊，2018，38（4）：156-163，174.

⑤ 钟景迅，刘泱．教师减负的悖论：去专业化的困境与再专业化的陷阱［J］．清华大学教育研究，2021，42（6）：80-90.

⑥ 吴越菲．社会工作“去专业化”：专业化进程中的理论张力与实践反叛［J］．河北学刊，2018，38（4）：168-174.

⑦ 陈文华，钟耀林，郑广怀．社会工作教育在社会工作专业化发展中的作用：基于一个整合的概念框架［J］．社会工作，2020（4）：61-76，111.

⑧ 柴定红．社会工作专业化的内涵及我国社会工作的专业—国家关系［J］．湖北社会科学，2015（11）：56-59.

⑨ 文军，吕洁琼．社会工作专业化：何以可能，何以可为？［J］．河北学刊，2018，38（4）：156-163，174.

的核心。三是以组织整体独立性与机构工作人员的独立自主性为核心的专业组织，即独立自主性。四是在严格遵守伦理价值、充分内化理论知识基础上的工作人员的技术，即规范性。五是通过提供特定的专业服务满足服务对象的特殊需求的服务定位，即特定社会需要性。六是强调“过度专业化”与“去专业化”或“专业泛化”之间平衡的专业化程度，即适当性。最后是应当契合本土文化与社会结构①、解决本土问题的专业化趋势，即本土化。

我国社会工作是在上述专业特质建构不足的基础上，通过自上而下的专业化强势推进逐渐发展的，社会工作机构作为承载专业要素的重要载体在基层专业实践上呈现出“去专业化”的特征。结合我国社会工作实践，本文所指的“社会工作去专业化”包含了两层意涵：第一层是组织行动逻辑上专业特质的异化，即以“公共建设能力、痕迹资料整理能力、资源动员能力”为标准运营及递送服务；第二层则是因异化或弱化专业性的行动逻辑而导致的专业特质的整体缺失。

二、社会工作机构专业化的实践策略及实践困境的双重分析框架

通过调查发现，社会工作机构在承接和执行项目的流程情境中面临来自不同主体的压力，专业外部政府、社区、民众形成的外部压力情境使得社会工作机构做出资源导向的行动，专业内部专业化本身的要求与行业规范的内部压力情境使得社会工作机构追求价值导向的实践。在差异化的压力情境中社会工作机构因组织个体运营理念、发展目标、理论基础以及行动规划的不同，而采取专业化或去专业化的行动逻辑，对不同压力情境中的行动规范作出回应。因此可抽象出组织压力情境和行动逻辑的分类维度，并分类讨论社会工作机构在二维互动框架中的个性化实践策略与差异化专业性呈现，由此深入透视社会工作机构的内在困境。

（一）“生存需求—专业追求”的压力情境

在压力情境中，社会工作机构的策略受到来自专业内外部场域压力的

① 赵芳．社会工作专业化的内涵、实质及其路径选择［J］．社会科学，2015（8）：73-80.

影响。政府购买决策及评选竞争，以及与社区配合、迎接政府考核的环节是影响组织获得生存资源的关键步骤。行动主体的焦点在于专业外部主体即民众、各级政府、基层社区。政府借助资金资源这一工具，以“服务定位多面手”的要求对机构的业务范围、工作内容乃至服务形式在发包、评选竞争及绩效考评的各个环节进行高渗透性强影响，且使得要求完成度越高的机构在今后竞争环节中越有竞争力；社区以工作支持配合度对社会工作者的工作内容和服务身份提出“服务定位行政化”的要求；接受服务的民众则通过认可信任度与活动配合参与度对社会工作者的服务身份提出“服务定位慈善化”要求。在行政治理偏好主导下，政府、社区通过项目资金资源即物质性资源控制，民众通过社会合法性即符号性资源影响向组织提出事务性工作绩效的要求，即通过事情落实、物资送达、痕迹可循、声势宣传等拓展服务广度以获得信任与认可，修炼“外功”，进而能够建立组织公信力和正面形象，获得更多的资源，形成了专业外部场域的资源导向的生存需求逻辑。在服务递送环节，面向服务对象递送服务性工作，是组织践行价值理念，实现专业化发展目标的关键步骤，行动主体的焦点在于专业内部主体，即组织个体自身与整体社会工作行业。在行业的专业氛围营造与组织能动作用下满足服务对象的真实需求，以专业价值、理论及工作方法的指导提供有效与规范的服务，在服务广度与深度的权衡选择间完成专业服务工作，沉淀积累价值与理论的“内功”，形成组织专业化的运作体系，进而促进行业整体的专业化发展，建构并强化理论基础、专业自主性、服务有效规范性等专业特质，形成价值导向的专业追求逻辑。

（二）“专业化—去专业化”的行动逻辑

在组织内部行动逻辑方面，社会工作机构的行动因组织个体特质差异而导致的专业发展目标方向不同。在组织管理方面，在规模较小的社会工作机构的集权管理格局中，机构面向服务对象的服务性工作的专业性主要取决于机构负责人个人的价值理念及专业性，因各机构的负责人或发起人在组织发起历程、发起初衷，以及自身的价值观念、专业情怀、对专业的理解与追求上各有不同，以致机构的发展目标取向在满足服务对象的需求还是迎合政府要求的选择上会各有侧重，在服务递送的理念及专业性、积累资源的策略上也会因此而不同。如机构负责人是公益行业出身，以公益情怀发起成立机构，他对社会工作了解和接触程度较深，注重服务深度，则能在服务递送中融入增权赋能的理念，促进深层次改变和群体的联结；如负责人是爱心企业家、慈善人士出身，以慈善爱心信念发起成立机构，他们对社会工作缺少了解，注重服务广度，机构的服务递送则呈现出“输血”模式，注重物资的送达和事情的完成；如负责人是商业人士出身，以逐利性发起成立机构，他们视公共服务为市场服务产品，视机构为“盈利的经济营利实体”（L6，机构负责人），其在项目实施中仅仅关注项目配套资金的多少、资料规范与成效宣传，十分符合政府要求而几乎不顾服务对象真实需要。因此，因组织专业追求与发展目标方向不同，形成了专业情怀驱动、建构专业特质的专业化行动逻辑，以及以“输血”式慈善理念指引或商业盈利理念驱动、异化或弱化专业性的去专业化行动逻辑。

在压力情境中，组织行动受到专业内外部场域规范的支配，以“生存需求”和“专业追求”构成了横向维度“压力来源轴”的两极；组织行动因组织内部特质（组织运营理念、价值情怀、理论基础、运营目标）的不同而出现两极分化，组织所采取的“专业化”或“去专业化”行动逻辑构成了纵向维度“行动逻辑轴”的两极。如图1所示，在差异化的压力情境与组织个体行动逻辑的交互作用构成的双重分析框架下，产生了生存需求下的专业化行动逻辑、生存需求下的去专业化行动逻辑、专业追求下的专业化行动逻辑、专业追求下的去专业化行动逻辑四个象限区域，本文借助此框架对组织的策略选择、行动后果，即社会工作机构的专业性呈现分别展开分析，由此洞悉社会工作机构专业化的内在困境。

三、实践策略及专业性呈现

（一）生存需求下的专业化行动逻辑

1. “妥协—变通”的组织实践策略

在生存需求支配的专业化行动逻辑下，组织一方面面临着政府服务领域的确定、社区行政人员的身份要求与工作内容要求，民众的爱心人士身份要求；另一方面因个人拥有深入一线的公益服务经历等，而具有深刻的

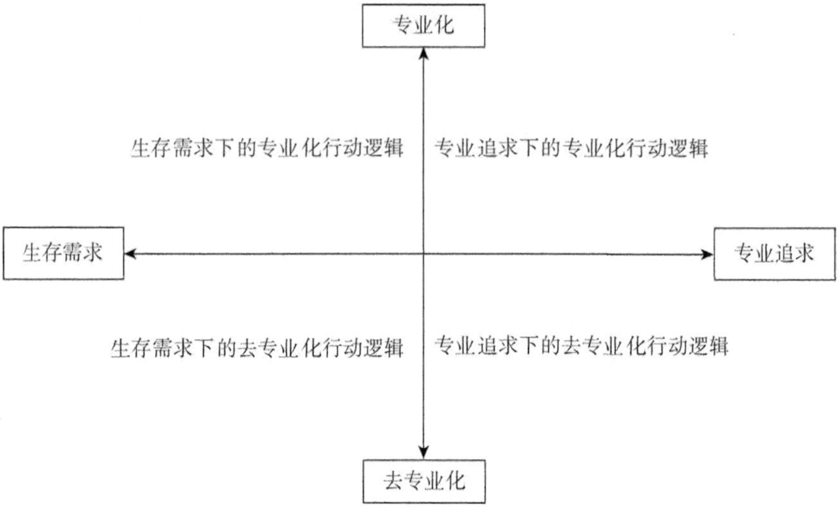

图1　社会工作机构实践策略与专业性呈现的双重分析框架

专业价值认同，仍希望坚守自身的专业追求，追求“我们希望自己是真正的社会工作者”（L3，机构负责人）。在这样的张力之下，组织能动性地采取了“妥协—变通”的组织策略。认清“没有项目就没有平台去展示自己的所谓情怀与价值观”（L2、L3、L4，机构负责人）的现实后，机构选择妥协于社区的要求，得到社区的配合；妥协于民众的要求，以得到具有合法认同性的服务身份，以期能够更加顺利地完成项目活动。尽管在宏观的项目运作体系上选择了牺牲专业性，但在微观的服务输送细节上又能动地、具有变通性地通过服务形式和技巧策略的变换设计来体现专业理念，以保全专业性。

第一，简化与泛化服务内容与专业身份。面对政府发包决策先行，机构无权决定机构的项目内容范围的现实，只得以“服务领域综合化”的机构定位，“疯狂地接资助性项目，用于机构资金的存储”（L3，机构负责人），而难以顾及自身的工作人员能否胜任，“当员工在这个方面不是特别专业的情况下，反而还去接一些专业性比较强的项目。这就是社会组织在发展过程中的一些无奈以及要去做的事情”（L3，机构负责人）。面对社区对社会工作者的工作不支持不配合，“服务定位行政化”的要求，为了获得社区的配合，与之建立信任关系，社会工作者只得泛化专业性身份，

“社区肯定把我们当作志愿者或者随叫随到的社区委员”（L4，机构负责人），在开展项目活动之余需要配合完成社区派发的工作任务，工作负担加重了；在社区支持度不足的情况下，则需要“放低姿态”以求配合或委曲求全自寻解决方案，如社区在对接机构时临时告知没有合适的活动场地用于借用，致使必须使用室内空间的小组手工活动在露天广场上向路人开展，只能以公益活动资金有限为由说服儿童在路边长凳上完成作品；原定的专家讲座只能通过在路边以发宣传单的形式达到宣传目的。毋庸置疑，这样的活动方式难以达到预期目标，影响服务对象的改变效果。在开展服务时，社会工作者为建立信任关系，往往顺应民众认知，以公益人士与爱心人士自居开展服务，推广实现对自身身份的认可，“我也不想别人叫我们爱心人士，但如果没有这些东西，你连爱心人士都不是”（L3，机构负责人）。

第二，在泛化专业服务的同时坚持专业性的工作要求，注入专业性理念，兼顾服务对象的深层次改变。面对社区行政化的服务要求，机构抱着“曲线救国”的心态协助社区服务，在社区的行政化事务之外坚守专业要求，“相当于曲线救国，但我们还是按照社会工作者的职责做我们应该完成的工作。做完自己的事情后也可以帮助社区做一些事”（L4，机构负责人）；在不得不以志愿服务或爱心慈善项目的“输血”递送模式简化活动流程与内容，更快完成项目指标时，机构也会尝试在微观的服务细节中注入“赋能、自助”专业性理念，“纳入社工精髓，能够激发受助对象的本能”（L2、L4、L5，机构负责人），如在一般只需动员组织的志愿服务中运用专业小组工作方法与技巧，“给他们足够的自主性，让他们自己去分类和分组，自己想名字，自己想口号、选组长，激发他们内部的团队凝聚力和小组动力”（L4，机构负责人），促进服务对象的深层次改变，“让他树立自信，看到自己的能力”（L4，机构负责人），进一步体现专业性，“与普通的志愿服务肯定不一样”（L2、L4，机构负责人）。

2. “被动削弱—主动强化”的专业化

机构为抵御资金的不确定性，广泛从事各类项目；社会工作者为获得社区配合，而泛化服务内容与服务身份；为获得民众认同，而泛化专业身份，社会工作者在服务过程中产生了专业边界的模糊化，违背了服务定位—特定需要性；泛化服务范围、简化服务内容在模糊了自身专业定位的同时忽视了组织能否胜任此类项目所需的专业要求，而罔顾服务对象的真正受益与深入改变，进一步丧失了价值利他性与服务规范性，即在外部压力之下组织会弱化专业性以满足生存需求。但社会工作机构在妥协之余会在一线的微观服务细节中变通注入专业性的理念，变表面“输血”为实质“造血”，促进服务对象的深层次改变，试图弥补专业的价值利他性、服务技术的有效性与规范性、理论的科学性，强化部分专业特质。

（二）生存需求下的去专业化行动逻辑

1.“顺让—操作”的组织实践策略

在生存需求支配的去专业化行动逻辑下，为应对政府提出的痕迹资料管理、量化指标完成度、成效宣传等项目考核要求，以及依托专业社会工作者的团队力量要求、项目成效评估、社会组织评级等指标考察组织业绩实力要求，机构会采取“顺让—操作”的组织策略，以尽可能迎合政府要求，获得充足的物质性资源。

第一，顺应事务性工作落实的要求，忽略服务性工作深入的要求，投机化与表面化递送服务。面对政府的“服务定位多面手”要求，机构在向服务对象提供专业性服务时，一方面为了便于项目的简易可操作，另一方面为了体现项目的可复制性，在摸索出一套经验模板之后，将不同社区的问题需求进行相似的界定，浮于表面的需求导致项目内容设计往往未经深入理论分析而直接凭经验堆砌。在具体的服务中，机构活动形式多采用社区活动，组织尽量多的群众以扩大活动覆盖范围，留存的资料也多是展示人群多、场景热闹的媒体宣传影像，在一定程度上也满足了量化指标数据和宣传成效影响力的要求。“到了社区活动方面，更多的理论层面内容不需要涉及，大家最终想看的就是到底多少人参加、做了什么事，图片展示参加活动的人很多，领导和大家直呼‘做得好，鼓掌’，那么专业性的东西体现不了”（L2，机构负责人）。而当项目书中资金量的有限与量化指标数据设置过大而难以平衡时，机构会选择将活动方式简化甚至将多场活动合并举办，如将讲座简化为传单宣讲，将两场主题相似的活动合并为一场举办，机构在此过程中选择牺牲专业性而迎合政府要求。“我做了大数据给政府，我就没有专业性了，我更多的是通过我的资源链接能力和其他工作手法来完成项目指标，而少了一些精细化的专业服务”（L4，机构负责人），在此过程中也导致了对服务对象需求的忽视，“在活动过程中，儿童心理等方面的工作并不是我不想做，而是我没有这个项目指标，那就是舍掉长处去做志愿服务组织做的事，而不能有效发挥社会工作专业性的作用”（L3，机构负责人）。

第二，顺应痕迹资料与指标考核的“结果专业”要求，忽略专业服务工作的过程专业性，投机性、操作性地选择和招聘社会工作者。以“在商言商”（L6，机构负责人）的理念运营机构的负责人希望机构“作为一个盈利的经济实体，在创造自身价值，有利润空间的同时能够解决社会就业的问题”（L6，机构负责人）。为了最大化经济指标与活动指标之间的产出绩效，拥有企业持有者身份的负责人们具有广泛的资源动员能力，能够链接其企业员工作为“职工志愿者”或者临时聘请持有社会工作师资格证的其他单位的工作人员作为项目成员兼职负责实施活动，这不仅节约成本、增加了活动实施场次、扩大了项目覆盖面，借用持证者的资质作为组织申请项目的人员资质材料，也增强了机构的竞争力。负责人的商业运营理念使得本应以专业理论为基础的社会工作机构其实质倾向于“企业的社会责任部门延伸”，将专业的服务项目视作输送物资的慈善帮扶项目、将本需要专业服务的工作人员视作分发物资的志愿者、将专业性定义为结果专业，导致服务以表面输血的慈善帮扶活动形式化递送，而未触及服务对象深层次的需求。“也可能就是在组织形式上，在一些材料的收集整理上，我们显得不专业，但是究其结果来说它是专业的”（L6，机构负责人）。而作为提供专业性服务的机构，人才浓度和技术强度都无法得到保障，短期来看，工作人员以技术化的流程应对活动任务的完成，不足以深入挖掘并充分满足服务对象需求；长期来看，频繁地更换工作人员使得服务活动以碎片化的形式开展，使得本就表面化、形式化的活动背后的专业性进一步削弱。

第三，顺应评选竞争流程中的半公开性规则，以及政府对熟悉信任机构的偏好选择，通过增加“曝光效应”的非正式策略搭建机构社会关系网络。在发布项目之前，出于避免项目流标影响工作进展和对熟悉机构的“信任合作”的两方面考虑，为增加项目购买流程的可控性，政府通常会对熟悉的机构提前透露项目要求。面对评选竞争流程中的半公开性与政府对熟悉机构的偏好性，组织负责人深谙此道，不约而同地通过各种策略“刷脸熟、刷关系”（L3，机构负责人），增加“曝光率”，以获得政府与社区的认可，扩大机构曝光的受众面和认可度，以期形成项目来源与政府和民众认可的正向循环。在这一过程中已然形成了不同层次的机构对应接触相应层级领导的潜规则：规模大、项目多的机构接触较高层级的领导，积累正式人脉资源；规模小、项目少的机构接触基层和中层的领导，积累政府人脉资源。通常情况下，首先，机构会采取非正式的策略强化正式的政府人脉资源。拥有政协委员、爱心企业家身份的负责人，一方面可以参加各类表彰活动；另一方面，因有资金优势在举办较大规模的机构年会时会邀请政府工作人员参与，借由大型活动的开展推介机构，展示机构的荣誉与成绩，同时可以与政府工作人员在正式的交往情景中以非正式的策略加深正式关系网络的深度。其次，机构也会借助电视台等公共媒体宣传报道活动内容，或通过私人社交媒体分享专业收获与感想，一方面能够侧面让政府工作人员可视化监控服务内容与进度；另一方面通过高密度的专业文案输出获得政府工作人员的“点赞”，加深政府对机构的正面印象。这样的操作策略无形中增加了政府工作人员在机构评选时的主观倾向性，机构在项目竞选中也增强了自身竞争力与主动性。

从以上实践行动可知，机构在面临来源于政府、社区、民众的资源压力时行为体现出顺让性与操作性。在这样的互动过程中，专业主体被专业外部主体置于被动地位，机构采取被动困弱的柔性行为策略，实际上忽视了服务对象的真实需求以及影响了行业内部的公平竞争，导致了专业性的异化与弱化。

2.“专业异化与弱化之间循环”的专业化

政府、市场、大众、行业共同在实践中建构了“公共关系建设能力、痕迹资料整理能力、资源号召能力”等以完成项目为中心的专业评价标准，发生了“制度伦理—利他性、知识体系—科学性、专业身份—自主性”等实质的专业性内涵的异化，而机构以此异化后的所谓专业标准作为行动准则，无疑会导致专业性的弱化。

在量化绩效考核要求下以顺应性行为获得生存空间，发生了考核工具异化——唯任务导向与指标化。痕迹资料、数字指标本是考核服务质量的工具，却在资源导向的逻辑下反而模糊了服务质量的深度。在与服务对象互动时，为满足数字指标而采取投机化、碎片化服务。在工作人员专业素质得不到保障的基础上，选择形式化的服务，使得实务缺少科学理论的指导与技术方法的有效规范性；为满足行政任务的落实，机构忽略了伦理守则的限制与居民的真实需要，导致裁量随意性，在此过程中失去了价值伦理—利他性、知识体系—科学性、服务技术—有效性与规范性，以及组织与工作人员身份的独立自主性。

面临评选与竞争时采取操作性行为以获取尽可能多的资源，发生了工具异化——唯资源化。资源本是机构赖以生存的工具与基础，却成了组织孜孜追求的中心目标。机构在缺少行业统一管理的情况下，凭借组织个体优势选择了非正式策略各行其道，加剧了行业内的不公平竞争。能够以自身广泛社会关系及资源动员能力满足量化指标和完成任务的操作能力强的机构形成了对操作能力较弱的机构的边缘化，社会工作机构强化了异化的专业标准，导致了服务的深度及专业性被进一步忽视，也进一步加剧了专业性的弱化，使得专业性异化与弱化呈现出循环之势。

（三）专业追求下的专业化行动逻辑

1.“沉淀—开源”的组织实践策略

专业对于社会工作机构有践行专业价值、恰当运用专业理论与技巧等建构并强化专业特质的要求；行业对于社会工作机构有遵守行业伦理、推动专业人员的职业队伍建设的内在规范；在组织负责人自身有专业理念、变革情怀的同时，专业要求与正规的行业要求能促使机构进一步作出专业追求强烈指引的策略，以结合自身特色能动地推进专业化。因此，在专业追求指引的专业化行动逻辑下，机构会采取“沉淀—开源”的策略，通过生存需求支配下的策略获得资源，以使自身“能够有展示与发挥价值情怀的平台”（L2、L3，机构负责人），从而进一步推动自身的专业化。

第一，沉淀经验、深化理论，立足自身服务特长优势，规划发展品牌服务。尽管在此过程中主动或被动地牺牲了专业性，但机构负责人也会一体两面地看待自身顺应与妥协策略背后的得与失，在与政府、民众互动的过程中，能够提升组织自身的影响力，将其视作以外功助力沉淀内功，增强组织公信力的过程，“建立合作关系的信任基础和自己的经验理论基础”（L5，机构负责人）；在资源积累的初级发展阶段，以资源积累为初级目标，以提升软实力为终极目标。在经验积累与理论学习的深化中学会挖掘并利用自身服务优势，发展机构的品牌服务，既沉淀了经验，又积累了服务对象口碑，而不局限依赖于政府的认可与媒体宣传扩大影响力，“把小事情办成大事情，做得有影响、有温度、有深度”（L2、L3，机构负责人）。如以家庭教育与儿童成长为特长优势的机构正在逐步发展家庭教育服务品牌，“围绕家庭教育还有未成年人犯罪个案管理，这些项目能够真正为儿童的成长发展服务，形成一个品牌”（L4，机构负责人）。如与民政局脱钩的行业型协会机构，其创始人为当地高校社会学出身的教授，意味着其有链接理论资源的优势，计划以此发展社会工作专业人才培训的行业教育品牌，“相当于以专业教学团队为一个抓手形成品牌服务”（L5，机构负责人）。

第二，链接个人关系资源，立足关系资源优势，拓展资金来源。除了积累政府人脉资源，社会工作机构还会通过自己的其他社会身份拓宽资源网络，增加资金来源或增强自我“造血”能力，拓展发展方式。如公益经历丰富的机构负责人会借助公益行业的人脉资源链接基金会，一方面可以如自己所愿体现服务的专业性，同时可以降低资源的依赖性，以求获得组织的独立自主性，“我们很多时候会考虑公益基金会的项目执行，在这里面的执行就会充分考虑将人文关怀、项目指标、成效、社工专业性融合在一起”（L2、L3，机构负责人）；具有心理咨询师和家庭教育指导师资质的机构负责人通过其社交网络链接到有需要的服务对象，在社会工作服务品牌口碑积累的基础上，借由个人资质推介机构在心理咨询与家庭指导方面的优势，不断吸引社区民众主动上门求助，并以市场标准收费，目前已初见成效；除此以外，能够链接高校学生团队的机构可以接触到更创新的组织发展思路，在社会工作机构的基础上发展社会企业，推动自我“造血”能力的提升，“一名中山大学毕业的研究生，有着多年的工作经验，他非常专业，也给了我们很多指导，引导我们向社会企业这个方向去发展”（L3，机构负责人）。

在专业追求与组织价值契合的场域中，组织个体能够在自身价值理念的指引下，借助自身优势，通过不同的行动方式保障专业服务的利他性与规范性，加强理论的科学性，为争取组织的独立自主性作铺垫，形成不断增强专业性的良性循环。

2. “专业性不断强化”的专业化

社会工作机构借助资源扩大自身规模，在宏观的项目运作体系中沉淀服务经验，在微观的实质专业服务细节中深化理论学习，加深了理论学习的科学性与实务指导的规范性。机构的表面化服务深度得以拓展，促使机构开始发展与探索服务品牌，而立足不同领域的服务品牌又可以为不同的专业领域注入活力，满足特定人群的社会需要，提升了专业价值—利他性与服务定位—社会需要性；除此以外，立足自身优势拓展资金来源能够减少机构对政府单一资源的依赖性，进而强化专业自主性。基金会作为社会组织，在某种程度上来说，与社会工作机构同处于专业内部场域。机构寻找对专业要求更高的基金会项目，在获得其他资金来源的同时能够加深专业交流，进一步强化理论的科学性与服务的有效性和规范性。品牌服务的特定社会需要性意味着服务对象的必不可少性，为机构以市场性服务推动自我“造血”提供了可能。机构以社会创新的方式发展社会企业，能够在公益性、利他性的基础上满足生存需求，进一步获得专业追求。上述过程在组织内部形成了专业性强化的循环：坚守专业的利他性、深化理论科学性与实务规范性，以加强特定的社会需要性，在获得专业外部认可的同时能够拓展组织服务领域，减少依赖性，获得独立自主性，并能在此基础上不断提升专业性。

（四）专业追求下的去专业化行动逻辑

1. “扩张—（被）深化”的组织实践策略

当组织负责人接触并从事社会工作的经历或动机、负责人个人的专业性、组织运营的价值理念、组织理论基础与专业化要求等与行业规范不符甚至相悖时，机构会主动地采取去专业化的行动逻辑，即以异化的专业标准——公共关系强度高、痕迹资料规范、资源动员强为服务准则，以规模扩张为组织的中心目标，而对终极的专业发展目标并无过多追求。与此同时，随着机构规模的不断扩张，影响力不断扩大，其所谓“专业性”的展现使得民众、政府、社区会进一步对其服务提出更高的要求，要求其承担更多当地社会工作专业化发展的责任与行业引领作用。外部场域的压力与内部场域专业本身要求与行业规范二者合力，倒逼机构深化专业性，从“规模扩张”朝“内涵式深化”转向。因此，在专业追求指引下的去专业化行动逻辑下，机构选择了“扩张—（被）深化”的实践策略。

第一，以规模扩张为组织发展目标，以公共关系建设强化、管理服务流程与痕迹资料规范化、资源动员网络深化与拓展为行动中心目标，边缘化了机构运营理念中的价值、理论的专业性。由于组织负责人本身的专业性不足或组织发起人的初衷不同，服务与管理缺少理论支撑或者以商业盈利的初衷发起机构时，负责人会依靠自己对“专业”的理解——以“规范化”为“专业”的核心，相应地制定组织制度与服务流程，并以此为模板标准化要求工作人员的服务行为，“理事长是企业家做慈善出身，我们的活动和活动资料都是按照理事长他们摸索出来的模板在弄，差不多就是一成不变”（W2，一线社会工作者），“我考了证其实也派不上用场，没有任何理论支撑，同事们也都不知道。工作做下来其实和他们都一样，还不如他们有经验”（W1，一线社会工作者）；在服务过程中以服务送达为指导目标，以“慈善输血”为指导理念，在服务手法上以课堂形式开展小组活动、以宣讲形式开展社区活动、强调心理技术与理论的个案活动在项目中则鲜少涉及，完成活动开展、物资派发、宣传报道、资料整理等一系列流程的规范，其内核并无专业知识体系的体现。

第二，随着规模扩张和项目增加，社会工作机构的专业服务策略会呈现出“被”深化的特点。尽管“输血”式、表面的服务未能促使服务对象的能力提升并作出深层次改变，但机构的确通过一套规范化的流程和资源动员获得了政府与民众的知晓与信任，能够有更多的项目进而覆盖更多的人群，在一定程度上改善了更多服务对象的生活状况。同时其影响力与生存能力会领先于其他还在生存线上挣扎的社会工作机构，首先能够在稀缺人才市场上，竞争力与吸引力凸显，聘请到专业能力更强的工作人员，能够通过内部关于服务与管理的探讨，从内突破，建构并强化专业特质。其次机构能够获得更多示范性的专业服务项目与行业发展项目，“之前确实都是社区活动，现在在省级机构的指导下准备增加更加专业的个案与小组”（W2，机构负责人）。如作为示范性机构承接市级社会组织孵化园项目，随之获得更多专业与行业内部的学习与交流的机会，作为市级具有示范性和代表性的机构外出参访学习，或接受来自先进发展地区专业督导的针对性指导，接触了解到更加接近专业本质的服务提供模式与组织管理规则，以对自身的服务递送、机构管理制度进行调整，接受专业化自上而下推进的渗透。与此同时，政府机构从行业树典型的角度出发，更加关注机构“内涵式提升”的发展进度，也进一步加大了倒逼其专业深化的力度。

2. “主动削弱—被动强化”的专业化

在某些社会工作机构由于负责人自身的专业性不足，在服务递送环节主动地削弱了专业性。专业知识体系即价值、理论、方法是获得专业独特性和自主性的关键与核心，“知识体系—科学性”的缺失使得服务与管理在基本方向上就出现了偏离：以慈善“输血”的理念递送服务削弱了“价值伦理—利他性”强调“个人尊严价值”的内核；以规范化的制度标准化服务，在所谓规范的背后其实质是并未发挥社会工作的专业效用与价值，而失去了“工作员技术—规范性与有效性”；以简单表面的服务手法提供服务使得服务本质与“志愿服务、爱心慈善”无关，进一步导致民众或其他非专业人士对专业的误解，模糊了“服务定位—特定需要性”，为获得进一步的社会认可自设屏障。然而不能否认的是，在模糊专业边界而扩大专业覆盖面的同时，机构获得了更多项目，的确覆盖了更多的服务对象，物资输送也的确在一定程度上改善了其生活状况，促进了社会的公正，部分地体现了“价值伦理—利他性”；此外，有些社会工作机构在异化的专业标准之下能够在纷纷弱化专业性的机构中突破重围，满足表面的专业标准，完成了自身的规模扩张目标，实现在初级发展的地区社会工作行业发展的“从无到有”，为自身专业标准的扭转、专业性的强化提供了可能：接触到更多理论学习与先进实践经验，强化理论、进修技术方法、深化服务，以走在前列的探索者身份为当地社会工作行业探寻符合本土发展条件的路径，从规模扩张进入“内涵式提升”阶段，接近真正意义上的专业特质，专业性也得以不断强化。

（五）专业化与去专业化：我国社会工作发展方向的内在困境

通过深入系统地讨论差异化压力情境与行动逻辑互构形成的实践策略即专业性呈现，可以透视其背后所蕴含的社会工作机构专业化内在困境。观察图2所示二维四象图的左右两侧，在专业内外部的互动场域内，当机构的生存压力压倒专业追求动力时，结合机构所采取的不同行动策略之后的专业性呈现结果，可以发现专业特质的异化与整体缺失，即总体呈现出“去专业化”的发展趋势。当机构的专业追求动力能够克服生存压力时，综合机构所采取的行动策略背后的专业性呈现结果，可以发现专业性可以通过牺牲部分专业特质而得到整体的强化，总体呈现出“专业化”的发展方向。将视野进一步下沉至组织内部的专业实践场域，观察二维四象图的上下两侧，可以发现当机构主动选择专业化的行动逻辑时，在建构与强化专业性促进专业化的同时，在结构性压力下仍不可避免地缺失了专业性，呈现出“去专业化”的特征；当机构主动遵循去专业化的行动逻辑时，主动地异化与弱化专业性，但同时被动接受着自上而下专业化的强力渗透，进而强化专业性。综上所述，在实践中，社会工作机构的发展因内部僵持于发展目标、行动路径“专业化”还是“去专业化”的张力之中，组织个体与行业整体没有一以贯之的发展目标与行动方向，好比“上行前进”与“下行后退”同时进行，相持不下的张力使得专业内部缺少凝聚力与向心力，进而限制了机构乃至整个行业专业化步伐的迈进。

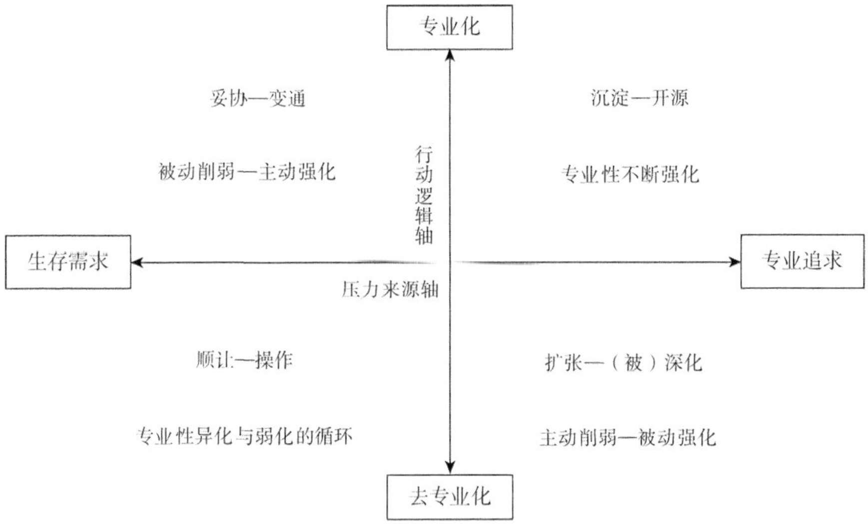

图2　社会工作机构的实践策略及专业性呈现

四、破除内在困境的路径讨论

要破除内在困境，整体推进组织、行业整体的专业化，应结合前述专业特质建构的静态体系与专业动态视角的理论指导，扎根我国社会工作的本土实践情境思考，大致可以沿两个方向并行发展。一是应当“内外互动”促进专业化，政府应当完善政府购买服务的制度建设，保障社会工作机构发展环境与公众志愿服务氛围的公平性与活力，创造更加平等的对话空间；而社会工作机构则应当发挥能动性，在个体层面立足自身优势发展，使去专业化的柔性策略为组织、行业积累物质性资源与社会认可的符号性资源，进一步强化专业性策略的韧性。二是在行业整体层面，应当加强互动与合作，构建完善统一的行业交流平台，使不同机构的资源动员能力优势与理论学习优势联动起来，实现资源积累、价值积累、理论沉淀的“先富带动后富”乃至“共富”。立足我国的集体利他文化价值和慈善历史传统，基于人们当下对爱心公益、慈善事业的认同接受度较高的背景，进一步探讨公益慈善与社会工作的同源殊途脉络，规划殊途同归行动方向，在整体专业化的情况下实现本土化，推动规模扩张向质量提升的专业化、职业化进程，逐步带动我国社会工作行业的良性健康发展。

在具体的实践情境中机构应在“纵横实践体系”中强化专业特质。横向上，机构应在社区、志愿资源、服务对象支持系统的合作网络中，以资源链接者和综合服务管理者为定位，在我国的自然服务情境下，遵循专业价值伦理与专业理论指导，以解决服务对象具体问题为切入点，延展到服务对象的整体生活中①，并逐步延伸至抽离特定生活场景的发展性整合服务中，获得大众认可，以及更广阔的发展空间；纵向上，在各级政府、社区的多层行政架构中，以政府的合作者和社会服务的执行者为定位，执行政府政策，发挥现代福利系统中的主体作用②，与政府在服务情境中共同强化服务职能，并推动职业制度完善，获得法律保障。

专业化与去专业化的内在困境是组织面临的“生存需求—专业追求”的张力与“专业化—去专业化”的对立行动逻辑的交互作用所致，其本质根源既有我国“强政府弱社会”的结构体制、公益慈善氛围较薄弱的历史，也有新公共管理主义指导下项目制购买服务机制、专业发展初级阶段普遍矛盾的现实处境，洞悉这样的历史脉络与现实处境有利于认清中国社会工作的发展境遇。结合当下社会治理格局推进下政社关系的变化，可以洞察社会工作的巨大发展空间，社会工作机构在微观的专业实践中能够能动地采取专业化的行动逻辑促进专业性的强化，并寻找本土化发展空间的巨大可能。但应当清醒地认识到，要深度改变专业困境，需寻找对立逻辑的契合点，找到专业内外部协调统一尤其是政社平等合作的平衡点，以及专业内部专业化与去专业化之间的平衡点，这仍需要结构性的努力，以及社会组织专业力量的进一步崛起。

---

① 童敏．十字路口的中国社会工作：专业困境与本土道路［J］．社会科学辑刊，2019（6）：36-41，213.

② WHITE V. The state of feminist social work［M］. New York：Routledge，2006.

A Study on the Practical Strategies for Specialization of Social Work Institutions under the Dual Analysis Framework

LIN Yuxin

Abstract: Social work institutions are important entities in promoting professional development. With the conceptual framework of "social work specialization" to analyze the professional characteristics it carries, a dual analysis framework is constructed with the pressure source of "survival needs-professional pursuit" and the action logic of "professionalization-de-professionalization" as the binary dimension. Analyzing the organizational strategies and professional results under the joint action of different stress situations and action logic, it is found that social work institutions make four strategies of "compromising-modifying", "conceding-operating", "accumulating-opening source", "expanding-deepening", which presented four different professional outcomes, further revealing that the fundamental dilemma of social work institutions lies in the tension between "professionalization" and "de-professionalization" in their development direction and action orientation. Through the interpretation of the practical strategies of social work institutions and the professional dilemma behind them, it is expected to provide some exploration for the ways to break the situation in the inherent difficulties of social work institutions.

Key words: indigenous social work, professionalization, de-professionalization, practical strategies, professional dilemma